Knaus
K

Valentin Polcuch

Auf Santners Wiese

ALS DER KRIEG VORÜBER WAR

ALBRECHT KNAUS

Schutzumschlag: Klaus Detjen unter Verwendung eines Gemäldes
von Andrew Wyeth, «Christina's World», 1948, Collection
The Museum of Modern Art, New York, Purchase
Gesetzt aus Korpus Trump Mediäval
Satz: Utesch Satztechnik GmbH, Hamburg
Druck und Bindung: Mohndruck Graphische
Betriebe GmbH, Gütersloh
ISBN 3-8135-0803-X
Printed in Germany

VOR DER LEKTÜRE ZU LESEN

Der Verfasser des Buches hat, als er es schrieb, sein eigenes Leben im Sinn gehabt, aber er schrieb es neu. Das gilt für sein erstes Buch «Nach dem Verlassen der Steppe», das 1945 endete, das gilt auch für dieses Buch, das 1945 beginnt. Wer das zweite Buch liest, nachdem er das erste gelesen hat, wird Spiegelungen des einen in dem anderen wiederfinden. Wer nur das zweite liest, liest trotzdem das erste mit.

Der Verfasser gibt an, im fernen Kosakenlande geboren zu sein. In jungen Jahren kam er mit seinem lutherischen Vater und seiner tapferen kosakischen Mutter nach dem Westen. Er verbrachte die Jugend in Posen, wo der Hindenburg herkam und der E. T. A. Hoffmann seine polnische Frau liebhatte. Aus Posen zog der Verfasser in den großen Krieg. 1945 kapitulierte er vor einem amerikanischen Soldaten.

Der Verfasser lebte danach lange Zeit in Bayern. Davon ist in diesem Buch die Rede: Bayern, Böhmen, Russen, Polen, Amerikaner und immer wieder Bayern waren seine Weggenossen. Die Poeten, mit denen er seine Träume teilte, kamen aus ganz Deutschland. Aber München wurde seine Hauptstadt. Mit dem sogenannten Wiederaufbau hat das alles freilich nichts zu tun. Der Verfasser fürchtet, er könnte ihn versäumt haben. *V. P.*

KAPITEL I

Ach, wie war's so dunkel in
dem Wolf seinem Leib!
*Das Märchen von Rotkäppchen
und dem Wolf*

DAS ist der Weg, den du damals gegangen bist, du verlorener Bruder, da ist die Donaubrücke, hier irgendwo sollen die Nibelungen über den Fluß gesetzt haben, das war noch vor den Bayern und weit, weit vor den Amerikanern, die dich auf den Weg geschickt hatten zu den Deinen. Da bist du denn entlanggegangen, einen Sack auf dem Rücken und in den Taschen Weißbrotknuste von Larry, dem Amerikaner aus Meltersville, die hat er dir gegeben, weil auch du aus Polen stammtest, sagte er, so wie sein Tatusch, was Papa im Polnischen heißt, und seine Mutter, zärtlich aus der feindlichen Fremde Mamuschja gerufen. Du hattest behauptet, Englisch zu können, da hat der Hauptmann dich dem Larry zugeteilt, der ein Pole war dem Geblüt nach und der dir sein Herz in die Hände gab, als du ihn in seiner Muttersprache anredetest. Du hast daraufhin Dolmetscher gespielt: Deutsch–Polnisch, Polnisch–Deutsch. Dabei lerntest du Englisch. Das war eine wichtige Sprachstation auf deinem Wege, der dich aus dem Russisch des Kosakenlandes ins neuerstandene Polen geführt hatte, dann aber in das ehrbare Deutsche Gymnasium in Lodz, wo nun die dritte Sprache hinzukam, vergiß auch nicht das Jiddische auf dem Hof daheim in der Widzewergaß, wo du als angesehenes Mitglied der Schajke, das ist: Räuberbande, die wildesten Knabenspiele vollführtest, zusammen mit Deutschen, die noch Luther am Gaumen hatten, mit Juden, die ihr Deutsch getreu aus dem

Mittelalter hinübergerettet hatten, und nun auch Englisch dazu, bitte sehr, Sir, oder eigentlich «Dobsche, Larku», heißt: Gut, gut, Larryjunge!

Sagte ich es schon? Ich kam vom Böhmerwald, wo ich als deutsche Streitkraft mich am 8. oder 9. Mai 1945 ergeben hatte, ohne Waffe zwar, aber mit Armbanduhr.

Als ich euch zuletzt meine Kapitulationsgeschichte erzählte, beschrieb ich auch den Amerikaner, dem ich in die Hände gelaufen war, er war ein großer Neger und desinfizierte das Böhmerwaldwasser für seine Kompanie, sein Dieselmotor machte Lärm, so fand ich die Truppe. Da sind wir denn mit einem anderen Amerikaner durch das Dorf zur Kompanie gegangen, und da sagten sie mir, ich müsse zu den Russen, die bald kämen. Da bin ich rausgegangen und habe mir den Bergkamm angesehen, und mir sind fast die Tränen gekommen, weil wir im Wandervogel sehr oft über einen solchen Wald gesungen hatten. Ich dachte, wenn die Russen mein Soldbuch finden, da steht drin, daß ich in Rostow am Don, mitten unter den Kosaken geboren bin, ist es aus mit mir, und wenn sie das Soldbuch nicht bekommen, denken sie, ich bin der Hitler persönlich oder einer seiner heimlich entwichenen Unterführer. Das sagte ich zu dem deutschen Artillerieleutnant vor dem Hause, er saß herum, und niemand sah es ihm an, was ich später erfuhr: Er war ein verkleideter geheimer Feldpolizist. Mit ihm ging ich wieder durchs Dorf, wir waren ja nicht gefangen, sondern nur so zum Registrieren eingebracht, und da standen sie, die Lastwagen, die schweren, großdeutschen, und einer hatte noch Benzin im Leib. Da stiegen wir auf und fuhren davon, westwärts.

Wie wir aber so fahren, sehen wir am Graben zwanzig, dreißig Frauen, die wollten von den Russen fort, dann schon lieber Amerikaner, sagt da der Artillerieoffizier, der clevere: Hobt's ihr Nagellack, Lippenstift und soichs Glump? Sie hatten, die Maiden, da nahmen wir denn Taschentücher und andere weiße Stoffe und malten rote Kreuze darauf, dann hoben wir die Frauen auf die Ladefläche und fuhren los. An der Demarkationslinie, also dort, wo das eigentliche Gebiet der Amerikaner begann, fingen so'n paar Burschen aus Massachusetts zu mosern an, sie hatten Befehl, alle Deutschen wieder zurückzuschicken ins «tschechoslowakische Territorium», wie es hieß. Da ist denn der Artillerist hin und hat englisch geschimpft, dann fuchtelte er mit seinem Geheimen-Feldpolizei-Ausweis herum, er habe Befehl zum Si-ei-si, Dokumente über die Russen zu bringen, und die Mädchen seien Krankenschwestern, dieser Gentleman da, er zeigte auf mich, ist der Russisch-Dolmetscher, so fuhren wir denn mit deren Segen weiter, bis irgendwo hinter Cham ein Sergeant unsere Fahrt aufhielt, den Schwindel aufdeckte, böse herumgreinte und uns zwei junge Burschen mit Karabiner auf den Wagen steckte. Da war denn auch das passende Lager, es war für «entwaffnete Feinde» bestimmt, die Mädchen und Frauen wurden auf eine Koppel gejagt, die Männer, Korporale und Sergeanten, Offiziere – aber diese extra – wurden auf Zelte verteilt. Der Chef des Lagers, Mr. Langenstucker, ein Major, sprach nur ungern deutsch, seine Leibgefangene mußte daher, wollte sie im Warmen bleiben, Englisch lernen, sie war ansehnlich, aber sehr dumm, sie trug zur deutschen Luftwaffenuniform ein amerikanisches Schiffchen, ihre blaugrauen Kolleginnen sprachen nicht mit ihr. Englisch lernen, pfa! – sagten sie.

Du fährst also die Nibelungenstraße entlang, der Motor surrt zuversichtlich, irgendwo taucht ein bayerischer Kirchturm hinter dem elegant geschwungenen Gerstenfeld auf, im Hintergrund bördelt der Wald vorsichtig den Horizont ein, vorne, gleich am Wege blüht die Wiese, als wie von Albrecht Dürer – die Welt, Leute, ist verdammt schön. Woran denkst du? An die Nibelungen, die da zu irgendeinem gelbgesichtigen Schwiegersohn oder Schwager unterwegs waren, lange vor diesen Amerikanern, ach, die Nibelungen, die der Poet Ted Hughes stachlige Wölfe genannt hatte: Nibelung wolves barbed like black pineforest... Damals, ja damals ist dir auch der Wagner hochgekommen, du hast die Romantik, deren legitimes Kind du doch warst, verdammt und auszurotten versucht in deinem aufgebrachten Herzen. Irgendwo stand der Hitler herum, drohend, immer noch drohend trotz dieser anderen Karabiner im Lande, trotz der fremden Beischläfer im deutschen Heu. Er stand herum, als hätte er sich niemals umgebracht. Nach Straubing mußt du, du willst es genau wissen, welche Nummer trug das brave und – so hörte man allenthalben – sehr tapfere Straubinger Jägerregiment? Du hast aus seinen Beständen das Motorrad genommen, das dich damals in den Bayerischen Wald und dann nach Böhmen getragen hatte, bis du es in einem Brombeergestrüpp hast liegenlassen, weil das Benzin zu Ende ging, zu Ende wie das Großdeutsche Reich, das du ja noch am selben Morgen dem großen Neger übergeben hast. Doch in Straubing weiß es niemand. Ins Stadtarchiv gehe ich nicht, ich will nicht die dokumentarische Wirklichkeit erfahren, sondern die Wahrheit, nämlich, ob irgendeiner der bunten und lieben bayerischen Menschen sich solches gemerkt hat.

Den Straubinger Markt kann man liebgewinnen wie den großen Basar in Rostow oder den Sapieha-Markt in Posen, wo die Butter noch in Rhabarberblätter gewickelt wurde, wo man miteinander schwatzte, bevor man, sagen wir mal, dem Huhn den Kopf abdrehte, mochte es weiter flattern im Korb der Gnädigen. Bayern ist offenbar ein Schritt nach Krotoschin oder Villach oder Kiew, was weiß ich, wo diese Stämme alle herkommen. Wer erst Englisch gelernt hat, während er schon englisch dolmetschte, wer die überaus schwierige Sprachvariante des Jiddischen erfaßt hat, wer Polnisch und Russisch und Kroatisch sachkundig vom Slowenischen oder gar Tschechischen unterscheiden kann, der lernt auch Bayerisch, sollte man hoffen.

Fährst also durch dieses Bayernland, raus aus Straubing, das stramme Jägerregiment ist ja eh nicht mehr da, fährst Felder und Wiesen entlang, die du damals nach 1945 geliebt hattest, weil sie dich versöhnten durch ihre getupfte Schönheit, die dich ernährten, wenn du Abend um Abend hinausgingest, Nahrhaftes zu stehlen, denn die Bauern gaben dir und den Kindern nichts, stahlst also wie ein gewöhnlicher Felddieb, wenngleich halberwegs noch im Offiziersrang, und wie du so an Nahrung denkst, bist du wieder zurück in dem Lager, wo dich die amerikanischen Soldaten abgeliefert hatten, dich und den Herrn von der Geheimpolizei mit den Frauen aus dem Böhmerwald. Die Frauen gingen bald auf Geheiß des oberen Offiziers auseinander, hoffentlich, so fällt es mir heute, Jahrzehnte danach, ein, nicht wieder in die Sudetengegend, dumm genug waren sie ja. Die Männer wurden nach Litzen und Sternen eingeteilt, je drei oder vier, die den gleichen militärischen Schmuck trugen, kamen in ein Zelt; wenn es voll war, mußte der letzte am Rande draußen schlafen.

Die Amerikaner waren nicht auf soviel Menschenbeute gefaßt, sie mußten weite Plünderfahrten in die umliegenden Magazine und Kasernen machen, um Essen heranzuschaffen. Am zweiten Tag, als die Chargierten aufgerufen wurden, Vor- und Zuname, Erklärung Nazi oder Nicht-Nazi, zwischendurch Fragen, wer hat schon mal auf Hitler geschossen, keiner, goddamm, ihr Bastarde. Dann kam ein fröhlicher Gefreiter, der hatte die Decke voll mit Margarinewürfeln, er teilte aus, bemühte sich deutsch zu sprechen, du haben, du auch haben, du haben, du auch haben. Wir standen in zwei Reihen. Als der Frohmensch bei dem Mann hinter mir angelangt war, hatte er keine Margarine mehr. Da begann der Offizierskamerad kläglich zu wimmern, bittesör, bitteherroffizier, oh-nein, ich-hunger, verstehn? Er sprach nicht anders als die armseligen Russen, die wir in ihrer eigenen Heimat haben zu Tode hungern lassen. Das war der Moment, wo ich – allerdings erst nach der Kapitulation – zum Helden wurde, wider Willen, ich sag's freiheraus, aus Wut nur über die verlorene Würde (aber das dachte ich damals nicht), ich drehte mich um und klatschte mein halbes Kilo Nazi-Fett dem kläglichen Menschen mitten ins Gesicht. Es war ein Major, wenn auch demobilisiert.

Das war weiter nördlich, an einem kleinen Bach, der durch das provisorische Lager floß, so wie hier, wie hieß das Dorf, durch das wir eben? Ja. Oberharthausen? Nein, das damals hieß anders, und der Bach war schmäler. Der Bach: Hier holten wir uns unsere Wasserration, bis unsere Wachposten sich auf das Scheißen und Pissen besannen und dazu einen Balken quer über den Bach legten, als Latrine, da mußte man sehr weit von dieser Brücke Wasser schöpfen, wo die Scheiße sich schon etwas gesetzt hatte.

Weißt du, wie es eine Woche lang nichts zu essen gab, nur Limonadenpulver aus den amerikanischen Abfällen? Aber dann, als wir nur noch vor uns hin keuchten, brachten die Jungens aus Ohio dicke, deutsche Bohnensuppe, doppelte Portionen, was freuten sich diese grausamen und nicht minder herzensguten Bengels, daß es ihnen gelungen war, für uns diese fette Beute! Wir aßen so lange, bis uns das Kotzen ankam, glücklich, wer kotzen konnte, die anderen rannten die ganze Nacht zum Bach mit dem Querbalken, alles aus sich herausstoßend, Bohnen und Wasser und blutigen Schleim. Aber als wir wieder vier Tage gehungert hatten, und es gab nichts – «haben nix, du warten» –, da entdeckten etliche, ich sage «etliche», denn es waren fromme Banater Bauernburschen, erst von den Deutschen eingebracht und in den Krieg geschickt, dann von den Amerikanern, die sie hungern ließen; diese stämmigen und gutmütigen, mit altertümlichen Vokabeln sprechenden Menschen hatten wir schon im sogenannten Wartheland kennengelernt, Hitler hatte sie dort als Bollwerk gegen die verhaßten Slawen angesiedelt, hatte ihnen die Höfe der verjagten Polen gegeben, dafür mußten sie in Rußland sterben oder hier in Niederbayern hungern ... diese hungernden, vor sich hin wimmernden Kerle entdeckten die Bohnen, die sie zu schnell wieder ausgeschieden hatten, im Bach wieder, ich will es kurz machen, sie holten die unverdaut ausgeschissenen Hülsenfrüchte aus dem trüben Wasser und aßen sie zum zweiten Male. Aber auch das betrieben sie brüderlich. Es gab keinen Streit, Bohne um Bohne wurde verteilt wie ein Sakrament. Später, als es zum ersten Mal amerikanische Truppenverpflegung gab, kleine Konservenbüchsen mit Keksen und Bonbons, da löste sich die landsmannschaftliche Solidarität, und um jede bunte Zuckerperle wurde erbittert gekämpft, das letzte Kullerchen, erbsengroß und kaum zu teilen, wurde um der Gerechtigkeit willen zerbröckelt. Mich rettete Larry, der polnische Amerikaner, aber das kam erst später.

Ich will nicht ungeduldig sein, aber wir könnten den Weg auch abkürzen, damals mußte ich über Geiselham marschieren, belassen wir es doch bei Geiselham. Das ist der Ort mit den fröhlichen Menschen, das tut gut, wenn einer aus dem Kriege kommt und kehrt in ein fremdes Dorf heim, und weiß nicht, wie seine Kinder wohl aussehen, denen er großdeutsche Infanteriesocken mitbringt, vielleicht kann man aus ihnen warme Jumperchen strikken für den harten Winter. Die Menschen in Geiselham waren fröhlich, lachten dich an, freuten sich, wenn du ein zaghaft-niederbayerisches Grüßgod versuchtest, nur mal so auf einen Schluck Brunnenwasser hat dich niemand. Grüß Gott, niemand.

Da hast du wohl an deine Wanderschaft gedacht, durch

die Länder, durch die Völker, durch die Sprachen, da hast du über das Vaterland nachgedacht, was ist das, hast über die Vaterländer nachgedacht, aber es war wohl die Sprache, die dein Vaterland war, und du fragtest nicht welche Sprache, die des Herrn von Goethe natürlich, die des Herrn Heine, aber da mischten sich polnische Verse in dein Vaterland, russische quollen heraus aus dem verdutzten Gedächtnis und dann ein bosnisches Lied, obszön aber traurig, wahrscheinlich ist alles Obszöne nur traurig; das mischt sich unbefangen mit deinem lieben Goethe, bis du merkst, daß du die Sprache meinst, die dahinter ist, wo die Vokabeln zusammenfließen mit dem Bild von der zarten Wiese und dem halbnackten Mädchen, von dem du nicht weißt, ob sie einen deutschen Namen trägt oder einen russischen mit dem kosakischen Fistelton in der letzten Silbe, wie dein Kindermädchen, die Njanja daheim in der Steppe. Und wie du so entlanggehst – sagen wir mal an Santners Wiese entlang – gleich über die Kleine Laaber hinüber, wo deine Kinder, die Flüchtlingskinder, Pechnelken sammelten in ihren Fäustchen und ihre ersten bayerischen Worte sagten, wie du so entlanggehst und dich umschaust, hier hat doch die Schlange gewohnt, du sagst «gewohnt», wie deine Kinder damals, die eine Kreuzotter schön fanden, die bei Gewitter hinaus wollten, um die Blitze genauer sehen zu können – aber du gehst ja nicht, du träumst von dem vermaledeiten Lager bei Cham, wo du gelernt hattest, daß Moral abhängig ist von Kalorien. Da brauchst du dich nicht zu schämen, es ist so, und weißt du noch, wie schön die Berge im Hintergrund waren, als ihr alle, du auch, die unverdauten Bohnen aus dem Latrinenwasser? Du weißt es, und die Berge waren wirklich schön, du hast vor Hunger gewimmert und hast die drei Bohnen, die du fandest, zermalmt, aber die Berge hinten, die sich abhoben von dem rötlich dunstigen Himmel, gestehe, du hast auch ein bißchen, nur so'n bißchen an Caspar David

Friedrich gedacht, diesen Wundermaler, diesen friedsamen Mann mit dem unfriedlichen Blick, hast an den Zauber gedacht, wie er sich weit hinter dieser wüsten Scheißrinne vom Himmel abhob, ach, wenn es auf Erden Götter gäbe, säßen sie in diesen Bergen, fast hätte es dich hingerissen, deinen schlesischen Lieblingsbaron zu zitieren: Grüß dich, Deutschland, aus Herzensgrund!

Aber drüben, das war nicht Deutschland, da war die andere Hälfte vom Krieg. Und jetzt gehst du behutsam über Santners Wiese, die voller Blüten ist und die vom Summen vibriert, da hinten, da haben wir Holunder gepflückt damals, wenn wir Schieschken aus dem Wald geholt hatten, Tannenzapfen für den Eisenofen, der übrigens auch aus den Beständen der Straubinger Jäger stammte, aus dem Keller unter dem Offizierskasino.

Aber laß uns mal der Reihe nach erzählen, auch wenn es dich träumen läßt von der vertrauten Laaber, dem kleinsten Flüßchen aller geliebten Gewässer deiner Wanderschaft. Laß uns die Begegnung schildern mit Larry, dem amerikanischen Korporal, der im Herzen ein polnischer Bursche geblieben war, aus Kielce hätte er kommen können oder aus einem Dorf bei Radzymin. Da haben dich die amerikanischen Offiziere der politischen Begutachtungstruppe, alles frisch gewaschene, duftende Jungen, in ein Lager mit verdächtigen Menschen versetzt, der Rechtsgrund, den ich erfuhr, hieß «automatic», also automatisch. Ich mußte erst nachweisen, daß ich als Redakteur keine Unmenschlichkeiten begangen hatte.

So geschah es denn, daß ich, als eigentlich schon alles vorbei war, mit lauter hohen Nazis zusammengeriet. Ich wurde gewissermaßen Nazi auf Widerruf. Nur Larry verdächtigte mich nicht. Er holte mich aus der Baracke, ging mit mir – immer mit aufgepflanztem Messer am Karabiner – hinter die Verpflegungsbaracke der Wachkompanie, nahm einen Stein, schlug das Vorhängeschloß entzwei, wir gingen hinein, und dann suchte er mir was Leckeres aus, das heißt: Brot, Butter, Wurst, Orangen, was weiß ich. Wenn ich dann satt war, zählte er das Verzehrte zusammen, im Geiste, Kopfrechnen konnte der Junge sehr gut, fast so fix wie das Sdrowaschmarijo, zählte also die Einzelposten und trug sie in das Ein- und Ausgangsbuch ein, sein Kumpel, ein Portoricaner, sollte morgen keinen Ärger kriegen. Als Abnehmer trug er einen Pfc. Missing ein, also: Oberschütze Fehlbestand. Die Summe, die er dann unter dem Strich eintrug, stimmte in Soll und Haben, in Eingang und Ausgabe aufs Tüttelchen genau überein.

Das waren so die kleinen Überlebenskünste. Für mich waren sie indes auch kleine helle Flecken in dem Grau der arroganten bis würdelosen Männer, die sich nicht wuschen und nur auf ein Wunder hofften, zum Beispiel: Eines Tages marschieren die Amerikaner gegen die verdammten Russen und wir mit, als Experten gewissermaßen. Oder: In der Steiermark stellen sie deutsche Eliteregimenter auf unter britischem Oberbefehl. Oder: Der Führer lebt, Männer! Realistischer dachte da der zum zweiten Krieg reaktivierte Rittmeister von Bockel (oder so ähnlich). Er schrieb einen Brief an den Lagerkommandanten, den Major Sheehan, ich tippte ihm das Gesuch bei Larry in der Schreibstube auf Maschine um, der Brief lautete: Ich habe schon als junger Kavallerist beim Kaiser mit Pferden zu tun gehabt. Ich bin Rittmeister. Ich bin bereit, gegen Verpflegung und Zigaretten die Herren amerikanischen Offizierspferde zu putzen und zu pflegen. Der Sheehan wollte von mir das handschriftliche Original haben für seine Freunde in den Staaten, aber ich hatte es nicht mehr. Einige von uns nannten den Rittmeister fortan: Amerikanisches Herr Offizierspferd. Unter den Pferdegesichtern der meisten Gefangenen sah man ihm das nach, er war schließlich ein Herr Kam'rad und Mitglied einer verschworenen Gemeinschaft, wie es damals hieß. Ich bekam vom Rittmeister für die Niederschrift eine Menge Camels, dafür kaufte ich mir in der Baracke eine bessere Schlafstelle, separat und nicht dem Mief der anderen ausgesetzt. Sie nahmen die Schachteln, aber sie liebten mich nicht.

Ich lernte Englisch, es war sehr amerikanisch, was ich da aufnahm, aber ich konnte mich bald ohne Scham als Dolmetscher hören lassen. Im Geiste machte ich einen Strich mehr auf den imaginären Bierdeckel meiner Leibsprachen. Eines Tages schickte ich Larry aus, mir deutsche Bücher zu besorgen. Er besuchte einige beschlagnahmte Wohnungen, aber seine Literaturkenntnisse waren kümmerlich, außer einem Novellenband aus dem Jahre 1928 und einem Gustav Frenssen war nichts dabei, was sich überhaupt lesen ließ. Den Frenssen schmiß ich nach einem Kapitel fort, aber mit dem Novellenband machte ich gewissermaßen privatissime ein Seminar für mich selber. Ich analysierte die Sprache, suchte Stilbrüche heraus, machte Gegenvorschläge für Formulierungen, und das alles auf der Rückseite von Urlaubsanträgen der U.S. Army, Larry gab sie mir; als er keine mehr bekam, brachte er mir ein Wachbuch der B-Kompanie, es war zur Hälfte leer, aber da war ich schon wieder am Dichten. Ich sagte ihm das, worauf er mir auf die Schulter klopfte, ich weiß, ich weiß, bei der Weihnachtsfeier der Polish Community gab es auch immer Gedichte, er meinte die «kolendy», Krippenlieder aus alter polnischer Tradition, ich kannte einige aus meiner Posener Zeit, wir hatten sie zur Freude unserer polnischen Lehrer eingeübt, das war, als Folklore noch nicht Konfektion war; auch die eigenartige Harmonie mit den sich schwirrend aneinanderreibenden Tönen lernten wir singen, und jetzt war alles wieder da; der deutsche Leutnant unter Nazi-Verdacht und der polnische Emigrantenjunge in amerikanischer Uniform, sein Bewacher, sangen im August Weihnachtslieder, und als wir keine mehr kannten, brachte ich dem aufgeweichten Larry noch das Marschlied der Pilsudski-Legionen bei: My pierwsza brygada ... Wir, die erste Brigade, da war denn nichts mehr aufzuhalten, und wir brachen völlig außerplanmäßig in die Verpflegungsbaracke ein, hinten im Backsteinteil des langgestreckten Gebäudes, wo die Marketenderwaren gelagert wurden, Pi-Ex genannt, da gab es das scharfe Rasierwasser aus Frankreich, das tranken wir, bis Larry nicht mehr sitzen konnte, ich legte ihn draußen schlafen, ließ die Riegel einschnappen und ging ins Lager zurück. Am Tor wollte ein Unteroffizier Krach machen, aber ich war in der Aussprache des Amerikanischen und in der Auswahl der Flüche schon so weit fortgeschritten, daß ich ihm nur barsch «you cock-sucker, dirty bastard, son of a bitch» entgegenhielt: Er akzeptierte, und ich durfte rein.

Es galt im Lager als ungehörig, abfällige Äußerungen über Hitler und seine Unterführer zu tun. Wer in den Verdacht geriet, gegen die Nazis zu sein, galt als unkameradschaftlich, große Töne vom Fahneneid wurden verbreitet, von Ehre und Würde und deutschem Soldatentum, und wen die Amerikaner als Zivilisten eingeliefert hatten, der beeilte sich, für viel abgeknausertes Brot von einem hungernden jungen Menschen eine Militärmütze einzuhandeln, denn wir sind alle Soldaten, hieß es, der dicke Kreisleiter aus Thorn, der mich vor Jahren aus seinem Machtbereich verwiesen hatte, war auch da, als Hauptmann, ein untadeliger Offizier, hieß es, man sah ihm seine Polenmädchen auf dem Parteisofa nicht an. Einen holten sie mitten am Tage ab, er war sehr ruhig, schrieb tagelang an einem Tagebuch für die Frau, als ahnte er etwas, das Buch nahmen die Ami-Geheimen mit. Er hatte uns immer von der Sauberkeit des deutschen Menschen erzählt, und er war auch sehr reinlich, wusch sich oft, polierte an langen Vormittagen seine Fingernägel mit einer Glasscherbe, als er weg war, sagte der Henri, der auch mal ins Büro der Lagerleitung befohlen war, der Kerl hat mehrere Familien auf dem Gewissen, Frauen und Kinder, hat er alle sauber weggeputzt. Wir waren entsetzt über diese rüde Ausdrucksweise, aber Henri meinte nur, so habe dieser Kerl selber gesprochen, weggeputzt, Frauen und Kinder, im Süden. Als sie Henri kurz darauf auch abholten, wußten wir, woher er das alles wußte. Ein langer, hagerer Oberführer, der immer vorgab, an der Front gekämpft zu haben, schloß die beginnende Debatte mit der Feststellung ab, wir seien alle Soldaten, auch der festgenommene Kamerad habe seine Pflicht getan. Er fügte hinzu: Wir gedenken seiner in Treue. Da stand ich auf und ging. Der Oberführer soll mir Polacke nachgerufen haben, aber niemand wollte es bestätigen. Ein Lager hat so etwas wie einen Infra-Terror, dem sich niemand entziehen kann. Ich bat Larry, mich zur amerikanischen Leitung zu bringen, am Tage darauf erschien er, hatte seine Büchse im Arm, am linken Oberschenkel hing ihm die Pistole herab, westernmäßig, aber wahrscheinlich ohne Munition, er schnauzte in die Wachstube, er habe mich festzunehmen, nannte Namen und Nummer, dann holten sie mich zu zweit, mit drohenden Gebärden zu den Stubengenossen hinüber; als wir an der Verpflegungsbaracke vorbeigingen, fragte Larry blinzend, chcesz? Das ist: Willst du? Ich wollte, so gingen wir an das flaumweiche Weißbrot, an den übersüßten Jelly, Butter dazu, natürlich, und frühstückten. Was hast du, fragte er. Ich muß aus der Baracke raus, frag den Medscher, ob es geht. Es ging, ich bekam als Hilfswächter eine Schlafstelle im Geräteschuppen, allein mit 500 Spaten und Schippen, mit 200 Hämmern, Zangen und Meißeln, auf daß sie keiner klaue. Wenn du welche verschieben möchtest, mach's geschickt, ich flieg sonst in den Jail, was Arrest heißt auf amerikanisch. Und du, Bruder, mußt zurück zu den Nazis, was das ist, kann sogar ich mir vorstellen.

Meine Schlafstelle zwischen dem eigentlichen Lagerzaun und der inneren Abgrenzung des Gefangenenbereichs erlaubte mir, mich etwas freier zu bewegen. Ich besuchte, mit einem Lieferschein als Vorwand, die sogenannte Bürgermeisterei, wo ein paar ausgesuchte Deutsche die Lagerverwaltung unterstützten, ihre Schreibkräfte kamen von außerhalb, es waren Mädchen, die am Ort zu Hause waren, sie gingen abends brav heim, die Chance für Post und Konterbande war groß, und die Bürgermeisterei betrieb sie auch fröhlich und sogar mit Hilfe der amerikanischen Offiziere. Einige besuchten mich in meinem Zeughaus, und wir entwickelten einen guten Außenhandel mit Geräten aller Art, zum amerikanischen Weißbrot kam nun Speck und Wurst aus deutschen Handwerkshäusern und Bauerngütern. Unser Übermut war indes zu groß, wir trieben unseren Handel an den Amerikanern vorbei, sie bestraften uns für die entgangenen Anteile, indem sie uns auferlegten, künftig mit ihnen fifty-fifty, also halbehalbe, zu machen.

Gehst du auch zu Mama Leica, fragte mich einmal die seriösere meiner Partnerinnen, sie nannte sich Käthe, meine Freunde, sagte sie, rufen mich Kehßi, gehst du auch zum Schnellphotographen bei der Alten in Baracke 17? Ich wurde neugierig, eine Leica, ein Schnellphotograph, das waren seltene Dinge, bei näherem Erörtern, Kehßi hatte Ami-Kaffee mitgebracht, stellte sich heraus, Mama Leica war die Puffmutter der Gefangenen, sie stammte aus angesehener Familie, war Kreisfrauenleiterin, hier sah sie ihr Geschäft im mehr und mehr steigenden Bedarf an Frauen, so kunkelte sie ein bißchen mit dem Bürgermeister, mit dem Ami-Major, und eine Baracke im Frauenlager bekam neue Insassen, mehr oder minder junge Mädchen, sie erfuhren gewissermaßen aus der Praxis, warum sie in die Baracke 17 verlegt worden waren. Alle waren's zufrieden, die Mädchen hatten ihren Spaß, bekamen mehr zu essen, die Nazis aus dem Gefangenenlager, die als Arbeitskommandos eingeschleust wurden, konnten sich von der Liebesqualität der deutschen Frau überzeugen, und die Amerikaner, die sich eine Art Vorkaufsrecht ausbedungen hatten, machten doppelt freudig ihren Dienst bei den verstockten Nazis. Als freilich Photos von ihnen zu zirkulieren begannen, wie das eine mit dem uniformierten Leutnantskopf zwischen schwellenden deutschen Brüsten, da flog die Sache auf, das heißt, Mama Leica verlor ihre Kamera, aber die Lizenz galt in bescheidenerem Maße weiter.

Das Schlimmste an diesem Nazi-Lager schien mir, daß es auf meinem Weg nach Deutschland, zu den Deutschen war, doch diese Transitstation ergänzte meine deutsche Erfahrung, und langsam erkannte ich, wo die hellen Lautenbänder meiner romantischen Knabenzeit endeten, mitsamt dem Überschwang einer redlichen Liebe zu dem damals so fernen Land mit deutschen Dichtern, deutschen Büchern, deutschen Klängen, wo selbst die Polizisten deutsch sprachen, und bei kleinem glaubte ich es zu sehen, es war nur der Name geblieben, dem ich nachjagte, oder war ich doch noch hinter dem Namensträger her? Auf jeden Fall, das machten mir meine Mitgefangenen klar, sie waren nicht die Adressaten meiner verdammten Sehnsucht, und ihr Deutschland, mag es das eigentliche und das richtige sein, es ist nicht das, dem ich nachjage, mögen sie immer noch ihren arroganten Tag mit dem Lied beenden, in dem Deutschland ein heiliges Wort ist. Ich will ein Land, ich will ein Stück reales Deutschland, unheilig, versoffen, auch dumm, aber es muß aus Menschen bestehen und nicht aus einem heiligen Wort. Ich habe das, bevor ich auszog in meinen Geräteschuppen, dem Oberführer zugerufen, er sagte, Kam'rad, haben Sie denn keine Seele, sind Sie überhaupt in dieser Seele deutsch? Damals hatte ich es eigentlich schon aufgegeben.

Aber nun zu meiner Geräteverwaltung. Eines Tages erscheint Lieutenant Shults und jagt mich zurück ins allgemeine Lager. Aus. Sie werden nicht gebraucht, sagt er noch, höflich wie man ist, hier in diesem demokratischen Institut. Doch Larry half mir weiter. Ich bekam einen Platz in der Baracke am anderen Ende des Geländes, meine ehemalige verschworene Gemeinschaft war in einem anderen Block, abgetrennt durch Stacheldraht und Posten.

Meine neuen Barackengenossen hatten einen Tick, sie wollten den Amerikanern zeigen, daß sie nicht so übel seien, wie die meinten, wir müssen, sagte einer, ein Studienrat mit Parteibelastung, wir müssen greifbar vorweisen, daß wir besser sind, an ihren Früchten sollt ihr sie erkennen, wiederholte er zwanzigmal am Tage seinen Lieblingsspruch. Das begann mir zu gefallen, sollten wir nicht wirklich mal alles das unseren amerikanischen Bewachern vorführen, was uns als Deutschen lieb und wert war, was auch den anderen Völkern Heil und Segen gebracht hatte, oh, das war munteres Wasser auf meine Mühlen, ich stimmte zu, natürlich, Paul-Eberhard (so hieß der Lehrer), natürlich, das ist doch auch für uns so wichtig, daß wir uns Gedanken darüber machen, wie groß und wahrhaft die deutsche Kultur war, bevor sie in die Tiefe gerissen wurde, in Schande, möcht man sagen.

Ich hatte mich so in Eifer geredet, das war doch endlich ein neuer Ansatz auf meiner Wanderschaft, aber wie ich so, noch etwas erregt, nach einem kräftigen und konkreten Schlußwort suche, fällt mir dieser Paul-Eberhard ins Wort: Ich habe nicht die Absicht, mir Ihre angelsächsisch-jüdischen Tiraden länger anzuhören, kommt, Kameraden, wir setzen uns draußen hin, und schon waren sie alle vor der Tür, hinter dem dicken Holzstoß, dem Wintervorrat, den noch gefangene Russen oder Franzosen zurechtgesägt hatten.

Es ist nicht viel Zeit geblieben, alle diese Merkwürdigkeiten ausführlich zu erzählen, aber dies will ich doch noch sagen, das Wort von den Früchten, an denen sie uns erkennen sollten, hatte seine Folgen. Zunächst wurde vom Barackenältesten angeordnet, daß alle Konservenbüchsen beim Öffnen pfleglich zu behandeln und aufzubewahren seien. Dann wurde ein Tisch, an dem eine Gruppe zu essen pflegte, zur Seite gerückt, und ein emsiges Klopfen und Hämmern erfüllte die Baracke. Eines Tages wurde an der Kirchenbaracke ein Transparent entfaltet: An ihren Früchten sollt ihr sie erkennen / Matth. 7,16. Da drinnen aber war eine Ausstellung zu besichtigen, in der die Produkte der gemeinsamen Barackenarbeit vorgeführt wurden, Trinkbecher aus Dosenblech, Konservendosen gepunzt und gebördelt und zu entsetzlichen Vasen und Leuchtern verarbeitet, Aschenbecher als Blechtulpen, silbrig schimmernd, nur an einigen Stellen als U.S. Army Food zu erkennen, mit der Bestellnummer: F-Eur-100-X-Ger. Zur Eröffnung kam der oberste Amerikaner der Barackenstadt, er sah sich die rekultivierten Blechdosen an, nahm auch eine mit, die ihm zum Andenken überreicht worden war, vor der Baracke schmiß er sie fort, ging zur Bürgermeisterei und schalt den deutschen Vertrauensmann aus. Mehr erfuhren wir nicht. In der Baracke herrschte Stolz und Zuversicht. Die deutsche Kultur setzt sich eben durch, auch in der Schmach der Gefangenschaft, sagte Paul-Eberhard, und: Wir haben denen gezeigt, daß wir keine Mörder und Räuber sind, Kameraden, an unseren Früchten mußten sie uns erkennen. Mir lag auf der Zunge zu sagen, wer Blechdosen verziert, kann keinen Menschen umbringen, ist ja klar, Kameraden.

Ich war traurig, ich hatte in meiner dümmlichen Einfalt wirklich geglaubt, irgendwo zwischen den tausend oder zweitausend deutschen Männern ein Stückchen jener Nation zu finden, hinter der ich her war, aber auch dort, wo in einer Barackenecke einer den Hölderlin beim Namen nannte, oder den Goethe, oder wen auch immer aus dem nationalen Ehrenhimmel, so war nur Sentimentalität im Spiel und wenn's hoch kam, ein Alibi vor sich selber.

Bis ich Jeff traf, den Mann, der zu seiner abgerissenen deutschen Uniform eine französische Soldatenmütze trug, wie ich glaube, als Provokation, jedenfalls fiel mir erst die Mütze auf, dann erst ihr Träger. Es stellte sich heraus, Jeff war der Sohn eines deutschen Geigers und einer Holländerin, aufgewachsen war er in Frankreich, als die Franzosen ihn, den deutschen Staatsbürger, internieren wollten, riß er aus und kam über die Schweiz nach Deutschland, wo er unverzüglich in die große Kleiderkammer des Führers geriet, eine Uniform bekam und als Sprachkundiger zur Briefzensur in ein bayerisches Kriegsgefangenenlager befohlen wurde. Als der Krieg aus war, packten ihn die Amerikaner und stellten ihn zunächst einmal sicher, wer weiß, so die Begründung, was er so alles angestellt haben mochte als Briefzensor.

Nichts habe ich angestellt, sagte er, weder so noch so, selbst wenn ich gewollt hätte, ich war eher auf seiten der Gefangenen, denn erstens hatte ich schon damals so gut wie keinen Nationalstolz und zweitens lebte ich mit ihnen nicht schlecht, das Rote Kreuz, mußt du wissen, funktionierte damals recht gut, und jetzt sitze ich hier und repetiere im Geist jeden Tag ein französisches Gedicht, um nicht zu verdummen, um nicht, entschuldige, es muß raus, diesen meinen Baracken-Kameraden an die Gurgel zu springen, an diese arrogante, diese verlogene und verheuchelte Gurgel.

Beruhige dich, sagte ich, die sind ja eingesperrt, ja, gut, aber ich auch, murrte er noch, aber wir verstanden uns, und von da an stachelte er mich jeden Tag mit einem französischen Dichter auf, das wurde mir später mehr als nur Zeitvertreib; wenn dir einer ein paar Zeilen, ein paar Klänge aus dem Gedicht in den Bauch getrieben hat, wie es Jeff tat, bleiben sie und wachsen sogar, wie ein Fetus.

Wie ich aber so mit den Gesprächen bei Jeff, mit den langen Spaziergängen zwischen den Zäunen, mit den heimlichen Naschausflügen zu Larrys Marketenderbaracke, mich gewissermaßen mit dem Lager aussöhnte, mich einlebte, wie man so sagt, wurde mir klar, das darfst du nicht, du darfst hier nicht heimisch werden, das Brot, das du hast, ist Sklavenbrot, der Brei, der dir schmeckt, ist süß, aber seine Süße ist die des Kerkers, ist die Süße des Vergessens und der Vergeblichkeit. Als ich dies dem Jeff so sage, so wie ich es jetzt zurechtphantasiere, schreit er mich an, natürlich hast du recht, du weiser Kaschube, du verbohrter Hilfsgermane, aber wühl nicht den ganzen Tag drin herum, auch ich fühle mich nicht wohl in diesem Nazikäfig, ich nicht. Wenn es dir zu gut geht, dann steig doch aus, kletter über den Zaun oder sag der Kehßi, sie soll mal abends beim Medscher für dich bitten, daß er dich unauffällig laufenläßt.

Dann sagte Jeff etwas, das ich aufgriff: Wehr dich nicht, mein lieber *confrère,* gegen den Brechreiz der Erinnerung, es muß raus, geschissen oder gekotzt. Am nächsten Tag kam ein junger Schreiber, der beorderte mich für den kommenden Donnerstag mit allen Sachen zum Lagertor. Sie werden nach Hause entlassen, sagte er fröhlich. Ich bat ihn, dem Larry, wenn er ihn zu sehen kriegt, zu sagen, also ich ließe ihm sagen: *Chce,* also so: Ich schrieb es in polnischer Orthographie auf, setzte aber vorsichtshalber eine phonetische Fassung hinzu: khtse! Ich will, hieß es, und gemeint war schönes, weiches, kuscheliges Weizenbrot aus der amerikanischen Armeebackerei, der motorisierten, gemeint war Orangengelee, auch Butter, die aber aus einer getreuen bayerischen Meierei unter amerikanischer Verwaltung. Als ich mich von Jeff verabschiedete, sagte ich, eigentlich müßte er noch vor mir aus dem Lager und in die Freiheit, seine Unschuld sei offensichtlich und offenbar, aber Jeff verwies nur auf Brecht, kennst du den Schweyk, den mit Ypsilon, den Schweyk im Hitlerkrieg? Natürlich nicht, wie denn auch, der sagt, und Brecht schrieb es im Jahre 1944: «Ich bin so unschuldig, daß ich verhaftet wer.» Wir sind alle Schweyke, in allen Regimen, in allen Zeiten. Vergiß das Lager, so schnell du kannst, auch den Zorn, und sag deinen Kindern, daß der Jeff ein Deutscher ist, der Larry ein Amerikaner, und bete, wenn du so was machst in deiner Freizeit, für die Mädchen im Lagerpuff, sie sind alle gute und ehrbare deutsche Mädchen, und der große Nazi-Held in deiner Baracke soll nur nicht die Nase rümpfen, solche wie er haben ganz Europa verhurt, vervögelt und vertan. Jeff hatte sich so in ein mir neues Ungestüm hineingeredet, daß ich fast Furcht bekam, aber dann lachte er unvermittelt und stieß mich weiter, mach, daß du nach Hause kommst, du treudeutsche Kruke, du.

In der Kanzlei bekam ich Papiere und Entlassungsgeld, ferner 70 Pfennig Tageslohn für die Verwaltung des Geräteschuppens, die freche Kehßi lachte hinter vorgehaltener Hand, sie kannte die eigentlichen Preise für Spaten, Schippen, Meißel und Hacken, auch umgerechnet in Geselchtes, Wurst und ausgelassenes Schweinefett beim Handel mit unseren bayerischen Zwischenhändlern.

KAPITEL II

Und ich sags dir ganz offen, daß ich nur noch nicht weiß,
Ob ich auf dich jetzt schieß oder fort auf dich scheiß.
Bertolt Brecht, Schweyk im Zweiten Weltkrieg,
1945

Wie ich so im Gedächtnis aushole und behutsam den Weg von Geiselham nach Stetzing abtaste, an den Seidlmühlsümpfen vorbei, Greißling links liegenlassen, aufgepaßt, nicht nach Heidenhöring abbiegen, rechts, den Hang hinan – und da ist auch schon der Wald, und da plärren auch schon die Kinder, tragen einen langen Birkenast wie ein Kruzifix vor sich her, Gebenedeit seist du, Maria voller Gnaden, singen sie und: Gebenedeit sei die Frucht deines Leibes, und dann jagen sie sich übermütig, das muß damals im Zwanziger Holz gewesen sein, wo es Blaubeeren gab und Tannenpilze zuhauf, oder weiter rechts hinunter zum Wilderersteig in der Kleinen Hölle, wie du das alles noch im Kopf hast. Es kommen jetzt die anderen Dorfkinder angelaufen, haben die Hände verklebt mit dem Kaugummi, den ihnen die fremden Soldaten mit vollen Händen geben, dann ist der Wald zuende, und schon ist da der müde Amerikaner, der den Eingang zum Dorf bewachen soll, er lehnt sich gegen die rissige Mauer des winzig kleinen Kapellchens, das ein Stetzinger einstmalen aus schlechtem Gewissen hatte errichten lassen, «daß's net auffikimmt's» mag er gesagt haben, jetzt krächzte erschreckt der Soldat sein «Halt», du zeigst deine Entlassungspapiere und darfst weiter, go ahead, boy. Am Bierkeller im kleinen Gehölz steht wieder ein Soldat, aber er ist noch müder als der erste. Die Jungens aus Texas toben sich in den Dörfern gewaltig aus, sie steigen durch die nur angelehnten Fenster in die Schlafkammern, danach gehen sie ein Haus weiter, und am nächsten Morgen zählen sie zusammen, aufschneiderisch, wie Männer sind; der Dienst nimmt ihnen dann die letzten Kräfte.

Am Bierkeller hatten früher die Soldaten des Bäckers geübt, er war Ortsgruppenführer und hatte den Oberbefehl über die Alarmtruppe des Dorfes, die aus Greisen und Jugendlichen bestand, sie schippten an Panzergräben rechts und links der Hauptstraße, die Straße selbst ließ er aus, der Schelm, das war zu mühsam, die Amerikaner lohnten es ihm mit Wohlwollen, er wurde nicht behelligt, fast wäre er in den Geruch des lebensgefährlichen Widerstandes geraten, wenn er sich nicht selber auch seiner Nazi-Heldentaten öffentlich gerühmt hätte, aber das ist heute vergessen. Heute ist das Wäldchen am Kellergewölbe mit Unrat vollgestellt, alte Autos und Landmaschinen rosten herum, verdammt, wie gerne hättest du nachgeschaut, ob die Nesterchen aus Moos noch da sind, die den Hutzelmännlein gewidmet waren, die Kinder waren damals so eifrig beim Bau dieser Märchenpolster, daß es fast schon zum Ritual der Familie gehörte, den Waldzwergen Besuche abzustatten. Die Hutzelmännlein dankten es, immer fanden wir in der Nähe Brombeeren oder Pilze, auf alle Fälle aber trockene Äste.

Nun aber: Wir fahren langsam den Weg entlang, den der entlassene Leutnant zum Fluchtquartier seiner Familie in Stetzing gegangen war, etwas Weißbrot im Sack und einige Wollsocken aus den Überresten der großdeutschen Streitkräfte. Wir fahren über die Brücke, blicken dann zu der sumpfigen Ecke, die der Schloßherr den Flüchtlingen geschenkt hatte, damit sie ihre Kartoffeln dort anbauten und nicht von seinen Feldern klaubten, heimlich, nachts, Diebe können wir hier nicht gebrauchen. Damals haben die dummen Bergarbeiter aus dem Böhmischen, die mit einem Viehwaggon bis Stetzing verfrachtet worden waren, versucht, im klammen Morast Gemüse anzubauen, alles war vergeblich, sie hatten daheim am Bahndamm Wrukken gesteckt, das war etwas anderes, den Dung holten sie sich von der Straße, die Pferde gaben viel her. In Stetzing liefen die Furchen, die sie mühselig gegraben hatten, sehr bald voll Wasser, was soll's, ich habe, sagte der Freiherr aus der Verwandtschaft regierender Häuser, meins getan, das übrige liegt in Gottes Hand «und bei Eich, lieben Leit».

Und nun fahren wir ins Dorf ein, links die Holzmühle ist noch im Gang, aber an der Ecke die Wirtschaft ist nicht zu erkennen, wo einst mehrere Stufen Ziegelbau zum Eingang hinaufgeführt hatten, ist jetzt Beton und Kathedral-Glas. Wir wollen das nicht sehen. Dabei hatten wir uns immer vor Schauder geschüttelt, wenn wir bei einem Fest zwischendurch auf den Vorbau hinaustraten, denn da standen immer einige der Dorfburschen und pinkelten freimütig hinunter, von oben herab. Dort stank es immer, aber dort brauchte ja auch niemand zu stehen, Liebespaare zum Beispiel gingen ohnehin gleich weiter ins Gehölz am Sägewerk, da gab es Schatten und schöne, große Haufen von Spänen und Sägemehl.

Als ich aus dem Lager heimkam, wieso heim, eigentlich? Als ich bei Frau und Kindern eintraf, machten wir erst die Fensterläden zu, weil das Dorf wissen wollte, wie es so ist, wenn ein Fremder – es ist schließlich ihr Dorf, himmiherrgottsakra. Dann kam der Gemeindeschreiber, Herr Lange, Alois. Er bestellte mich für den nächsten Morgen in die Kanzlei. Dann kam Schwester Benedikta, wann sie denn die Kinder zur Taufe anmelden solle. Dann kam die Hausbesitzerin und fragte mich, ob ich eine offizielle Einweisung in ihr Haus vorzeigen könne, sonst müßte ich raus, bittschön. Ich wies vor: Dem aus der ehemaligen Deutschen Wehrmacht entlassenen Nr. Soundso ist Quartier zu geben. Quartierverpflichtet ist die Ehefrau des, folgt Name und Nummer, wohnhaft in Stetzing, Dorfstraße 15 ½. Die Aufgeforderte wird anheischig gemacht, der obigen Person eine Liegestatt und Kochgelegenheit zu überlassen. Amtliche Bemerkung: Hierorts keine Erinnerung. Gezeichnet Siegfried Prohaska, indigenous supervisor. Später bekam ich noch Bezugscheine für 120 Zentimeter Ofenrohr, für eine Decke und ein Eßbesteck. Ich war wieder in Deutschland, meinem Vaterland, dem Sagenland meines ehrbaren Großvaters Friedrich, seines Vaters Gottlieb und all der großen Geister, die mich aus der Kosakensteppe an den schmalen Bürgerhäusern des Posener Marktes vorbei, durch den Stifterschen Hochwald im Böhmischen, über die schwarze, blanke Donau der Nibelungen, durch die blinkenden Auen ihrer Ufer getreulich geführt hatten, ach, Straubing, das helle, blieb im Auge haften, bis daß meine Frau vor dem Haus Nummer fünfzehneinhalb aus dem Mauerschatten heraus sagte, ich hab's gewußt, schon heute morgen, da warst du wohl noch unterwegs. Und dann kamen auch schon die Kinder. Die beiden Mädchen hatten in scheuer Neugier hinter dem Klohäuschen gewartet.

Niemand weiß, woher Felix kam, er war da, wie jemand da ist, der einfach dazugehört, ich bin der Felix, sagte er, da kannten wir uns schon vom Grüßen und Stehenbleiben am Zaun, und woher und wohin, Felix also hatte alle Judenlager überlebt, überall, wo er hinkam, hielt der Todesengel die eine Hand über ihm, die Hand des Lebens, ja, die Hand des Todes hätte ihn geradenwegs in die Aschengrube geschickt, das erzählte Felix wie eine Legende aus einem chassidischen Schtetl, der Tod war ihm schon so oft versprochen worden, daß er ihn fast schon vergaß, in Stetzing war Leben. In den Lagern hatte er, denn daheim war er Schneider, den uniformierten Schergen elegante Ausgangsmonturen aus den plumpen großdeutschen Uniformen geschneidert, hatte den Weibern der höheren Chargen Kleider genäht, woraus, woraus, aus Stoff, aus dem, genau das meine ich, sagte er, ausweichend, denn es schmerzte ihn, soviel Schlechtigkeit auszubreiten. Seine eigentliche Aufgabe war es, Wehrmachtshemden auszubessern, das dauerte seinen langen Tag, er flickte zwölf oder vierzehn Stunden Soldatenhemden, deren Stoff immer wieder auseinanderlief, «wie Kascha zwischen den Fingern» sagte er, wie Grütze, zwischendurch trennte er Uniformen auf und nähte sie auf Taille, und die Amerikaner kamen und kamen nicht in dieses verdammte Fichtelgebirge, um das Arbeitskommando Berta, so hieß das Außenlager, zu befreien, aber nichts gegen General Patton, sagte Felix immer wieder, er war schließlich noch vor den Russen da. Doch die Gefangenen waren schon im Marsch nach Süden begriffen, von ihrer Schneider-Klientel mit Knüppeln und Gewehrkolben in Richtung der fernen Donau getrieben. Als dann dieser Patton kam, Felix mutmaßte: In Deggendorf mit dem hohen Turm am Markt, da war nur noch die Hälfte der Juden da, welche waren totgeschlagen, welche verschwanden so. Die Wachmänner waren eines Tages fort, ich hab sie, sagte Felix, erst wieder in Regensburg gesehen, in Zivil, was für Jingeles, aj, was für Jingeles, wiederholte er ein um das andere Mal, als wollte er es selber nicht glauben, daß diesen jämmerlichen Menschen vor kurzem noch sein Leben oder sein Tod in die Hand gegeben war, aber wie sie fortgelaufen waren, sagte Felix, wurde es erst recht gefährlich, denn jetzt waren wir für alle frei, ich half aus: vogelfrei, ja vogelfrei, oder als hätten wir Holzklappern und riefen wie die Aussätzigen in eurem Testament Unrein, Unrein, aber gut, sagen wir, wir fanden auch Gerechte, viel, viel mehr Gerechte als die sieben, die Gott der Barmherzige vorschreibt für die Rettung eines einzigen sündigen Schtetls.

Und Stetzing ist ja auch gerettet worden trotz der Nazis da drinnen, dem Ortsgruppenleiter, dem verrückten Bäkker, Felix wußte Bescheid, aber ich habe nie von ihm böse Reden gegen einen Stetzinger Bürger gehört, nicht für was, sagte er, wenn wir auf die hartherzigen Nachbarn zu sprechen kamen, hat uns Gott so weit gebracht, wird er uns auch weiter bringen, von Stetzing weg, vielleicht in eine große Stadt, mit etwas ein bißchen mehr jüdische Menschen als hier, ich bin ja auch ziemlich allein, warf ich ein, gut, sagte er, aber es seind deine Brüder, katholische, aber Brüder.

Felix sprach oft russisch, ein elegantes Russisch, ich tippte auf Odessa. Oder gar Rostow? Er wußte, woher ich stammte, aber er ließ nie durchblicken, wie das mit ihm war, vielleicht doch Rostow. Gut, sagte er, was du brauchst, ist ein Hemd, ich mag dich nicht mehr sehen in dem beschissenen Soldatenhemd, vielleicht habe ich es selber flicken müssen in Berta, hast du einen Bezugschein? Für eine Decke hat er, sagte meine Frau, Decke pfft, zischte Felix, Decke kriegst du später, erst mußt du zivil werden, Hemd brauchen wir, und deine graue Montur (er sagte: mundir) färben wir um, blau wäre gut, der Hitler liebte Blau nicht, er wollte alles braun haben, bis es grau wurde, wie kann ein Mensch Braun lieben oder dieses eklige Grau!

Ich hatte den Krieg noch in allen Knochen sitzen, ich alles noch auf meiner Netzhaut, die junge Kosakenmutter mit dem Kind an der fahlen Brust, tot; den deutschen Unteroffizier, den wir beim Gegenstoß fanden, alles ab, blutigschwarz; ich hatte noch den Wehrmachtspuff im Gedächtnis mit den eingefangenen polnischen Mädchen und Frauen; ich hatte sehr wohl noch die Straße an der Eisenbahnbrücke in Posen im rückwärtsgewandten Blick, wie sie da die ausgemergelten Juden und Polen an der Tramhaltestelle vorbeitrieben, schneller, schneller, die Herrschaften wollen einsteigen, die Herrschaften, das war auch ich, die Herrschaften schwiegen und blickten weg.

Und jetzt kommt Felix und bringt ein hellblaues Oberhemd, Friedensware, sagt er, hab ich aus dem Magazin eurer Partei rausgeholt, bevor die Amis es niederbrannten. Zieh an, es paßt, da hab ich einen Blick dafür. Wot nje plocho, rief er aus, Gar nicht schlecht! Felix besuchte uns, wir plauderten russisch und polnisch miteinander, sein Deutsch war schwach, er versuchte, es bei uns aufzubessern. Manchmal brachte er amerikanisches Weißbrot mit, die Kinder freuten sich über den «Kuchen». Seine Freunde sahen es nicht gern, wenn er, mit einem Brotlaib unter dem Arm, in unsere Dorfstraße einbog, sie hielten sich zurück. Für sie war der Krieg noch nicht zu Ende. Ihr Krieg war nicht mit einem hellblauen Oberhemd zu beenden.

Felix hatte eine deutsche Freundin, Erna aus dem Egerland. Sie war mit ihrer Familie in dem Güterwaggon, der in Stetzing abgekoppelt wurde von dem Flüchtlingstransport aus Böhmen. Sie weinte oft, und Felix tröstete sie, das Dorf wußte, daß sie bei ihm schlief, das schützte sie vor den Nachstellungen der bayerischen, amerikanischen, polnischen, ukrainischen Burschen, deren Übermut mit dem Ende des Krieges hochgeschnellt war wie ein Fieberthermometer. Dem stillen, blassen Juden gönnten sie nicht das Mädchen aus dem Egerlande.

Doch Felix verließ sie, er ging nach Stadtamhof, dem Regensburger Stadtteil jenseits der Donau, wo er ein Textilgeschäft aufmachte. Erna sollte, so hieß es, nachkommen. Aber die KZ-Tuberkulose war schneller. Felix starb, bevor er seinen Namen als Firmenschild über dem breiten Glasfenster des Textil- und Kurzwarengeschäfts anbringen konnte.

Wir sind dann nach Stadtamhof gegangen, über die Steinerne Brücke, von der aus Regensburg erst richtig wie Regensburg aussah, mit Tor und Dom und den Speichern. Wir kannten den Weg, denn drüben, auf der anderen Donauseite, war auch das Wirtschaftsamt, von dem wir Bons bekamen, sie berechtigten zum Kauf lebensnotwendiger Gegenstände; drüben gab es auch Gärtnereien, in denen es die schönsten Früchte und allerlei Gemüse gab, aber das war nicht für uns da, denn die Gesellschaft, in der wir lebten, bestand aus zwei Klassen, den Langansässigen und den Flüchtlingen. Der Krieg, der für mich mit dem hellblauen Zivilhemd beendet war, ging trotzdem weiter. Es gab ein Amt, da konnte man hingehen und sagen, helft, die Bauern schikanieren uns, dann kam einer herausgefahren, ein Beamter, der steckte sich seinen Rucksack mit Speck und derlei korrupter Ware voll, fuhr zurück, und alles blieb beim alten. Wer etwas besaß, beherrschte den, der weniger hatte. Das Unglück der einen war den anderen die gerechte Strafe Gottes für die Ungläubigen, und die Pflicht, mit den Armen zu teilen, wurde zum Recht der Demütigung. Wer vom Wohnungsamt Einquartierung bekam, schloß den armseligen Fremdlingen die Aborttüre ab, um sich daran zu ergötzen, daß die verschüchterten Mitbewohner auf dem Dunghaufen ihre Notdurft verrichteten. Der Bauer, der den verhärmten Müttern Kartoffeln schuldete für das tagelange Ablesen der Kartoffelkäfer auf seinem Acker, stellte den Frauen nicht etwa einen Korb hin, er schüttete einen Sack durch die offene Tür auf den Hof aus, mochten diese Fremdlinge sich zusammenklauben, was sie brauchten. Und wirklich: Die Frauen krochen auf allen vieren herum, unter die Feldwagen, hinter die Schuppen, bis zum Scheißhäusl, wie man das dort nannte, und der Bauer lachte feist durch das Küchenfenster herab. Der Bäcker warf seinen Gesellen raus, weil der unseren Kindern eine Semmel geschenkt hatte. Er fütterte seine Hühner mit Weißbrot, das er zuvor in Milch eingeweicht hatte. Selbst Hochwürden der Herr Pfarrer erwartete von den abgerissenen Fremden seinen Tribut, er schickte vor Ostern den Kirchendiener mit einem großen Korb durch die Gemeinde, um die Eiersteuer einzutreiben. Auch die

Flüchtlinge opferten, freilich bis auf Bert, der nahm dem alten Branziger leichthin den Korb fort, der zur Hälfte gefüllt war, und meinte lachend, er freue sich, daß der Herr Pfarrer an die Flüchtlinge gedacht habe, aber für ihn allein sei der Korb zu groß, er werde, auf Ehre, die Eier an die Flüchtlingskinder verteilen, also nochmals vielen Dank und Grüß Gott, Branziger, pfüati. Branziger ging völlig verstört von dannen. Unsere Kinder aber hatten ihre Ostereier.

Das war freilich nur ein Schelmenstückchen, was sonst aber konnte man machen in dieser grausamen Fortsetzung der Volksgemeinschaft? Wir hatten da noch das Mittel des Hühneranlockens. Wir gingen erst aufs Feld und holten uns ein paar Handvoll Ähren. Dann streuten wir eine Körnerspur vom Hof in unsere Stube, bald denn auch kam ein Huhn eifrig pickend durch den Spalt der leichtgeöffneten Tür herein, drinnen stand ich mit einem Beilchen, griff das Huhn und hieb ihm den Kopf ab. Federn und Innereien trugen wir später heimlich in den Wald, zu den Hutzelmännlein, die uns liebten und beschützten.

Wer wollte da über den Krieg nachdenken, über die Entsetzlichkeiten der letzten Jahre, wer mochte da an die vor unseren Augen gemordeten Menschen denken oder an die Wälder, Schlösser, Katen und Kneipen, mit denen wir aufgewachsen waren daheim. Wer mochte da an das hehre Bild denken, das wir im Herzen trugen, als wir, jenseits der Grenzen von dem wirklichen und wahren deutschen Volk träumten, und als wir den ersten grauen Soldaten, die in unsere Straßen einzogen, Blumen gaben, und als wir gierig den Worten von der Volksgemeinschaft lauschten, sie mit unseren «polackischen» Tentakeln schier süchtig aufsaugten, nun endlich deutsch, nun endlich Deutschland, was kümmerte uns damals unsere alte Nachbarschaft. Und jetzt: Wer von uns dachte an das Reich, das «kaputt» war, wie mein amerikanischer Freund Larry es ausdrückte.

Plötzlich war alles zu Ende: das Reich, das Militär, die Regierung, der Landrat, der Pastor, ja sogar der Ortsgruppenleiter – sie waren fort, zu Ende, sie wurden von uns nicht einmal gedacht. Wie der Behnke kam, der aus Chebdzie, was Morgenrot hieß, Oberschlesien, als Behnke kam, mit dem stolzen Vornamen Wilhelm, und fragte, ob ich mitmache, er habe alles für die Schwarzbrennerei beisammen, Kessel und Röhren, alles, da sagte ich natürlich zu, und wir gingen noch am selben Abend mit einem Sack auf die Zuckerrübenfelder des Barons und setzten uns noch in derselben Nacht zusammen, Rüben schnetzeln und ansetzen. Als der Schnaps fertig war, ging ich erst mit drei Flaschen zu Iwanczuk und sagte ihm, wenn er zwei verkaufe, habe er die dritte gratis. Am nächsten Tage torkelte Iwanczuk aus seiner Bude hinter dem Bahndamm und wollte mehr. Er hatte alle drei ausgetrunken. Aber das waren nur die Anlaufschwierigkeiten. Wir übernahmen den Vertrieb selbst, Wilhelm bei den Bauern, ich bei den amerikanischen Posten im Dorf. Wir hatten unser Auskommen, nur kam eines Tages ein Jeep der amerikanischen Feldpolizei und hob unseren Laden aus, nur so, ohne Strafe. Darauf beschlossen wir, mit den Amerikanern enger zusammenzuarbeiten. Behnke hatte zwei Holzdrehbänke aufgetrieben, als er mich fragte, ob ich drechseln könne, sagte ich ja, ich könne, worum es denn gehe, um Spinnräder für die Herren amerikanischen Offiziere. Er drückte sich aus, wie jener Dummkopf im Lager, der die Pferde der Majore striegeln wollte für eine Handvoll Zigaretten. Bald brachte er auch Muster an, wir sägten Schablonen aus, schließlich ging es los, ein junger Stellmacher aus Kosel an der Oder montierte, Wilhelm Behnke prüfte die Einzelteile, indem er sie mit denen eines zerlegten alten Spinnrades verglich, ich drechselte. Ich tat es, bis mir einmal beim Abtasten des rotierenden Werkstücks mein linker Handballen fast ganz herausgerissen wurde, einen

Tag lang drehte ich mit einem Verband, aber dann wurde es kritisch, Wilhelm schickte mich heim. Das war die Zeit, da ich Sascha kennenlernte. Sascha sprach mich im Orlando, der Café-Kneipe am Dom an, ob ich Grüne brauchte, also Dollars. Was soll ich damit, sagte ich naiv. Dummkopf, sagte Sascha und verplapperte sich dabei; er sagte es auch auf russisch: Durák. Ich gab mich als Deutscher aus Rostow zu erkennen, er umarmte mich, er war aus Leningrad, das heißt, eigentlich aus Paris, und – auch das: eigentlich – Franzose, wenngleich sein Vater aus fürstlichem, beinah kaiserlich-russischem Geschlecht, seine Mutter freilich aus München, drum habe er sich dorthin zurückgezogen auf der Flucht vor der vergeltungssüchtigen französischen Polizei, nur weil er Dolmetscher gewesen sei bei Oberst Schüttnagel, ein Engel von einem Menschen, verstehst du? Ich verstand nicht viel, erst als er sagte, wir wollen einen Handel aufmachen, horchte ich genauer hin. Also, er sei es leid, immer so durch Deutschland zu reisen, niemals sicher, ob da nicht einer von der Résistance ihn aufhalte, obwohl er doch, parole d'honneur, niemals und niemals! Also, sagte ich, mit was? Mit Saccharin, kostet in Hamburg doppelt so viel wie in München und ist leicht zu transportieren, ein Paketchen, kakraz w'karman! Gerade passend in die Tasche. Ich mußte nach München, kurz vorher hatte mein Onkel Oscar aus Amerika ein mildtätiges Paket geschickt. Wir hatten an ihn geschrieben, da waren viele gute Sachen drin, aber auch törichtes Zeug, wie die zehn knallbunten Krawatten. Die nahm ich nach München mit. Geld lieh ich mir beim Bert, der hatte gerade wieder einen «Erbring» gut verkauft. Bert verstand es großartig, Messing zu echtem Goldglanz zu bringen.

München war für mich ein Schock. Da begann ich entsetzt zu begreifen, was in meinem Deutschland geschehen war, ich sah Ruinen, ich sah abgerissene Menschen, ich sah Trümmerwaggons mitten in der Stadt, und ich sah nirgendwo ein Lächeln. Die Menschen waren nicht gleichgültig, nicht abgekämpft, es war schlimmer, sie waren feindselig, sie trugen ihre Feindseligkeit geradezu eitel vor sich her, wie einen Stander, wie eine erhobene Waffe. Im Hotel Regent traf ich Sascha, jedermann kannte ihn, aber ich durfte erst nach einer Weile zu ihm, er hielt gerade Hof, dunkle Gestalten, alles künftige Kollegen von mir, und einige aufgeputzte Mädchen, sie waren, wie ich erfuhr, für den Handel mit amerikanischen Soldaten zuständig. Sascha begrüßte mich mit Umarmung, plauschte französisch, wies mich auf russisch in das Geschäft ein, aber plötzlich fluchte er in dem obszönsten Serbisch meines Lebens, erhob sich, riß mich mit sich und wir landeten in einem Hotelzimmer im dritten Stock. Was ist, fragte ich, nichts, knautschte er mißmutig heraus, hast du den Moschek gesehen, der in der Tür stand, also, wenn er wieder die linke Hand auf die Brust legt, ist Gefahr, dann ist die Em-Pi im Kommen, M. P. heißt Militärpolizei, daß du's weißt. Später gingen wir wieder runter, eines der Mädchen hatten die Boys mitgenommen, nun ja, so viel weiß sie auch nicht, sagte Sascha. Dann ließ er sich von mir mein Geld vorzeigen, wenig, sagte er, aber es reicht, dann übergab er mir das Paket mit Süßstofftabletten. Ich sah zu, davonzukommen aus diesem Hotel Regent, das vorher ein gutes Hotel war, das später wieder ein gutes Hotel werden sollte.

Ich ging geradenwegs zum Bahnhof. Mein Ausweis war gut, nämlich amerikanisch, außerdem sah ich zivil aus in dem Felix-Hemd und dem dunkelblauen Rock mit den imitierten Hirschhornknöpfen. Der Zug war, wie alle Züge damals, überfüllt, ich zwängte mich rücksichtslos in ein Abteil, Rücksichtslosigkeit hatte ich in Stetzing gelernt von den Bayern, von den Ukrainern, von den Egerländern, von allen meinen Mitbrüdern nach dem Kriege.

Das Abteil stank nach Schweiß und Menstruation, nach dem säuerlichen Brot, das es in den Städten gab, nach den Fürzen kranker, verseuchter Mägen. Das Fenster war vernagelt, Luft kam nur herein, wenn einer die Tür öffnete, ab und zu hielt der Zug auf offener Strecke, Soldaten – amerikanische, englische? – leuchteten hinein, irgendwo kreischte eine Frau, Kinder plärrten, aber wer saß, saß still, wer wird sich schon darum kümmern, wenn irgendeine Frau schrie; einmal wollten Leute ins Abteil, es war kein Platz, aber sie drängten sich zwischen die Stehenden, die Kauernden, die Hockenden, polnische Flüche wurden laut, wieder waren Deutschlands ehemalige Sklaven, Fremdarbeiter genannt, unterwegs, sie nahmen sich, was ihnen gefiel, Armbanduhren, Schmuck, aber auch Fleisch und Fett aus den kümmerlichen Transporten der Zonenverwaltung, und wir alle, die wir geschwiegen hatten, als man sie zu Sklaven machte und demütigte, wir schwiegen jetzt wieder. Der Krieg der Menschen ging weiter, vorn schoß einer, nur Pistole, das schallte nur so gefährlich. Die Frau mir gegenüber, wie alt, ja, zum Teufel, wie alt denn eigentlich? Sie versuchte immer wieder, ihre Füße zwischen meine Schenkel zu schieben, kümmerlicher Ersatz, ich legte meinen Rucksack mit dem Kanten Brot und dem Saccharin auf meinen Schoß, da schoben sich ihre nackten Füße darauf, was soll man tun, der Zug hielt, aber niemand stieg aus, draußen war es schon duster geworden, irgendwer klopfte auf dem Bahnsteig ans Fenster, ein deutscher Soldat mit der gottverdammten Jägermütze, als hätte ich nicht regelrecht kapituliert damals, im Mai fünfundvierzig, im Böhmerwald, wo der amerikanische Neger mich als Bruder begrüßte, «brother» sagte, wo ich doch sein Feind war und ihm nicht einmal eine «Nazi-Pistol» als Souvenir verehren konnte, aber die Uhr, schwarzes Zifferblatt, was hatten wir für eine gut ausgestattete Streitmacht! Ein deutscher Soldat auf dem Bahnsteig von Hannover brachte unsere kleine Welt im Abteil in Unordnung, der Kerl hatte auch noch den Vogel an der Mütze, jenen Todesvogel, der – Gott mit uns – über uns war, wo wir uns auch aufhielten, zu Lande, zu Wasser, in der Luft. Oder in Hannover, wo sie die Kriegsgefangenen abluden und ihnen aus den Zeughäusern der Wehrmacht neue Uniformen gegeben hatten, wie unserem Freund am Fenster; da erwischte ich meine Füße-Frau, wie sie versuchte, meinen Beutel mit Brot und schwarzer Handelsware mir von den Knien zu schieben, ich band mir darauf den Rucksack an das linke Handgelenk, sicherer wurde es nicht, aber die Frau wußte nun, daß ich es bemerkt hatte, jedenfalls hörte sie mit ihren diebischen Liebkosungen auf. Als ich aufwachte, war es Nacht, wir hatten mehrere Stunden an der Elbbrücke gestanden, draußen nölten britische Offiziere herum, ich aß das letzte Stück meines Brotvorrates, der Zug rumpelte weiter, hielt an Bahnhöfen und mitten in Trümmerfeldern, die ersten Passagiere stiegen aus, sprangen von den hohen Waggonkanten hinab ins ungewisse Dunkel, man hörte Aufschreie; Schwarzhändler, sagte die Frau gegenüber und blickte mich vielsagend an, ich schaute zur Seite, stellte mich schlafend, und überraschend schnell fuhr unser Zug ein in die große Halle von Altona.

Wie ich aber aussteige, die klammen Gliedmaßen rekkend, überfällt es mich wie ein Sturm, wie ein heftiger Stoß gegen die Stirn, ein gewaltiges, ein gewaltsames Gebrüll, und aus den vom Gewölbe gebrochenen Schallwellen formiert sich ein Gesang, und der Gesang hat eine Melodie, der Gesang will was von mir, ich höre nur den Klang, aber bald sehe ich auch die Sänger, Männer, graue Männer, entlassene, verlassene Soldaten, waffenlos, mit aufgerissenen Mündern, wie die Kriegerfriese am Berliner Zeughaus, denke ich, sie bewegen sich, sie verzerren sich, und der Gesang steigert sich zu einem hysterischen Wutausbruch, zu einem ohnmächtig-kindlichen Wimmern, aber alles bleibt in der Melodie, alles im böse stampfenden Rhythmus, den ich langsam erkenne, ein Nazi-Lied, «wo wir sind, da ist immer vorne», singen sie, aber sie meinen es ja gar nicht, sie meinen, ja was meinen sie? Draußen stehen Militärpolizisten mit langen Knüppeln, sie sind ratlos. Wie ich hinausgehe auf die Straße, rücken die Engländer ab, da gehe ich schnell davon.

Bis es mir plötzlich graut vor einem Vergleich, ich bin dem Erbrechen nahe, als mir das Bild sich aufdrängt: Die Männer dort in der Halle singen von ihrer Kastration. Sie singen, ich erinnere mich jetzt an die Fetzen des Liedes «und der Teufel der lacht nur dazu», aber der Teufel lacht nicht, der Teufel hat sie zu Kapaunen gemacht, genau zu dem Nichts, das sie so gern mit ihren Stahlketten in den Boden gemalmt hatten.

Irgendwo schlief ich mich aus, auf einem Trümmergrundstück hinter einem Verschlag, am Morgen fand ich meine Anlaufadresse, das Geschäft war schnell erledigt, der Mann, ein Däne (der sich nicht nachhause traute, denn er hatte eine deutsche Uniform getragen), war ein Professionaler. Hier die Ware, kurze Überprüfung, ein Blick in die Augen, Geld über den Tisch, trinkst noch ein Bier, ich mochte nicht, nach diesem Bier hätte ich den ganzen Tag pissen müssen, und ich wollte doch noch nach weiteren Geschäften in Hamburg Ausschau halten, von Saccharin und Sascha allein kann der Mensch nicht leben. Im Osten der Stadt traf ich eine Gruppe ehrbar aussehender Männer, aus Bremen, sagten sie, sie boten erst Dollars an, wollte ich nicht, zu riskant, die Scheine rochen so frisch, aber das andere, das ließ sich sehen: richtiger geräucherter Vorderschinken aus einem amerikanischen Transport. Kostete ein Vermögen. Ich fuhr mit der Straßenbahn an der Alster entlang, dort war ein Kriegskamerad, wie man das nennt, zu Hause, aber das Haus war weg. Da suchte ich beizeiten eine Unterkunft, am nächsten Morgen wollte ich zurück nach Bayern. Mit einer anderen Straßenbahn fuhr ich lange, lange durch eine Trümmergegend, ab und an lag ein Totenkranz zwischen den Mauerbrocken, aber Menschen waren nicht zu sehen. Die Männer mit dem Vorderschinken hatten mir den Tip gegeben, die Hotelunterkunft im alten Luftschutzbunker aufzusuchen, billig, sagten sie, das sowieso, aber auch ungestört, die Engländer gehen nicht gern in die kaputten Stadtteile, haben ja auch recht. Natürlich, beeilte ich mich zu bestätigen, ich wäre auch nicht heiß darauf. Als die Straßenbahn endlich eine Haltestelle erreichte, hatte ich gut einen Kilometer wieder zurückzugehen, zu dem Bunkerhotel, halten wollte der Kurbelmann da nicht, ich habe Familie, Junge, sagte er. Der Bunker hatte ein Schild, auf dem stand eine Nummer, aber darübergemalt war das schöne Wort Schlaf-Hotel. Drinnen gab's keine Ausweiskontrolle, nur für einen Tag, sagte der nur halbwegs in der Kleidung zivilisierte Panzersoldat, länger geht nicht, dafür brauchst du deinen Namen nicht zu sagen, aber das Geld für die Übernachtung im voraus.

Im großen Bunkerraum waren mehrstöckige Betten errichtet, ich bekam eins in Brusthöhe, über mir lag eine Frau und guckte neugierig über die Kante; als ich mich hinlegte, ließ sie ein Bein herabhängen, ich hatte es bei dieser Reise mit Frauenbeinen, aber als ich wie versehentlich mit dem Ellenbogen heftig dagegen stieß, holte sie den Schenkel wieder ein. Dafür hatte sie mit ihren sonstigen Besuchern die ganze Nacht zu tun, ich konnte kaum ein Auge zumachen, da ging das Gepolter wieder los. Es war schließlich ein «Schlafhotel», sagte ich mir und schob das Schinkenpaket mehr zur Wand zu, wo es sicherer war vor den nächtlichen Besuchern der Frau über mir.

Auf der Rückfahrt verkaufte ich den Schinken gleich im Abteil einem Mann, der echte «Grüne» hatte. Als ich in München im Regent eintraf, kam ich bei Sascha gleich dran, auch Moschek war sehr freundlich, ich gab Sascha mehr als die Hälfte der grünen Dollars für die nächste Lieferung Saccharin, er sollte sie mir nach Regensburg bringen, Treffpunkt Orlando di Lasso, aber ich habe Sascha nie wiedergesehen, nicht in Regensburg und nicht in München, wohin ich ganz verstört aufbrach, enttäuscht und traurig, er war doch eigentlich ein guter Partner, redete ich mir ein, aber im Hotel Regent sprach man jetzt schlecht von ihm, der ist weg, was gibst du ihm auch Geld, Mann, wo lebst du eigentlich!

Das war die Zeit, wo ich über meine Landsleute, Volksgenossen hießen sie früher, nachdachte, und da war denn so ein Sascha nicht so einfach zu verurteilen, denk mal an die deutschen Bauern in Stetzing, die dich wie einen Sklaven behandelten, obwohl du doch in Not und Jammer zu ihnen gekommen warst, Flüchtling, abgerissen, was willst du da von einem Sascha! Ich machte Bilanz, und die sah nicht gut aus, die Bauern von Stetzing traten da als rote Zahlen auf, die Regensburger Amtspersonen nicht minder, ja, und jetzt der Sascha, aber der zählt nicht, später erfuhr ich, er war in Paris Taxifahrer und Zuhälter. Aber wie das so mit dem Guten auf dieser Erde ist, beinah hätte ich die Reiths vergessen, diese Stetzinger Mechanikerfamilie, drei Söhne, zwei Töchter, Mutter ging aufs Feld arbeiten, Vater reparierte bei den Bauern die Maschinen, Elektroleitungen und Installationen. Kein Tag verging, an dem Vater Reith nicht mit einem Kanten Brot oder einem Zipfel Wurst ankam, wenn er von Montage zurückkehrte, für die Kinder, sagte er, und eigentlich knappste er das von dem Proviant der eigenen Kinder ab, und diese brachten außerdem von ihrem Brot und Speck uns heimlich dies und jenes rüber und sangen mit unseren Kindern auf der Dorfstraße vor dem Hause ihre bayerischen Lieder, und wie ich so nachdenke, fällt mir auch der Krämer Züselberger ein, der mir eines Tages eine Schreibmaschine brachte, eine alte Underwood, aber ich war glücklich, wer wäre es nicht in meiner Lage, die Maschine war zwar nur ein Instrument, aber sie stimulierte mich, der ich in den fiesen Taschenspielertricks des armseligen Alltags unterging, zum Nachdenken, genau: zum Nachdenken. Papier bekam ich von Herrn Röhlein, er hatte es in einer Nazi-Ortsgruppe gefunden, die er im Auftrage der Amerikaner auszuräumen hatte. Die Knick-Kreuze am Kopf der Bögen störten mich nicht, ich riß sie sorgfältig ab und machte Fidibusse daraus, für unseren Blechofen, auf dessen glatter Platte wir Brot rösteten. Wir bestrichen es vorher mit Maggi. Die Maggiwürfel kamen von Onkel Nowak, der damit handelte, ambulant, weil im Besitze eines Fahrrades. Ich schrieb auf dem Nazi-Papier zuerst einmal ein Gedicht, das mir, wie ich die Santner-Wiesen entlangging, eingefallen war, an der Maschine erst merkte ich, daß es noch lange nicht fertig war, ich schrieb es um und um, bis ich glaubte, jede Silbe sei recht. Das schickte ich an die Regensburger Zeitung, die druckte es ab, mit einer billigen Zierleiste umrandet, mein Name stand, korrekt buchstabiert, darunter, Herz, was willst du noch mehr! Das war nach Felixens blauem Zivilhemd der zweite Schritt in eine neue Welt, wieder ein Schritt, möchte ich sagen, auf mein Volk zu, durch das Volk durch, dem mein Großvater Friedrich, lutherisch und in kerniger Frakturschrift, die Treue gehalten hatte, bis sein Enkel freideutscher Wandervogel am Sonnenwendfeuer, Soldat im großdeutschen Graurock, geschlagener Überrest des Krieges, und nun Schwarzhändler und Poet dazu. Vor Selbstmitleid kamen mir Tränen. Stetzing, oh, mein Stetzing. Das Honorar aus Regensburg betrug fünf Mark, ich legte fünf dazu und kaufte zwei Zigaretten Lucky Strike, die rauchten wir am Hollerbusch an Santners Wiese dort zur Bockelbahn zu, und es hat alles seine Zusammenhänge, kam doch da Bert an, schlacksig, die Augen wasserhell auf uns gerichtet. Ich suche euch, sagte er, willst du mit mir Theater machen?

KAPITEL III

Mir ist so wundrig,
so wirrig zu Sinn,
als hätt i a Schlafwurz zerbissn,
und alls is mir wie im Traum.
Tu mi nit aufweckn!
Carl Orff, Die Bernauerin, 1945

Es war ein Dienstag, der Tag also, an dem ich zum Arbeitsamt fuhr, dort meine Registrierkarte vorlegte, einen kleinen Stempeleindruck bekam, zur Kasse ging und ein paar Mark entgegennahm. Ich mußte mich sehr beeilen, die Armeleute-Papiere gegen eine gutbürgerliche Lohnsteuerkarte einzutauschen. Ich hatte mein hellblaues Zivilhemd angezogen, Wendraps Tochter, eigentlich Damenfriseuse, hatte mir die Haare zurechtgemacht, trotzdem wurde ich auf den Ämtern behandelt wie ein Bettler, aber ich merkte es kaum, die helle Freude hatte von mir Besitz ergriffen, eine doppelte Freude. Nun würde ich nicht nur als Deutscher mitten in Deutschland registriert werden, ich kam zum Theater, womit ich eigentlich meine deutsche Laufbahn angefangen hatte, wann war das, vor einem Vierteljahrhundert in Lissa, wo Vater stolz auf Essen und Trinken verzichtete, weil er preiswert den ganzen Schiller bekommen konnte, Schiller, und wir hatten einen roten Kopf, als wir ein Drama suchten für mich, für den Bruder und die beiden Schwestern, und wie uns das Gedicht auffiel «Hektors Abschied», weil es nur zwei Darsteller brauchte. Die anderen durften ins Parkett, das war meine erste Berührung mit dem Theater, mit einem selbstgemachten Theater, von Schiller abgesehen, und jetzt dies: mitmachen bei einem richtigen Theater mit Bühne und Vorhang. Als ich in Stetzing aus dem Regensburger Arbeiterzug stieg, und die beiden Mädchen wie immer an der Schranke standen, mich stürmisch begrüßten, aber auch die Frage nicht vergaßen, hast du etwas Geld mitgebracht, Väterchen, denn beim Krämer war schon ein bißchen etwas aufgelaufen, wirbelte ich die beiden herum, daß der Bahnhofsvorsteher, der die Fahrkarten prüfte, sich mitleidig an seinen Schädel tippte: Narrischer Depp, narrischer. Aber ich hatte natürlich Geld, wir gingen unterwegs gleich zum Kramer Krämer hinein, und ich kaufte zwei Weizen-Semmeln, es war ja ein Festtag, und meine Frau begann, aus dem Stand meinen blauen Rock auszubessern, auf der Bühne, sagte sie, kannst du nicht so einfach. Am Tage darauf reiste ich ab ins Oberpfälzische, in Batzenbach oder so ähnlich, war das Ruhequartier der «Großen Bayerischen Reisebühne». Bert, Sozius der Firma, Regisseur und erster Liebhaber, war am Bahnhof. Hotel ist nicht, sagte er, wir müssen sparen, wir schlafen im Probenraum in der alten Schule, sollte mir recht sein. Der Prinzipal kam, er fragte, kennen Sie das Weiße Rößl, ich sagte ja, ich kenne es, sprechen sie österreichisch, ich sprach natürlich nicht, ich hätte ihm anbieten können eine ganze Sprachenpalette, das gesamte «West und Östliche Gelände», aber Österreichisch? Gut, sagte er, Sie machen den Inspizienten, sind verantwortlich für den reibungslosen Ablauf der Vorstellung und außerdem rechnen Sie die Vergnügungssteuern mit dem jeweiligen Gemeindeamt ab, und dann dies und jenes, was halt so kommt, Theater eben. Dann tranken wir gepanschten Wein, abends kamen die Schauspieler, Damen und Herren, aber Bert meinte, ich soll mich nicht gemein machen mit ihnen, das ist nicht gut für den Respekt. Bert war (das erfuhr ich kurz darauf, als es zum Streit kam zwischen dem alten Herrn Frix und dem Prinzipal) in jungen Jahren Offizier geworden, etwas anderes kannte er nicht, seine

Schauspielausbildung hatte er nur so täuschend gut vorgemacht, daß auch an seiner Befähigung nicht zu zweifeln war. Ich lernte also Texte und bekam eine Tabelle aus dem Finanzamt in die Hand gedrückt, dann fuhren wir los, ein Lastkraftwagen mit einem Holzgasmotor, es mußte immer wieder Kleinholz nachgeschippt werden, das machte Frieder, der zweite jugendliche Held, Gerlinde, als Diva und Freundin des Kompagnons, ließ sich hofieren, das Essen war knapp, die Mark wertlos, aber die Direktion hatte immer mal ein paar amerikanische Zigaretten zum Mutmachen. Als wir in einem Marktflecken in einer schönen Turnhalle unsere Premiere gaben, kam es zu Tumulten, die Bauern wollten ihr Geld zurückhaben, brüllten böse und anhaltend im Saal herum, a Bschiß is dös, sagten sie, a weißes Rößl ohne a Musi, dös gibts net, hast g'hört! Der Prinzipal ließ durch seinen Kompagnon und ersten Liebhaber mitteilen, daß wir nicht die Operette, sondern das Lustspiel aufführten, und wenn ihr stinkerten Bauernlackl, so sagte er in einem Gemisch von Rengsburgisch und Wienerisch, a Musi haben wollt's, dann könnt's ihr nicht für die bschiß'nen finf Markerl hier umeinander hocken. Und brüllen a no! Des kost fei mehr, so uma 40 Mark, hobt's mi? Es wurde eine rauschende Aufführung. Im nächsten Dorf hatten wir – Gema hin, Gema her – ein altes Grammophon, das spielte mit abgenutzter Stahlnadel «Was kann der Sigismund dafür, daß er so schön ist...». Wir hatten nie wieder Ärger mit den Bauern.

Ich bin denn durch die nördlichen Dörfer und Städte Bayerns gefahren, habe mich umgeschaut in meiner Väter Vaterland, dachte selten an den Krieg, den man hier, wie mir schien, vergessen hatte, nur als wir in Nürnberg einzogen, am Justizpalast vorbei, vor dem viele Soldaten standen, fiel mir ein, was ich in der Halle des Altonaer Bahnhofs erlebt hatte, und es schien mir, als wäre hier das gleiche Lied daheim, jenes brutale Lied, daß sich so bewaffnet anhörte, obwohl es eigentlich eine Karussellmelodie war, abends in der Kneipe des Saalgebäudes von Neustätten, wohin wir weitergefahren waren, lebte es wieder auf.

Da sitzt du in der miefigen Gemütlichkeit einer Weinstube, hast den Krieg beendet, bist zum ersten Mal im Besitz einer richtigen deutschen Lohnsteuerkarte, trinkst deinen Schoppen, es hat Vorschuß gegeben, außerdem hast du die drei Eintrittskarten für die Vorstellung hier, die dir zustehen, mit Aufschlag verkauft, wo es keinen Speck gibt, ist Kultur gefragt, sitzt also da, als dich aus dem Nebenzimmer Musik anfällt, Trommeln schlagen, Trompeten plärren, zu der Schallplattenmusik brüllen Männerstimmen ihren Text, Kommandos und zackige, geile Schreie, dann brüllt einer und überbrüllt alle anderen: «Drei Mann raustreten zum Blutrühren», und schon prasselt das Gelächter durch Saal und Zimmer, der Wirt zuckt die Achseln, die sind alle von hier, eigentlich brave Burschen, gute Familien, was soll's, die haben was hinter sich, und dann ist auch schon der erste im Gastraum, schreit Heil und haut auf das Blech der Theke, aber du und du und du, was habt's ihr im Krieg gemacht, ihr Polacken, ihr Juden, ihr Zigeuner? Euch haben sie vergessen, euch Haftlmacher, aber wir, und schon wieder geht die Platte von neuem an: Trommelgetöse, Trompetergeschepper und Heil und wieder Heil.

Am nächsten Morgen ist der Holzgaser defekt, wir schütten frisches, trockenes Holz auf, Frieder stochert herum, eigentlich müßte der Wagen, aber er tut es nicht. Da schickt mich Bert los, wir müssen morgen nachmittag in Bamberg spielen, die Karten sind verkauft, macht, was ihr wollt, aber laßt uns wegkommen von hier; ich gehe los, und wie ich den Pfarrer treffe, einen jungen Pfarrer, katholisch natürlich, sage ich, Gelobt sei, ich brauch einen

Wagen. Er guckt mich erstaunt an, wie bitte? Ich sage, Hochwürden, ich muß einen Wagen nach Bamberg haben, für die Wanderbühne und so und so. Wie groß, fragt er, nu ja, sag ich, die Kulissen; die Leute können auch mit der Bahn, Hauptsache das Gasthaus kann drauf, aber das ist flach, nur Vorderseite, erläutere ich dem Priester den Bau einer Theaterkulisse. Jetzt dachte ich, er fragt mich, ob ich katholisch bin, dann wär's aus, aber er fragt nicht, sondern zeigt mir einen Seitenweg, da hinten, wo der Giebel in die Straße hineinragt, ist ein Holztor, gehn Sie rein, fragen Sie nach Kurt, der fährt Sie. Mit Gott, mein Sohn, fügt er noch dienstlich hinzu und geht. Kurt saß mit seiner Frau im Hof und reparierte ein Pferdegeschirr. Grüß Gott, sag ich, ich brauche eine Fuhre nach Bamberg. Bamberg, sagt er, ist weit. Aber ich brauche sie, sag ich. Da er schweigt und nur seine Frau anschaut, die merkwürdig traurig, oder vielleicht verzweifelt vor sich hin starrt, warte ich auch. Dann nickt sie, und er sagt denn auch recht forsch: Wieviel wollen Sie anlegen? Ich sage, den Preis bestimme er, was kost't wird bezahlt, alter Spruch meiner Väter und Vorväter dahinten im Osten. Als ich Osten sage, geht er in den Schuppen, holt das Pferd, und in wenigen Minuten waren wir bei der Truppe, aufladen, festzurren, und auf nach Bamberg. Das Pferd war unterernährt, wir mußten absteigen und zu Fuß neben dem Wagen gehen, so wanderten wir stundenlang durch das fränkische Land, eben jenes, das wir im Wandervogel so jubilierend besungen hatten, damals am Steilufer der Weichsel, und wie wir so gehen und nachdenken, bleibt er plötzlich stehen und sagt, tragen Sie es meiner Frau nicht nach, sie hat gerade ihren schlimmen Tag, wo alles wieder hochkommt, die Geschichte damals, wie sie drüben jeden Tag geholt wurde zum Kasernenaufräumen, und jeden Tag kam sie zerschlagen zurück in ihre Kammer, jeden Tag waren es mehrere Männer, manchmal sechse oder auch zehne, bis sie ein Offizier zu seiner persönlichen Hure machte, da durften die anderen nicht, und sie konnte sich erholen. Er half ihr, gab ihr zu essen und auch Kleider, aber die anderen riefen ihr Kurwa nach, das heißt Hure, das ging so jeden Tag, bis ich aus der Gefangenschaft heimkam und sie hierherholen konnte. Ich war früher Architekt, meine Frau ist die Tochter des Stadtbaumeisters von Müggeritzthal, ein kleiner Ort, aber wir hatten mit den geschichtlichen Gebäuden viel Arbeit. Das Pferd hier hat mir die hiesige Gemeinde geschenkt, es war herrenlos herumgelaufen, Artillerie wahrscheinlich. Meine Frau wird nie wieder, aber ich muß ihr beistehen, nachts schreit sie, dabei müßte ich dem Offizier dankbar sein, sie wäre, ach, was erzähle ich Ihnen das!

Der Pfarrer hat mich an Sie verwiesen, sag ich.

Er hat mir geholfen, der Pfarrer, aber ich kann es ihm nicht danken, er erwartet, daß ich in seine Kirche geh, aber ich kann keine Kirche sehen, verstehen Sie das. Er ist ein guter Mensch, aber ich will nicht, um ihm zu danken, heucheln. Vielleicht, irgendwann.

Und wie wir so zwischen Hirschaid und Battenheim seine Tragödie hin- und herwälzen, die Not der Frau insonderheit, da kommt von hinten ein Holzgaser an, unser Holzgaser, und hat ein Tempo, daß unsere Fuhre dagegen eine Schnecke ist, und Frieder steigt aus, unser Frieder, er hat es geschafft, zwei Schachteln Lucky Strike hat der Spaß gekostet, wahrscheinlich war das fehlende Teil nicht mal eine Zigarette wert, aber streit sich einer um so was, wenn es brennt. Also, wir haben umgeladen, und ich habe dem Fuhrmann noch eine halbe Stange Zigaretten zusätzlich mitgegeben, soll er seiner Frau ... aber das war schon der erste Schritt, den ich in die Zukunft tat: Kauf dir was, wenn du Sorgen hast. Die Bundesrepublik, zwar noch in weiter Ferne, hatte sich vernehmlich angemeldet.

In Gelsenfurt, oder so ähnlich, geschah es, daß plötzlich, ich hatte vorher alle Sicherungen kontrolliert, das Licht ausging. Der Kellner Leopold bediente gerade den kauzigen Berliner, bot ihm an, weißen oder roten G'spritzten zu servieren, um den alten Kalauer publikumsfest in den Saal zu schmettern, weil, mein Herr, wir haben nur weißen, eben da ging das Licht aus. Es ging auf der Bühne aus, es ging in den Dekorationen aus, hinter der Bühne in den Garderoben und Gängen, kurz, das ganze Haus, «Sintmair's Gasthaus und Gesellschaftsräume», war dunkel, und es war still, wie sagt man: mucksmäuschenstill. Ich rannte zur Hauptsicherung, drückte auf den Knopf für den Vorhang, der natürlich nicht herunterging, wie denn auch, ohne Strom. Der Saal indes, es muß eine lähmende Wirkung gewesen sein, der Saal schwieg, man hätte glauben können, er sei leer. Und in diese lautlose Panik hinein, wie abgezirkelt, brutal auf den Punkt gesetzt, rief eine metallische Männerstimme: Heil Hitler. Und dann noch einmal: Heil Hitler, und erst als dem Rhythmus gemäß der dritte Ruf fällig war, brach die wirkliche, laute, brüllende Panik aus. Die Menschen räumten die Stuhlreihen, die hinteren Bänke wurden krachend umgeworfen, einer schlug, mit einem Stuhl wahrscheinlich, ein Fenster ein, aber nur das magere Licht einer entfernten Straßenlaterne drang in den Saal. Endlich hatte Bert seine Taschenlampe in der Garderobe gefunden, er blakte herum, aber es war alles sinnlos, das Dunkel blieb, und der Heil-Hitler-Mann war fort. Nach langer Zeit kam ein Feuerwehrwagen an, die Polizei war etwas langsamer, und da standen wir, der Bert in seinem Oberkellnerfrack mit schwarzer Fliege, das Gesicht bis zur entsetzlichsten Blässe blutleer. Er starrte den Polizisten an, als wollte der etwas von ihm, aber es ging nur um das Protokoll, wer als letzter die Hauptsicherung gesehen habe und so. Von dem Mann mit dem hysterischen Schrei war nicht mehr die Rede, ein makabrer Spaßvogel, vermuteten wir, der Ortsbürgermeister, der nach dem krachenden Auszug aus dem Saal wieder zurückgekehrt war, sagte, es könne sich nur um einen Ortsfremden handeln. Später erfragten wir in der Kanzlei, nachdem wir die Vergnügungssteuern auf den Gemeindetisch gezählt hatten, daß der schöne Ort nahezu 90 Prozent Nazi-Stimmen zählte, immer schon zählte, bis 1945, dann natürlich nicht.

Ich vergaß den Zwischenfall bis zum Tode von Bert, lange Zeit später, in Stetzing. Ich erzählte Berts Eltern nichts davon, irgend etwas hielt mich davon ab.

Wir fuhren mit unserem Thespiskarren weiter, wie Zigeuner, wie fahrende Leute, wie Bettelmönche, hätte ich damals Mutter Courage schon kennenlernen können, würde ich sagen, es war nicht viel anders auf dem großen Kriegsschauplatz, wo die Geschlagenen ihren Karren von Ort zu Ort schoben, von Schindanger zu Schindanger, und die reichen Bauern und Pfeffersäcke warfen ihnen, den landfremden Gauklern, die Almosen zu, die Innereien, die keiner essen mochte, die Semmeln, die am Schuber festgeklebt hatten. Wir wußten es, aber wir hatten unsere Freude an der Arbeit, ich freute mich am meisten, für mich war dieses Straßauf-Straßab durch die deutschen Täler, an irgendwelchen staubigen Burgen vorbei, unter den goldenen Wirtshausschildern wie ein Jugendtraum, der sich vollzog, wie ein Geschenk, das man schon lange aufgegeben hatte, bis es dann doch kam, vom Himmel hoch, vom fränkischen Himmel. Und da fiel es mir ein, wie wir daheim durch die Wälder marschiert waren, durch die Heide von Sontop, oder an den Seen von Pudewitz vorbei, oder die Welna entlang nach Parkowo, als wir gar nicht wußten, wie gut es uns ging. Wie wir unseren blauen Wimpel vor uns hertrugen, und der Silbergreif auf ihm blinkte in den Sonnenflecken auf, und der Erhard hatte seine Klampfe wie immer mit, er war unser Anführer, Vorsänger, Vorbild und Repetitor, er sang und sang, und wir sangen mit, fröhlich und dahingegeben, obwohl wir nicht wußten, wovon wir sangen: «... ins Land der Franken fahren», sangen wir, aber unser Land war das der Polanen, der Gopliden, der Sarmaten und solcher vergessener Völkerschaften, nur eins stimmte, die Franken waren unsere Nachbarn in Posen, sie wurden einst rings um die Stadt angesiedelt. Was macht's, daß sie sehr bald als Katholiken den katholischen Polen zugeschlagen wurden, sie trugen noch lange danach ihre fränkische Tracht und hießen Bamberger. Bamberek wurde ein solcher Franken-Nachfahre auf polnisch gerufen, und seine Frau Bamberka, was dann zum Synonym für die fröhliche, ehrliche Posener Marktfrau wurde, sogar ein Denkmal wurde ihr gewidmet, im weiten, bauschigen Trachtenrock aus Franken.

In Bamberg besichtigte ich den berühmten Reiter, den edlen Modelldeutschen, wie er sich effektvoll «am Riemen riß», am Mantelriemen, rittermäßig. Ich kannte die Statue recht gut. Im Wandervogelheim, dem «Nest», hing ein Bild von ihr, wir ließen den Reiter zwar heiter zum «Riemenreißer» werden, aber er blieb uns dennoch ein Symbol, tapfer und von edlen Zügen. In diesem Bamberg klauten sie mir in der Jungmännerherberge mein zweites Paar Schuhe, ich hatte sie mir, als ich noch mit grünen Dollars handelte, im Einfahrtstor des Heuports in Regensburg gekauft. Bamberg, o du mein geliebtes Bamberg, wo kriegt man neue Schuhe her, wenn man keinen Bezugschein hat und keine Dollars, ich hatte wieder einmal geträumt, auch Bert dachte so. Entdecke Deutschland neu, sagte er, du wirst dich noch wundern, Junge; wir fuhren weiter. Der Holzvergaser schnurrte, wir machten Theater, wir verdienten gutes Geld, wir hatten viel Spaß.

Eines Abends sagt Bert, morgen kommt die Adeline, eine Neue, denn die Helga muß nach Hause, sie ist schwanger. Adeline sah ganz proper aus, sprach so, daß man wußte, sie hatte es gelernt, nur als die erste Aufführung mit ihr vonstatten gehen sollte, fehlte sie, wenige

Minuten nur, aber meine Stoppuhr wußte es, ich wußte es auch, ich war der Inspizient. Sie entschuldigte sich später bei mir, sie hatte sich vor Angst in die Hose gepißt. Ich hab sie von diesem Geständnis an wirklich liebgehabt, endlich ein Mensch, ein Mensch, der pißt, weil er Angst hat! Wenn ich viele Jahre später als Kritiker vor einem Buch oder einer Bühne saß, hatte ich immer im Sinn, irgendwo dahinter hockt ein kleines Mädchen in der Garderobe und pißt vor Angst, ob es denn seine Sache wirklich ganz, ganz gut machen würde. Das nennt man wohl Schlüsselerlebnis.

Das zweite war, wie Bert, der ja nie Schauspielerei gelernt hatte, sich aus der Affäre zog. Als er die Adeline nicht in der Dekoration entdecken konnte, drehte er sich entschlossen zum Publikum und begann, aus dem Singspiel zu deklamieren, im Salzkammagut da kamma gut lusti sein, immer weiter, und wenn er nicht mehr konnte, lachte er und fragte, ob's Eahna auch wissen, gnäfrau, wie das im Salzkammagut, bis er aus den Augenwinkeln die vermißte Neue eräugte und mit ihr erst einmal im Walzerschritt davonfegte. Er sagte, extemporieren muß gelernt sein, aber er hatte es wohl als Offizier gelernt, wenn es stimmt. So vergaß Adeline schlagartig ihren Piß-Unfall und alles, alles war wieder gut. Ich wußte, sie schafft es, sagte Bert, als Profi riecht man das.

Mit den übrigen weiblichen Ensemble-Mitgliedern hatten wir andere Sorgen. Es gab zu viele Eifersuchtsszenen. Das war nicht gut für den Geist und den Charme der Aufführungen. Doch plötzlich war auch das zu Ende. Die Paare, die sich anderswo verzettelt hatten, lagen wieder treu beieinander, Bert, der Macher, entdeckte seine soziale Note, es gab keine lauten Worte mehr, als hätte ein heilsamer Wundersegen uns alle verwandelt. Es war aber das neue Geld. Das alte war von heut auf morgen nichts wert, das neue mußten wir uns auf eine sehr lästige offizielle

Weise eintauschen. Da saß denn die Truppe im Wartesaal, einige versuchten, auf dem Boden zu schlafen, andere gingen zur Polizei, ob die uns nicht vielleicht, wo wir doch alle ohne neues Geld, und polizeilich gemeldet seien wir nun einmal nicht hier. Aber die Wachtmeister interessierte es nicht, neues Geld gebe es in der Heimatgemeinde. Der Bahnhofsvorsteher allerdings, das sei erzählt, gab uns Berechtigungsscheine für die Benutzung der Eisenbahn. Das hat's niemals früher und auch nie mehr später gegeben. Da saß ich denn wieder in Stetzing und hätte meine Lohnsteuerkarte wieder gegen das Stempelbuch des Arbeitsamtes eintauschen müssen. Wenn nicht Erna gewesen wäre.

KAPITEL IV

Der Daniel mußt in d'Löwngrubn,
Dees war a schöne Hatz.
Marcelin Sturm,
bairischer Poet,
um 1790

DER Schlawake, murmelten die Weiber in Stetzing, der geht mit d'Kinder in den Wald, möcht schon was arbeiten können, der Schlawiner. Aber der Wald, der war mein Nährvater, Beeren gab es da die Hülle und Fülle, Pilze fanden wir, die waren so groß, so große hat es nicht einmal am Schwarzen Luuch gegeben, daheim in den Wäldern von Bythin oder Sontop, von unserer fast schon vergessenen Steppe im Rostower Kosakenland gar nicht erst zu reden, trotzdem, Tränen hätt man wischen können, wenn man an Rostow dachte.

Der Junge aus dem Kosakenlande, der Mann aus der polnischen Heide von Konkolewo, was Kaklewen genannt wurde, der Soldat aus dem tief röhrenden Böhmerwald, der den Eichendorff mit sich hatte, als wie einen Fichtennadelextrakt, er stapfte jetzt an dem frommen Gemäuerchen vorbei, das ein Stetzinger Sünder einst hatte errichten lassen aus Stein und Gewissensnot, bog dann nach links ab zum Wilderersteig, und da waren sie schon, die strotzenden Hecken, und die Beeren dufteten mit dem Farn um die Wette, es war ein Schwelgen in geilem, süßem Schmatzen, und erst als die Münder der Kinder müde waren, ging es ans Einsammeln. Viel brauchten wir, ein Körbchen für uns daheim, die Mutter wartete gewiß schon, aber auch ein Körbchen für den Oberen Wirt, da gab es ein Stückchen Speck dafür, einige Handvoll Kartoffeln, und manchmal streichelte er den Kindern über den Scheitel. Das war's mit den Beeren. Weiter hinten, auf Geiselham zu, da standen die großen, die gewaltigen Pilze, die man panieren und braten konnte wie Wiener Schnitzel, man mußte nur etwas Fett dazu haben, aber es gab ja auch die Steinpilze, die einzigen, die unsere Stetzinger als Pilze kannten und anerkannten, die konnte man sehr günstig eintauschen.

Deutschland war sehr klein geworden, es lag so zwischen Santners Wiese, der schönsten im ganzen Land, und der Donaubrücke in Straubing, über die du gewandert bist als Veteran des größeren Deutschlands, und über die du jetzt jeden Mittwoch wanderst, um beim Pferdemetzger Fleisch zu kaufen. Für eine Hundert-Gramm-Marke gibt es ein ganzes Pfund, manchmal mit sattem, gelben Fett drum herum. Da ließ es sich schon leben, in diesem kleinen, schönen Deutschland, auch wenn das Kilo Fleisch mit einer schlaflosen Nacht erkauft war, schon am Abend zuvor mußte man sich anstellen in der langen Reihe von Frauen und Männern, um am Morgen unter den ersten zu sein, die drankamen, wer weiter am Ende stand, hatte vergeblich gestanden, soviel Pferde hatte die graue Wehrmacht auch nicht hinterlassen. Das Anstehen war lästig, denn die Menschen damals hatten wenig Seife und stanken, sie gingen auch nicht in den Wald, und wahrscheinlich war die Flüchtlingsluft in ihren Stuben verdorben, Flüchtlingsein verdirbt Luft und Charakter, in der Fremde kennt dich niemand, da kannst du ruhig furzen.

Wir hatten ja den Wilderersteig, wir hatten unsere Pilze und Beeren, die für uns wuchsen und dufteten, wir hatten die helle Wiese mit den Pechnelken am Rain und mit den Holunderbüschen, die nur für uns blühten und nur uns ihre schwarzen Früchte darboten, wir hatten ja auch die Hutzelmännlein, denen wir die schönen Moosnester gepflanzt hatten, Flüchtlinge, tztz! Und hatte nicht Weihnachten unsere große Tochter mit aufgelocktem Haar die katholische, die bayerische Mutter Gottes in der Kirche gespielt, obwohl sie nicht getauft war und überhaupt kein Christ oder dergleichen? Die Armen Schulschwestern waren's zufrieden, sie bestimmten im Stillen untereinander, wer Christ war und wer nicht in diesem frommen Geburtstagsspiel vor dem Stetzinger Altar. Dem jungen Kooperator war es auch gleich, er war in diesem Dorf gedemütigt worden und hielt sich zurück, Messe und Gottesdienst, Taufe, Trauung, Beichte, Bestattung und damit Schluß. Die Dorfburschen hatten ihm auch wirklich, ich sage es ohne Spott, übel mitgespielt, und das nur, weil er aus Sengkofen stammte und nicht aus Stetzing. Als dorffremder Bursche hatte er sich in eine Stetzinger Dirn verknallt, und als die Dorfburschen herausbekamen, daß er Samstag abends mit dem Mädchen in der Sakristei zu plaudern pflegte, besorgten sie sich einen Schlüssel zum Vorhängeschloß und schlossen das Paar ein. Durch das Kirchenschiff konnten die Beiden nicht hinaus, denn da drinnen saßen Aufpasser der Stetzinger Burschen, also warteten der junge Priester und seine Begleiterin bis zum Sonntagmorgen. Aber die Burschen ließen sie erst heraus, als die ersten Kirchgänger zur Frühmesse ankamen. Der Kooperator wurde später versetzt, das Mädchen heiratete einen amerikanischen Soldaten unbekannter Religion und zog nach Detroit. Sie schrieb schöne Briefe und schickte ihren Eltern modische Hüte und Holzfällerjoppen. Aber das besänftigte die Eltern nicht mehr. Als sie starben, kam sie mit ihrem Mann herüber, das war nach meiner Zeit; sie soll sehr geweint haben und nach dem ehemaligen Kooperator ausgeschaut haben, aber er war nicht da.

Die Einzelheiten dieser dörflichen Kirchengeschichte erzählte mir Erna, die überall zuhause war, die alle Berufe konnte, eine tüchtige Frau. Sie hatte auch den Abschied von Felix überstanden. Es wäre eh' nichts geworden, sagte sie ein um das andere Mal, Felix hatte nun einmal die andere Religion, wie sie es umschrieb, daß er Jude war und aus dem Kazett kam.

Die Kinder spielen mit Holzklötzchen von der Sägemühle, sie warfen sie in die Laaber, zwei amerikanische Soldaten apportieren prustend und lachend und versuchten anschließend, den Kleinen das Gummikauen beizubringen, nicht schlucken, kauen, sagen sie, aber was hilft das bei Kindern, denen Süßes wie göttliche Manna war. Dann, als die großen Dorf-Mädchen kamen, die dicke Walburga, Neger-Matz gerufen, weil sie mal mit einem Negersoldaten erwischt wurde, und die blasse Gastwirtstochter, die eigentlich aus Safferling stammte, Apollonia hieß sie, da gingen wir um die Brücke herum auf die Hollerbüsche zu, suchten uns dort einen Platz zum Spielen. Denn die Soldaten fühlten sich so anonym, daß es ihnen nichts ausmachte, wenn man ihre blanken und bleichen Hintern schwanken sah beim öffentlichen Liebesspiel am Bach. Unter dem Holunder waren Blüten über Blüten, und hätte Dürer das alles gekannt, sein Rasenstück wäre noch schöner geworden, als es ohnehin war. Beim Wipflinger-Bauern hing es übrigens in der Stube, von einem aus Rengschburg, sagte er, von einem Lehrer, der Butter für seine kranke Schwester gebraucht hatte. Das Rasenstück, das war auch so'n Stück Deutschland, wo man traurig werden mußte, und Eichendorff, aber das sagte ich schon, und Stifter. Dort drüben, wo die mausgrauen Bergketten zu sehen waren im Norden von Stetzing, jenseits der Bahn, ja sogar jenseits der Donau, dort war Stifter daheim, dort sind wir alle daheim, die wir dieses gottverdammte Deutschland suchen seit Kindesbeinen ein, seit der Fahrt durch die Steppe, seit der Flucht vor den bösen Roten, die egalweg den Flüchtlingszug anhielten, seit dem Abschied von dem trüben und so heiß – Matuschka, Matuschka –, so heiß geliebten Posen, ach und seit jenem brausenden Konzert im

Universitätssaal in eben jenem Posen, wo die Deutschen einträchtig mit dem polnischen Starosten und dem großen Wojewoden aus altem Magnatenadel zu jenem Herrn Furtwängler blickten, der Deutschland – so hörten wir es mit unseren verlassenen Seelen – erklingen ließ, ob es nun Beethoven oder Brahms hieß. Was machte es, wenn es nur unser Deutschland war, und dann dies, dann dieser böse Gestank aus den keifenden Mündern, dann diese verschwitzte Angst, diese erbärmliche Flucht, einer vor dem anderen, einer in des anderen Besitz. Da mußt du lieber das Rasenstück betrachten, wo der grüne Mistkäfer nach Nahrung sucht, der weite Blick auf die Berge tut nicht gut, auch wenn es deine persönlichen Berge sind, wo an der ausgewölbten Uferböschung eines Baches deine Pistole liegt, ins tiefe Moos gedrückt, oder war sie ins hellauflachende Wasser geflogen, damals, als du, Hitlers kleinste Streitmacht, vor dem Schwarzen aus General Pattons großer Armee kapituliertest?

Kümmere dich um die Kinder, sie sind schon wieder quer über die Wiese zu den Soldaten gelaufen, wer weiß, was sie dort zu sehen bekommen, der Krieg ist ein laszives Gewerbe, wo Menschen töten, stehlen sie auch, auch bei den Bettlern, die nicht mehr herzugeben haben als ihre gespreizten Schenkel. Die Kinder kommen zurück, sie sind verlegen, dürfen die denn das, fragen sie, und meinen die Soldaten, die denn auch bald auftauchen, in Siegerpose, die Mädchen ihrer schnellen Vereinigung mit dem festen Handgriff am Nacken vorbeiführend. Die Mädchen rauchen, und es duftet nach Virginia oder Oklahoma oder einfach nach den reichen, gesunden, frisch gebadeten Jungen, endlich, endlich, endlich, wenn doch nur dieser saure Mief endlich ein Ende nähme, ha, als wäre er erst nach der Kapitulation in unsere Häuser gezogen, so lügen wir uns etwas vor, nur die Mädchen, die wissen es besser, sie werden heute abend hinter der Schule ihren Burschen

Zigaretten geben, und die Burschen werden wissen, woher sie stammen, und sie werden einträchtig rauchen und sich dann zusammen hinlegen. Oder, wie damals, wie du spätabends von der Vorführung des Wanderkinos beim Oberen Wirt heimgehst, mit der Frau und einer älteren Nachbarin, und im Tor der Dorfschmiede stehen zweie eng umschlungen, er hat die Hosen bis auf die Erde hängen, und sie blinkt mit ihren hellen Schenkeln, und du hast sie doch erst vor wenigen Stunden mit dem Sergeanten Lesley gesehen in engster Umschlingung, und jetzt steht sie da, und auch ihr Freund wackelt heftig erregt mit den Lenden, und du gehst auf die andere Straßenseite, wer mag schon dabei stören. Takt ist ja auch etwas, aber das nützt euch dreien nichts, die beiden ineinander verschränkten Liebenden halten inne und rufen fröhlich über die Straße ihr Grüßgood miteinand, als sei die ganze Welt eine Liebeswiese, und vielleicht ist sie's. Ach, in Bayern sitzt halt die Liebe im Hintern, wie uns tags darauf die Frau Züselberger sagt, aber die hat aus dem Fränkischen hierher geheiratet und ist evangelisch. Es gibt Grenzen, die hat der Herrgott gesetzt, heißt es in der Dorfschule, und die nichtkatholischen Schüler sitzen auf den Arme-Sünder-Bänken.

Bleib du am Holunderbusch auf Santners Wiese, da gibt es kleine Nelken, die sind so merkwürdig rot, wie Kirschsuppe, wenn man zuwenig Sahne hineintut, das heißt, hineintat, damals, und wie der Himmel über dem Bayernwald, wenn es Abend wird und am nächsten Tage windig sein soll, dann ist er auch so sahnerot. Aber wie du so sinnierst, fällt dir ein, das ist doch nicht deine Steppe, das ist doch nicht dein Rostow und nicht dein Don, das ist auch nicht dein Thorn und nicht deine Weichsel, das ist auch nicht dein Posen mit dem goldenen Rathaus der Dame Bona Sforza aus Italien, und das ist auch nicht deine glimmende Heide bei Neutomischel, wo ihr die ersten Wochen nach der fröhlichen Trauung verbracht hattet.

Das ist, jetzt kommt's, das ist auch nicht dein Deutschland, von dem ihr alle gesungen habt, wenn das Sonnenwendfeuer niederbrannte und die letzten Strophen der heißen patriotischen Lieder schon fröstelnd klangen. Das ist – ja, was ist das?

Bis dir die Erkenntnis wird: Du bist ein Fremder. Du bist ausgeliefert einer stampfenden Herde, sie weidet eifersüchtig ihre Koppel ab, sie grunzt anders als du grunzest, sie drängt dich aus dem Pferch, wenn es eng wird, und da kommst du mit dem eingelernten Muhen von der Volksgemeinschaft nicht weiter. Nur ganz im Innern, wo deine alten Lieder sitzen, weißt du es, der Weg, den du seit Jahrzehnten gehst, ist noch nicht zu Ende. Dort irgendwo weit hinter Mötzing, weit hinter Pfatter, weit hinter den Nibelungenpfaden liegt das Deutschland, wo ein Bach fließt, Goethes Bach, bitte: «... auf Kieseln da lieg ich, ... wie helle ...» Ich werde es finden, auch wenn ich meine Kosakenseele verpfänden sollte. Abends, als wir Bilanz machen, keine frohe Bilanz, klopft es ans Fenster und Erna ist da. Ob du beim Ami, fragt sie, leichte Arbeit, aber es gibt außer Geld auch Essen und Zigaretten, ich könnte dir über meinen Luhtänent, er hat die Verbindung zu den Rote-Kreuz-Büros. Ich sagte: Wann? Sie meinte, morgen schon, komm mit mir mit nach Regensburg zu Louis, der macht's.

Ich ging mit ihr zu Louis. Auf dem Wege nach Deutschland mitten in die Höhle, mitten hinein in den merkwürdigen Duft von scharfem Rasierwasser, parfümierten Zigaretten, Orangen und ähnlichem Herrentum. Louis wollte nur wissen, Nazi oder nicht, ich sagte Nohsör, er gab mir ein Formular, Erna schielte durch den Türspalt ins Zimmer ihres Chefs, gut, sagte der, well, ich schaltete mein Englisch ein, aber so glatt ging es nicht, any problems, fragte er, ich verneinte, und Erna winkte, ich sollte abhauen, sie sagte später, das ist so üblich, mit einem

Deutschen spricht man nicht so lange, ihr seid verschwatzt, meinte Louis einmal, als wir doch länger miteinander sprachen. Ich bekam einen Ausweis als «indigenous»-Arbeitnehmer der Armee, das heißt soviel wie eingeborene Kraft. Ein Eingeborener, also doch ein echter, rechter Deutscher? Immerhin hieß die Kaserne noch nach dem alten Marschall Hindenburg, meinem historischen Nachbarn in Posen, drei Häuser weiter war er zu unvordenklichen Zeiten geboren, preußisch, wie man es uns beibrachte.

Aber da war noch die Lüchtinger-Bäuerin, die sich zu Unrecht nach einem erschlichenen Hof so nannte, niemand schätzte sie im Dorf, aber niemand gebot Einhalt, als sie kurz vor dem Eintreffen der Amerikaner meine Frau anzeigte, sie habe dem «Feind» Lichtzeichen zum Einmarsch gegeben, und dann, als die Dschi-Eis ankamen, schnell den Spieß umdrehte und aus meiner Frau eine Saboteurin machte, die den Amerikanern einen Hinterhalt legen wollte. Die Nazis hörten nicht auf sie, sie waren mit Packen beschäftigt, die Amerikaner hatten keine Lust. Frank, den ich später kennenlernte, sagte, in seinem «office» teile man die Deutschen in drei Kategorien ein, in Denunzianten, Huren und Bettler, also «men, women, kids». Ich hätte heulen können. Frank beruhigte mich, niemand meine es ernst, im übrigen heiße er eigentlich Wurzenbacher und nicht Woorth, wie sein Vater die Familie umbenannt hatte, und da dachte ich an meinen lutherischen Großvater in Lodz, dessen Vater Gottlieb hieß und der Großvater Samuel, und alle stammten aus der gleichen südwestlichen Auswandererecke Deutschlands, und vielleicht ist Mr. Woorth, also Frank, ein Verwandter vom Urgroßvater her, und überhaupt, wer weiß, ob ich nicht als amerikanischer Besatzungssoldat hier einmarschiert wäre, arrogant und gottesfürchtig, wie alle diese geilen Jungen, einmarschiert als Amerikaner, der nach dem Ersten

Weltkrieg über Ellis Island nach Amerika gekommen war – wenn nicht die armselige Familie damals, hart im Schatten der Freiheitsstatue, auf der «Insel der Tränen» abgewiesen worden wäre, zurück ins alte Juhropp, hieß es, und damals hatte die Wanderung angefangen bis hierher, bis zur schäumenden Wiese des unglückseligen Großbauern Santner, der mittlerweile in amerikanischer Haft gelandet war, weil ihn seine Tochter verpetzt hatte, aber die Sache ist sehr unappetitlich, sie hat ihre Vorgeschichte im Heustadl und ist mit viel alter Trauer und junger Lebensfreude verquickt.

Im amerikanischen Büro brannte in allen Zimmern Licht, aber niemand war zu sehen, ich ging durch die Räume, blätterte in den Papieren auf den Schreibtischen, als plötzlich hinter mir einer schrie «Tenschun«, das hieß «attention» und bedeutete «Achtung». Ich drehte mich um, da lachte ein strahlendes Zahngesicht, schwarz wie Ruß, aber das Gebiß, das Gebiß, das kannte ich doch. Ich sagte hello, er krächzte auch etwas, ich verstand soviel, daß der Boss nicht vor neune käme, aber that dammd froulein müßte eigentlich schon dasein, und da kam sie denn auch, die Erna, dachte ich, aber es war eine fremde Person in Rosa und Gelb, auch sie sagte hello, dann war eine Weile gar nichts, ich wartete auf die anderen Mitarbeiter, sie kamen erst nach einer guten Stunde. Korolenko als erster, ein geflüchteter Russe, der Angst vor den Deutschen hatte, Angst vor allem vor seinen Landsleuten, eigentlich auch Angst vor den Amerikanern, aber er hoffte trotzdem, einmal nach drüben zu kommen, wohin es die Deutschen und die Russen zu weit hätten, um ihn zu holen. Korolenko wurde mein Freund, von ihm erfuhr ich, wie man als D.P., ausgesprochen Di-Pi, das ist Verschleppter Ausländer, zu Geld kommen konnte. Wenn man einen Auftrag hatte, sagen wir mal nach Nürnberg zu fahren, so fuhr man nur zehn, fuffzehn Kilometer vor die Stadt, vielleicht nur eben mal über die Donau nach Weichs. Dort suchte man sich einen schönen Rastplatz, verband den mitgebrachten Elektromotor, den wiederum der Iwan von der Werkstatt gegen Leihgebühr vergab, verband den kleinen Motor mit der Tachometerwelle, ließ das Ganze ein paar Hundert Kilometer laufen, das dauerte seine Weile, dann montierte man alles wieder ab, trug in sein Auftragsbuch ein, man sei soundso viel Kilometer gefahren, habe in dem Nürnberger Hauptquartier die Akten über den verschollenen polnischen Flüchtling Baranski eingesehen, der Fall stehe so und so, und spätestens in einer Woche müsse man wieder hin, da ein wichtiger Zeuge im Anmarsch sei. Man hatte also viele Gallonen Benzin verfahren, auf dem Papier, aber der Sprit befand sich im Tank. Blieb nur noch das Absaugen und Verkaufen auf dem schwarzen Markt. Die vorher künstlich aufgebauschte Affäre Baranski erledigte man ein paar Tage später korrekt und ehrlich. Korolenko nannte die Methode Expropriation, das Wort hatte er in der Parteischulung als Junge schon gelernt, in Taganrog übrigens, unweit von Rostow am Don.

Korolenko hatte einen Blech-Ford alter Art, der Wagen war immer fahrbereit, und im Kofferraum waren mindestens zwei Kanister Benzin, das war sein Fluchtgepäck. Den Wagen hatte er sich aus der Konkursmasse eines angeblichen Arztes besorgt, der Doktor hatte die von den Amerikanern befreiten Fremdarbeiter zu untersuchen gehabt, aber er war kein Mediziner, wenn man nicht anerkennt, daß ein Sanitätsgefreiter mit falschen Papieren eigentlich auch eine Art Heilkundiger ist. Er nannte sich Brandois, stammte angeblich aus Metz, aber als die französische Mission kam und er sich registrieren lassen sollte, kam der Gefreite Bremke aus Kosel an der Oder zum Vorschein. Schade um den Burschen, sagte Korolenko, er war ein guter Arzt, ich habe ihn auch gut bezahlt, den

Wagen hätten sie ihm auch so abgenommen. Morgen müssen wir nach Landshut, sagte er dann und raffte alle Papiere, Landshuter Fälle betreffend, zusammen. Ich wußte, jetzt würde er auf den amerikanischen Leitungen zwei Stunden telephonieren und alle Fälle klären. Dann erst hätte er morgen die innere Ruhe, um irgendwo hinter der Walhalla in der Sonne zu liegen, den Tacho künstlich auflaufen lassen und nur so ganz im stillen Angst vor den Russen haben, seinen Landsleuten, die er verlassen hatte. Vielleicht wird Iwan dabeisein, früher Unterleutnant der Sowjetarmee, tüchtig, zupackend, immer heiser, gewissermaßen befehlsgeschädigt, er war mit seinem Regiment, dem mechanisierten, wie er betonte, bis nach Berlin gekommen, aber dann verließ ihn der Patriotismus, er strolchte in voller Uniform quer durch den russischen Anteil Deutschlands, kam nach Bayern und bot sich den Amerikanern als Fahrer an. Als ich ihn fragte, sagte er nur, die Jeeps hier sind besser als unsere, nur die Weiber sind hier so langweilig wie unsere: Skuka, wesdje skuka, jammerte er, Langweile, überall Langweile. Aber dann lachte er, kennst du, Walja, die beste Geschichte über den Höhepunkt der Skuka? Steht ein Mädchen am Fenster, draußen regnet es, und sie sagt, wot skuka, oh, wie langweilig: Es regnet, verliebt bin ich nicht, und muß nicht einmal scheißen. Das ist aber keine deutsche Geschichte, warf ich ein, könnte aber sein, rief er. Ein Jahr später war er verheiratet, seine Frau, eine bayrische Witwe von guten Maßen, hatte einen Bauernhof, später verzichtete er auf die Vorteile, ein D. P. zu sein, und beantragte die deutsche Staatsbürgerschaft. Die zwei Kinder, die er mit der Leonie hatte, waren sehr bayerisch, eigentlich bayerischer als die heimischen Nachbarkinder. Er übersprang das Hochdeutsche und lernte gleich die Straubinger Variante der Sprache, die ja als das eigentliche, klassische Bayerisch gilt.

Als er ging, trat Wolodja seinen Dienst als Fahrer an, ein

Russe, der mitten im Krieg zu den Deutschen übergelaufen war und nun mit den Amerikanern Schwierigkeiten deswegen hatte. Immer wieder mußte er sich rechtfertigen. Einmal war er schon auf dem Lastwagen, der ihn zu den Russen bringen sollte, die Amerikaner wollten keinen Ärger mit ihren Bundesgenossen haben und lieferten aus, was sich ihnen anbot. Wolodja war von der Plattform gesprungen, hatte einige Nächte bei internierten dänischen Wehrmachtshelferinnen geschlafen, bis die Bewacher, eifersüchtig in ihrem wohlfeilen Harem, ihn rauswarfen, dann marschierte er nach Regensburg, denn dort gab es viele Russen, auf einen mehr oder weniger kam es nicht an. Er hatte Glück, Mr. Glodny, unser amerikanischer Boss, nahm ihn auf. Glodny, Amerikaner mit dem Vornamen Egon, stammte aus der Gegend von Küstrin. Den Vater, Kurzwaren und Galanterie, hatten nach 1933 die neuen Herren totgeschlagen, als er sich nicht beschimpfen lassen wollte, der Sohn mußte, von braunen Uniformen begleitet, durch die Stadt marschieren und wurde Saujud gerufen. Erst kurz vor Kriegsbeginn gelang es einer Hilfsorganisation, ihn nach den Vereinigten Staaten zu bringen. Dort bekam er nach geziemender Frist Paß und Heimatberechtigung. Und nun war er in Regensburg, aber seine deutsche Heimat war nur mit einem dünnen Faden mit ihm verbunden, der Faden hieß Melitta, war Mitglied des Balletts und liebte Egon, sie nannte ihn Jigen, und er war sehr glücklich, damals noch; später, als Melitta ihren Vetter heiratete, der gerade aus der Gefangenschaft heimgekehrt war, ging dem Egon auch die deutsche Heimat koppheister. Er mochte auch nicht mehr deutsche Gespräche führen, nicht mehr Meinungen einholen über, sagen wir mal, Thomas Mann, nur, anderseits, sein Amerikanisch war sehr dünn, und wenn es um sein Eigenes, sein Egonhaftes, sein Küstrinisches ging, nennen wir es Herz, dann stolperte er über die Fremdsprache mit dem mühseligen Ti-Ätsch, dem Te-Ha, das er aussprach, wie er es schon 1938 ausgesprochen haben mochte.

Bis dann eines Tages alles aus war, ich mußte mein Amt als Dispatcher abgeben, es war aufgeflogen, daß meine Kollegen Benzin abzweigten für ihre eigenen Bedürfnisse, und ich hätte besser aufpassen sollen. Was heißt hier aufpassen, ich kam früh in die Kaserne, sah mir den Reiseplan der «officers» an, teilte dann jedem seinen Wagen zu, gab die Tankanweisungen heraus und trug alles sauber in eine Kladde ein. Das war mein Job, dann ging ich in die PX-Baracke, in die Verkaufsstelle für amerikanische Marketenderwaren, die indes nur für «officers 1st class» bestimmt waren, also nicht für die deutschen Indigenous, dort sprach ich die Verkäuferin, je nachdem welche da war, in ihrer Sprache an, und wir kamen meist ins Geschäft. Die Waren konnte ich im Dorf mit Gewinn verkaufen. Aber das war eben nicht der Grund für meinen Hinauswurf, es ging um Benzin, und Benzin war eine militärische Ware, da ging ich denn zu Egon und sagte, wo soll ich jetzt hin, da meinte er, ich könnte ja selber einen Wagen übernehmen und Außendienst machen, aber erst muß Gras über die Sache gewachsen sein, «gras over sse ssinks». Es könnte Herbst werden, bis dahin könnte ich mich ja im Amerika-Haus weiterbilden. Ich antwortete in seiner Küstriner Aussprache Sssenckjuhsör und fuhr nach Stetzing. Erst waren wir auch wirklich traurig darob, denn immerhin, von einer Stange Lucky Strike konnte man damals eine Familie ernähren, eine volle Woche lang, sag ich.

KAPITEL V

> Das küßte mich auf deutsch und sprach
> auf deutsch man glaubt es kaum...
> *Heinrich Heine, Ich hatte einst*
> *ein schönes Vaterland*

DA sitzest du also zwischen Huflattich und Wegerich auf der Wiese, die Frau zur Seite, die Kinder sind am Flüßchen, wo es die langen Kalmus-Stangen gibt, die beiden Mädchen tragen sie vor sich her, als wären es Kruzifixe oder Standarten, denn das schönste, was sie kennen, das sind die Fronleichnamsumzüge, wo der gesamte Gemeinderat die geschnitzten Stangen des Baldachins trägt, katholische Bayern und Schlesier, protestantische Franken und Pommern, Gott ist in Stetzing katholisch, und darin ist der Gemeinderat eines Sinnes. Ja, da sitzest du und blickst über den fremden Anger, aber du bist nicht da, du bist nur hergeliehen dieser fröhlich bunten Weide, ein Fremder, ein Kosak auf Santners Wiese. He, halt aus, Kosak, rufst du dir bitter zu, halt aus, einst wirst du Hetman sein! Ein Hetman, fragst du dich, die Hetmane sind tot. Die da überlebten, sind die Überlebenden, und da dir das Wortspiel einfällt, wird dir plötzlich und aufs gemeinste klar, daß du noch mittendrin bist, tief im Mief des Überlebens, du treibst Tauschhandel wie die Gefangenen im Innenraum des Drahtlagers, wie sie ihre Trauringe oder selbstgebastelten Souvenirs durch die Maschen stecken, ein Stück Brot einzuhandeln, ein Eckchen Süßes. Du bist um nichts mehr, nur dein Zaun ist weiter gespannt, aber dein Leben ist noch drin, im Innenraum, freiwillig, freiwillig, rufst du da verbittert aus, an die Brust könntest du dich schlagen. Santners Wiese schwankt, wirft die Toten heraus, die weißen Köpfe, die Beine, und der Junge ist dabei, den sie noch kurz vor dem Auftritt der Amerikaner totgeschossen hatten, hier irgendwo totgeschossen hatten und verscharrt, niemand weiß wo, alle schweigen, was aber geht es dich an, den Fremden, der hier Unterschlupf sucht, nichts mehr, nur als Schutz vor dem Wetter. Aber die Wiese bebt, hinten der Wald mit den Hutzelmännlein stürzt auf dich zu, wie ein Angriff der Russen von Topolnaja, auf dich zu, und die Deckung, die du findest, ist schütter, die Stauden sind zerfetzt, was hast du vor, Mann, deine Gedanken sind wirr, wie du so den grünen Halm in den Mund steckst, ungewollt und hilflos, fällt dir des Knaben Wunderhorn ein, wo es das «bittere Kraut Schabab» gab, ob es dieses ist, ach, es wächst, wie du weißt, erst, «wenn die Donau eintrocknet», oder so ähnlich, und da kommen auch die Kinder angelaufen, hast du gerufen, fragen sie, und der Weidezaun hat ihre Kleider angerissen, sie tragen die Kalmus-Zepter immer noch so stolz vor sich her. Meine Frau hat Tränen in den Augen, aber wie sie sie wegwischt, kommt sie das Lachen an, sie denkt an den Feuerwehrball beim Oberen Wirt, wo der Donatl ihr den Zwiefachen hatte beibringen wollen, diesen bayerischen Tanz, der aus paarigen und unpaarigen Takten besteht, was ja noch zu singen war, aber kaum zu tanzen für ungeübte und landfremde Beine. Ich hab ihm auf die Füße getreten, sagt sie, aber er merkte es gar nicht, er zählte mit, so-und-so-und, aber nein, Frau, so: dam-dam-dam und damdam-dam-dam, host mi?

Da war aber gerade die Sonne auf den Waldrand herabgestürzt, dort überm Wilderersteig, wo früher die Bocklbahn ging, vor Jahren, und nun blitzte es und blinkerte durch die Wipfel, wenn der Goethe ein Bayer gewesen wär, hätte er hier dichten können noch und noch, die Kinder lachten, als ihre Eltern sich aus dem Gras erhoben, die Mulde war wie die von Walther von der Vogelweide, nur von einem seriösen Ehepaar eben, aber was heißt hier seriös: Zwiefachen zu tanzen auf einer bayerischen Blumenwiese, mal einzweidrei, mal einsundzweiundeins ... als wir uns verhaspelten, kam der Wagen vom Glatzls vorbei, Glatzl-Vater, der kleine Gnom, lachte, aber die Kinder drohten ihm mit den Kalmus-Stäben.

Das war der schönste Tanz seit Daschnik, sagte meine Frau, in Daschnik im Posener Lande hatten wir unsere ersten Tänze getanzt vor Jahren, vor Jahrzehnten, vor hundert Jahreswenden. Aber jetzt der Zwiefache, dieser Tanz auf Santners Wiese, bayerisch und besitzanzeigend in einem. Die Kinder strahlten, und wie wir gemeinsam heimgehen, halten sie den grünen Schmuck vom Laaber-Ufer hoch über ihre Köpfe, sie plärren den Zwiefachen und singen fröhlich die Litanei von dem Mäuschen, das die Schulter hinaufgeklettert war, herabfiel und nun das Beinchen gebrochen hat, was ein Jammer, o mei!

Nicht für was, sagt Erna, die wir unterwegs treffen, sie hat ein halbes Brot zu verkaufen, wir nehmen es auf Kredit. Ihr legt aber auch euren Gebetsteppich aufs Wasser, sagt sie geheimnisvoll exotisch, sie hat einen neuen Freund, einen Moslem von der Krim, er darf nicht zurück, die Russen sind hinter ihm her, sagt sie. Aufs Wasser, sagt sie, aber sie weiß, daß wir unsere Schulden bezahlen, und wenn wir dafür wieder ein Huhn in unsere Tür klemmen müßten.

Wie du am nächsten Morgen mit der sauber gestempelten Monatskarte in den Zug nach Regensburg steigst, kommt Bert aus dem Nebenabteil, er war in Straubing eingestiegen. Wir machen einen Verein auf, komm mit, lauter Sudetendeutsche, ich sage, ich bin keiner, macht doch nichts, wir sind alle Vertriebene und Entrechtete, eine verschworene Gemeinschaft der Armen, du hast doch nichts zu beißen, also, machst du mit, ich sage, ich muß zu Röhlein, er hat mir schon lange Altpapier versprochen mit unbeschriebener Rückseite, zum Geschichten und Verse drauf schreiben, ich komme vielleicht später nach. Ich kam natürlich nicht nach. Nur, ein paar Tage darauf, als ich ein paar kleine Textversuche im Regensburger Blatt abliefern will, kommt wieder der Bert an, selbstbewußt, wie er es im Offizierskasino gelernt hat, beinah frech zu nennen, wenn man bedenkt, daß er ein Flüchtling ist, kommt also sofort zur Sache, du mußt mitmachen, sagt er, reden kannst du, na also.

Ich dachte an meine Vision auf Santners Wiese, hatte auch noch immer den schmuddligen Gestank des Überlebens in der Nase, am Gaumen, im Kopf, ich sagte ja, am nächsten Morgen fuhr ich auf einem geliehenen Fahrrad nach Mertzing, wo die erste Flüchtlingsversammlung vorbereitet war. Zuerst sangen sie das Lied vom Schneegebirge, dann kam ein Herr, der uns vertraulich Volksgenossen nannte, eigentlich hätte ich kotzen müssen, aber ich stand auf und redete. Ich sprach von der Solidarität, die not tue, ich sprach von der Hartherzigkeit der alteingesessenen Nachbarn, die ja noch bis vor kurzem mit Gewalt die Volksgemeinschaft zu verbreiten gesucht hatten, ich sprach davon, daß unser Schicksal bitter sei, aber sicherlich nicht unverschuldet, und so Sachen, der Beifall war sehr still, bis einer aufstand und sagte, schon Lenin habe, da aber schrien ihn die Leute nieder, und der Mißmut der Versammlung umfaßte nun auch mich. In Albrechthausen sagte ich, wir sollten selbstbewußter werden, den fetten Säcken, die an Hitler und am Krieg verdient und jetzt auch noch heimlich die Vorratsmagazine der Nazis für sich ausgeplündert hätten und sich dafür auch noch von den Amerikanern streicheln ließen, ich geriet in Schwung, diesen satten Deppen sollten wir Feuer unter dem Arsch machen, daß sie sich auf die Nächstenliebe besinnen. Wie ich das gesagt hatte, wußte ich, was kommen mußte, ein Prozeß oder eine polizeiliche Vernehmung, aber was kam, war die freiwillige Feuerwehr aus Tammering, sie fuhr vor, gerade, als wir nach meinem Referat noch beim dünnen Bier herumsaßen, etwas schockiert von der eigenen Courage; da kam der Feuerwehrhauptmann rein, er trug den ewigen deutschen Stahlhelm, brüllte unverständlich herum, ich verstand nur noch Wasser marsch, und schon standen wir naß und verstört da, die Exekutive hatte gesiegt. Wir machten trotzdem noch Versammlungen, aber keiner wagte es, den Bauern Feuer unter dem Hintern zu versprechen. Ich verließ den Verein nach den Wahlen, die – eigentlich ohne unser Hinzutun – veranstaltet worden waren. An der Spitze war keiner von denen, die sich in den Dörfern um die armseligen Flüchtlinge, die wehrlosen Alten, die verwildernden Kinder, die in Verschläge abgeschobenen Greise gekümmert hatten, niemand von uns, die wir in den Dörfern nach dem Rechten sahen, plötzlich hatten wir Funktionäre, sie kamen aus den Verstecken, in die sie sich während der amerikanischen Eifrigkeiten verkrochen hatten, sie kamen aus den Firmen und Konsortien, die sie aus der beruflichen Vergangenheit kannten, sie kamen von allüberall her, aber sie fanden sich alle im «gleichen Boot», das sie uns von nun an zu jedem Wochenende als Symbol ihrer Verbundenheit anboten. Trotzdem blieben viele von uns dabei und taten Gutes, sie waren die eigentlichen Helden. Und eigentlich hatte ich einen anderen Grund, auf Abstand zu gehen, das ist eine eigene Geschichte.

In Posen nämlich, wo ich meine Schulzeit verbracht hatte, war die kleine deutsche Gesellschaft im großen, bunten und fröhlichen Meer der Polen von einem sehr biederen, bürgerlichen Zuschnitt. Wir lebten für uns, und erst als das Dritte Reich sich auch über unser Land breitete, gerieten wir in die Euphorie der Befreiung mit all unserem spießigen Übermut, um es einmal ganz sanft auszudrücken. Viele von uns bekamen Parteianzüge verpaßt, viele von uns begannen, zu den neuen Festtagen, Siegestagen, Gedenktagen, Trauertagen vor einer großen oder kleinen Truppe einherzumarschieren, stolz darauf, so ein echtes, beglaubigtes Deutschtum zur Schau zu bringen. Manche hatten noch vor Jahrzehnten gesungen «Ich bin ein Preuße, kennt ihr meine Farben ...», jetzt kehrte die Zeit wieder, glaubten sie, und so marschierten sie, so sangen sie, ein Nachbar, Herr Sahmann, Gott war mit ihm, geriet bei einer schlecht vorbereiteten Revolte im dortigen Generalkommando versehentlich bei den Nazis in Verdacht. Er wurde verhört und freigelassen. Nach dem Krieg kam er mit reicher Beute nach dem Westen, die Beute hatte er als ausgelagerte Kulturgüter deklariert, später aber damit eine schöne Wohnung ausgestattet, ich sagte ja, Gott war mit ihm, obwohl er kein Koppelschloß mit einer solchen Anrufung trug oder auch nur besaß. Jetzt aber Stetzing: Da saßen wir bei einer Tasse guten Onkel-Oscar-aus-Oregon-Kaffee beieinander, als Albert auftauchte, er kam aus Regensburg, ihr müßt auch mithelfen, rief er, trank den guten Kaffee und legte uns auf, für die Bestattungskosten des Landsmannes Sahmann eine Spende abzuliefern. Sahmann ist tot, fragte ich, aber das war nicht das Problem, Albert brauchte Geld für die Witwe. Was aber, fragte ich, ist mit den Gemälden, den Teppichen, den Skulpturen, die bei Sahmanns nur so herumstehen und herumhängen wie in einem Museum, da sind doch Werte? Da aber hätten Sie unseren Albert sehen sollen: Kann denn die arme Witwe diese Kulturgüter, die ihr Mann unter Gefahren aus Posen gerettet hat, unter Preis verkaufen, rief er, der Albert, da müssen wir helfen, wozu sind wir Landsleute, psiakrew, er fiel ins Kutscherpolnische, Hundeblut, rief er, Hundeblut, und ging. Bert, der selber ein großer Schieber vor dem Herrn war, meinte nur, wir hätten was spenden sollen, die arme Witwe kann doch gar nicht verkaufen, nicht einen Bettvorleger, denk mal, wenn sie fragen, woher das stammt! Albert bekam so auf eine zynische Weise Kollegen-Zustimmung, aber ich mochte nicht, ich war ein armer Hund, bei uns in der Kammer lag als Teppich eine Wehrmachtsdecke, sie stank und stank, sooft man sie auch am Laaber-Ufer wusch, spannte, bürstete und mit Pfefferminztee übersprühte. Gerd meinte, Tote stinken so, sehr lange danach, aber wir hatten nur diese eine Decke als Teppich.

Wir bekamen die Chance, einen Posten Rohseide preiswert zu erwerben, das war'n Ding! Die Ware lagerte in einer Remise jenseits der Donau, also auf dem Ufer von Stadtamhof. Wolferts hatte sie vorausblickend als Rohstoff für Spagat erworben, als er aus Hamburg nach Bayern umgesiedelt wurde. Als sich herausstellte, daß es sich nicht um Paketschnüre handelte, sondern um echte Seide, wagte er nicht mehr, ans Versteck zu gehen. Sein Vertrauen ehrte uns, meine Frau und ich fuhren eines Tages dorthin, die Remise war leicht zu finden, aber eine böse Matrone bewachte die Ware. Ich mußte den alten Trick anwenden, sie mit allen russischen, polnischen und serbischen Flüchen bedenken, auch Segenswünsche waren darunter, warum nicht, sie verstand kein Wort, schließlich gab sie die Ware frei. Ich schrieb ihr eine englische Quittung: This is to certify that Mrs. Baumschlaeger und so weiter. Mrs. Baumschlaeger war untröstlich, bis ich ihr, eingedenk der Gutmütigkeit amerikanischer Soldaten, was sie von mir als deren Vollstrecker erwartete, einige Seiden-Stränge zuschob. Herr Wolferts aus Hamburg war mit dieser Regelung nachträglich einverstanden, und ich fuhr nach München, das Geschäft meines Lebens zu machen. In der Herzogstraße hatten wir einen Freund sitzen, den uns seinerzeit Albert empfohlen hatte, zu dem ging ich, er war ein großer Schwarzhändler. Als ich ankam, war gerade ein amerikanischer Jeep vorgefahren, Militärpolizei schwärmte aus, drei Mann, dann noch ein Jeep, jetzt waren es sechse, dann noch zwei Wagen, ich ging davon und landete bei Albert, der ja seine eigentliche Wohnung in München hatte. Albert nahm die Ware, gab mir verhältnismäßig viel Bares, sind wir klar, Junge, fragte er, da hatte ich den Einfall und sagte, Moment mal, der Kauf ist ohkej, aber du besorgst mir jetzt bis spätestens Ende nächster Woche ein Buch von Heine, Heinrich, verstehst du, egal welches, ich will Heine haben. Verrückt, sagte Albert, aber ich mach's. Er wußte eben meine Geschichte nicht; nicht, daß mein Vater nach dem Ersten Weltkrieg, der uns als bitterarme Landfremde in einem Posener Städtchen hinterlassen hatte, eines Tages den gesamten Schiller ins dürftige Domizil anbrachte, den hatte er statt des Wochenlohns in Kauf genommen, von sich aus, er sagte, es müssen Bücher ins Haus, wir sind keine Landstreicher, und Mutter, die geduldige Kosakenmutter, hatte die gold-grünen Bände auf das Rohholzregal gestellt und jeden Morgen andächtig abgestaubt. Also, eh ich die ganze Geschichte erzähle, nur dies: Albert brachte mir, als er wieder einmal eine seiner dunklen Reisen nach Regensburg unternahm, Gedichte von Heine mit. Alles wiederholt sich, sagte ich, aber er konnte mich ja nicht verstehen, komm, heute abend bewerbe ich mich im Shangri-La-Club als Jazz-Pianist, komm mit, vielleicht findet sich etwas für dich. Da verriet ich Heine, den ich eigentlich gleich aufblättern wollte, und wir gingen in den Club. Die Straße war nach dem bayerischen Feldherrn von der Tann benannt, vor dem Lokal standen uniformierte Amerikaner herum, die hatten lange Holzstöcke in der Hand, schwangen sie hin und her, spielerisch, aber doch sehr bedrohlich. Albert zeigte seinen Passierschein, ich durfte als Notenwender mit. Drinnen saßen die Soldaten auf ihren sorgfältig gefalteten Schiffchenmützen, die sind immer aufbruchbereit, wenn es irgendwo auch nur leicht knistert, sind die Polizisten von draußen schon drin und hauen mit den Knüppeln dazwischen, recht oder unrecht, also wenn was ist, gleich hinter den Tresen, da ist es am sichersten, und wenn einer was will, sagst du, du suchst deine Braut, girl friend oder sag halt: bride. Dann ging er zum Klavier, spielte einige Takte, und schon kam eine junge Frau durch die Seitentür, sie hatte ein durchsichtiges Hemd an, das ließ sie gleich nach Alberts Präludium fallen, wand sich nackt und unbeholfen vor den geifernden Gesichtern der fremden Männer, dann machte sie Brücke rückwärts, spreizte die Beine, wippte, während freudiges Gejohle sie begleitete, das Bekken vor und zurück, ließ sich dann auf das Gesäß nieder, probierte einen Türkensitz, und wie sie so, beide Arme überm Kopf erhoben, sich zu stabilisieren versuchte, brach ein Junge aus der gaffenden Runde aus und stürzte sich auf die überraschte Frau, sie zog sich zurück, aber schon war der Raum voll von Knüppeln, die dazwischenhieben, als wären die Menschen Rinder im Corral eines amerikanischen Viehhüterfilms, so sah ich es, und eh ich mich gefaßt hatte, war der Spuk vorbei, Albert spielte das schöne Jazzstück vom Beerdigungszug der Neger, einige Soldaten waren fort, Tische wurden frei, aber sehr bald kam Nachschub, und dann merkte ich, daß der Whisky, den mir die Kellnerin immer wieder brachte, nicht ohne Gegenleistung gedacht war. Die Soldaten wußten, wer ich war, sie wußten auch besser als ich, was ich dort sollte, so bekam ich von ihnen alle die Schwarzmarktwaren, die für Albert bestimmt waren. Passiert was, ist er fein raus, sagte ich mir später, aber es kam kein Später, die Militärpolizisten kehrten zurück und lösten den schönen Abend auf. Ich konnte nur einige der mir zugesteckten Päckchen retten, aber es war dennoch lohnend, meinte Albert. Draußen wartete die Tänzerin. Sie war aus Guben, ihr Mann war vermißt, die Kinder warteten daheim auf die Mutter mit dem Essen. Sie machte mich auf «Muttl Körner» aufmerksam, eine mildtätige Dame aus einem Pastorenhause, die ihre warme Suppe und ihre verschlissenen Spendenpullover nicht von einem Führungszeugnis abhängig machte. Die alte Dame wohnte am Ostentor. Albert und ich machten später der Frau einen Besuch, der zu jahrelanger Freundschaft führte.

Wir gingen mit der jungen Frau aus Guben in ihre Wohnung, die war sehr weit weg, wo die Häuser nicht mehr so antik aussahen, sondern mehr als Vorstadtzeilen gedacht waren. Da saßen wir und wußten nicht, was wir reden sollten, die Kinder aßen in einem Verschlag daneben, die junge Frau holte Zigaretten heraus, bot uns an, ich kam mir vor wie ein Zuhälter, aber dann sah ich das Gesicht der Frau, es war gut, ich war, sagte sie, Lehrerin und habe an Hitler geglaubt. Albert hat mir heute Gedichte von Heine geschenkt, sagte ich. Ich weiß, sagte sie, Heine, das ist doch das «Ich hatte einst ein schönes Vaterland», Heine hatte recht. Hitler hat mich zur Hure gemacht. Wir saßen da, es war zum Heulen, waren es wirklich nur so an die neunzig Jahre, die seit Heine vergangen waren, diesem Judenjungen, den die deutsche Sprache so innig liebte, der an seinem deutschen Vaterland mehr litt als all die blonden Nieten, die uns hier umgaben, in diesem Deutschland. Das wir dennoch immerdar lieben werden, Amen! Ich erhob mich und ging, vor der Tür war die Frau plötzlich da, ich spürte eine – ich glaube: verzweifelte – Umarmung, ein feuchtes Gesicht, hörte einen unartikulierten Laut. Ich ging zum Bahnhof in die Wartehalle. Albert schlief bei ihr, er ließ, wie man so sagt, keine Gelegenheit aus. Als er mir Tage später, er hatte den Kontakt mit «Muttl Körner» aufgenommen, erzählen wollte, wie es so bei der Gubenerin sei, drängte es mich hinaus, aber Albert hatte versprochen, mich bei Frau Körner einzuführen. Auf seinem Fahrrad, das nur einen schwachen Petroleumantrieb als Pedalhilfe hatte, konnte er mich nicht mitschleppen, ich ging zu Fuß hin, als ich bei der Witwe läutete, machte mir eine ziemlich derangierte junge Frau auf und führte mich ins Wohnzimmer. Es war nicht die Pastorenwitwe, sondern eine der von ihr betreuten Sozialpersonen, genauer Sozialeinheiten, wie es in den Papieren hieß, ich bekam es später von Albert zu lesen. Muttl Körner sagte erst mal «du», dann schob sie mir den Rest von Alberts Kaffee über den Tisch, später erläuterte sie mir ihre Arbeit. Also die Mädels, alles Huren, kommen zu mir, weil die Kirchen ihnen nur helfen, wenn sie aufhören auf'n Strich zu gehen, das können sie nicht, sie müssen dabei bleiben, denn was vor den Kasernen zu verdienen ist, davon können die Pastoren nur träumen. Ja, Frau Muttl Körner, fragte ich, dann ist ja Ihre Hilfe entbehrlich, du bist blöd, fuhr sie mich an, zu mir kommen sie, wenn sie sich selber ankotzen, wenn sie sich am liebsten mit einer Drahtbürste schrubben möchten, alles, Gesicht und Hals und die Brüste und mehr, ihr eigener Arsch ist ihnen zuwider, dann komm ich dran, dann brüh ich den guten Kaffee auf, den sie mir in ruhigen Zeiten zum Aufbewahren gebracht haben, dann hole ich den Maiskuchen aus den überseeischen Hilfsgütern, verstehst du, dann laß ich so eine erst mal heulen, dann stupse ich sie auf meine Wohnzimmercouch, laß sie schlafen, aber wenn sie wieder zur Arbeit muß, wecke ich sie, das geht so viele Tage und manchmal Nächte, dann fängt auf einmal das Mädchen an zu reden, sie redet und redet und redet, von ihrer Mutter, von den Geschwistern, vom Vater, von ihrem Freund, der tot ist oder abgehauen, und wenn sie dann alles ausgereihert hat in ihrer erbärmlichen Hurennot, wimmert sie nur noch ein bißchen, und meist ist dann schon die nächste dran. So geht das rund bei mir, Junge, Junge, wenn du wüßtest, wie schäbig die Männer sind, besonders diese großen Helden, die tapferen Typen, die so schön riechen.

Einmal brachte mir eins meiner Mädels ihren Freund aus der Kaserne mit, ein schöner Mann war's, ein Schwarzer, er wollte sie heiraten, aber sie hatte die sogenannte moralische Überprüfung nicht bestanden, so lebte sie jetzt mit James T. Wellington, Pfc, das heißt soviel wie Gefreiter, und beiden graute es vor dem Tag des Abschieds, denn dann müßte sie wieder vor der Kaserne lungern (Loitering nennen das die satten Reverends, die auf dem Uniformhemd ein Kreuz tragen, Christi Soldaten singen sie), aber Muttl Körner beruhigte sich sehr bald, denn sie hatte zu tun. Ich half ihr später bei den Abrechnungen, die sie mit den skandinavischen Hilfsorganisationen vornehmen mußte, sie gab mir oft Gutes für die Kinder mit, besonders Dorschleber, die ja sehr lebertranhaltig, vitaminreich und überhaupt gut ist für alle Notzeiten. Die Kinder reagierten mit der Zeit reserviert, ich fürchte, diese milden Gaben waren schon etwas überaltert. Wenn ich bei der Körner war, sah ich Albert sehr oft. Er fuhr dann mit dicken Packen auf seinem Petroleum-Radl davon, donnernd und krachend mitten durch das Echo des Ostentors. Meist hatte er eine Flüchtlingsversammlung zu besuchen, den alten und hilflosen Menschen Ratschläge in all den verzwickten Fragen der Wiedergutmachung zu geben, Klavier zu spielen, Walzer und Warum ist es am Rhein so schön oder auch Oh du mein Riesengebirge, aber auch, um sein Gewissen zu erleichtern und eine Lage Bier zu spendieren von dem guten, dem bischöflichen aus der Brauerei am Dom.

Frau Körner hatte alle Hände voll zu tun, ihre Klientel wuchs, die alternden Huren gerieten in Not, die jungen aus den Dörfern um Regensburg herum machten ihre ersten gefahrvollen Schritte, und alle fanden sich bei «Muttl» ein, der guten Mutter der Gefallenen, die den besten Pferdegulasch zwischen Passau und Augsburg servierte, saftig und mit böhmischem Schmeckdich versehen. Die Mädchen kamen, und keine ging ohne Trost, wobei Trost im Hause dieser unvergessenen Pastorenwitwe handfest beschaffen war. Manchmal sah ich auch die Nackttänzerin aus Guben in Frau Körners dunstiger Küche. Das Mädchen half beim Kochen, aber es kam ihr mehr darauf an, gleichberechtigt neben einer Pfarrfrau zu bestehen, nicht mit Blicken und Gesten mißhandelt zu werden, nicht von den ausgelassenen Soldaten, nicht von den verheuchelten Nachbarn. Alle waren sie Huren in dieser Gesellschaft, und hätte sich auch ihre Gastgeberin dazu bekannt, möcht das Mädchen nicht verwundert haben. Einmal geriet ich in einen Streit zwischen den Mädchen, sie schalten die Gubenerin als unanständige Konkurrenz, die solcherart Beschimpfte gab Widerworte, die Streiterei kippte ins Amerikanische um, obszöner Slang klang allen um die Ohren, bis Muttl aus der Küche herbeigeeilt kam und der aufregenden Sprachübung ein Ende setzte. Sie sagte freilich nur, wenn ihr euch hier bei mir auskotzen wollt, bitte sehr, aber auf deutsch, ich möchte es verstehen, geh Mariechen, deck den Tisch, und du ißt mit, wies sie mich an, aber ich ging mit der Gubenerin in die Küche, was war eigentlich los, Mädchen, und: Wie kann man nur, aber da hing sie schon an meinem Halse, als hätte sie Jahre um Jahre keinen Mann gesehen, drückte sich an mich, schmiegte ihr verschmiertes Gesicht an meines, daß mich das Heulen ankam, das erbärmliche Heulen der Hilflosigkeit, und wie sie sich mit einem, dann schon lachenden Mund löste, sagte sie, das mußt du verstehen, dieser Heine, du weißt, hat mir keine Ruhe gelassen, und einer der Boys hat mir deutsche Bücher mitgebracht, er fand sie auf dem Boden seiner Sergeantenunterkunft, da hab ich dies und das gelesen, richtig gelesen, verstehst du, Gedichte, und: Was sind wir doch für Schweine, ich war früher Sportlehrerin, was gingen mich Gedichte an, lach nicht über mich, Joe will mich übrigens heiraten und mit den Kindern in die Staaten mitnehmen, aber ich will nicht einen Mann, der mich immer vor Augen haben wird, wie mir der Scheinwerfer zwischen die Schenkel fährt, und die Jungen brüllen geil und anfeuernd, daß ich das große Zittern bekomme vor Angst, ich heirate ihn nicht, ich möchte, daß einer meinen Kindern das Märchen vom Rumpelstilzchen auf deutsch erzählt, blöd, was? Frau Körner kam gerade rein, na ihr beiden, laß ihn bloß in Frieden, er ist verheiratet und hat kein Geld. Sie ist, diese kaputte Gubenerin, später doch in die Staaten gegangen, vielleicht wollte sie hier keiner haben. Aber ein Vermächtnis von ihr habe ich heute noch im Gedächtnis. Bevor ich sie aus den Augen verlor, erzählte sie mir die Geschichte unserer gemeinsamen Freundin, der Muttl Körner. Sie berichtete, das Pastorenehepaar Körner habe früher ein Heim für sogenannte gefallene Mädchen und deren Kinder geleitet, es waren viele Insassen, die krank waren, ich meine, anfällig, verkrüppelt, etwas dumm vielleicht, und als die Nazis dahinterkamen, das war gerade zu Kriegsanfang, da schickten sie Polizei, das Heim zu schließen und die Patienten in eine Staatsanstalt zu schaffen. Die Körners wußten, was war, und weigerten sich, Heim und Einwohner abzugeben. So gerieten sie in die Keller der Staatspolizei, wurden bedroht, immer wieder verhört, bestechen wollte man sie auch, aber es endete sehr traurig. Das Ehepaar wurde zwar entlassen und nur unter Polizeiaufsicht gestellt, aber die armseligen Nuttenkinder, die nicht minder armseligen kranken Prostituierten gerieten in die Todesmühlen des Staates. Muttls Widerstand blieb erfolglos. Ich wußte jetzt, warum die standhafte Frau ihre Arbeit nach dem Krieg fortsetzte. Übrigens hatte sie mir nie von ihrem lebensbedrohenden Konflikt mit der Nazi-Staatsmacht erzählt. Sie hat auch nie irgendeine Entschädigung für den Unbill erhalten. Zu der Gubenerin, die sie zu einem Antrag ermunterte, sagte sie: Entweder bin ich anständig, oder ich laß mich dafür entschädigen, geh, davon verstehst du nichts, was sollte ich tun, sagte die

Nackttänzerin, ich bin doch nur ein Stück Mist. Aber sie war kein Stück Mist, ein Stück Mist heult nicht, weil es ein paar Verse zu sehen bekommt, weil es ein Buch liest, das Hunderttausende vor ihr gelesen und wieder weggelegt haben, ein Stück Mist lernt keine Gedichte auswendig, und das andere, daß sie ihre Vulva ausstellt für Geld, in der Von-der-Tann-Straße, dort wo die Doktor-Martin-Luther-Straße einmündet, und gar nicht weit vom Ostentor, wo Albert mit seinem Petroleumkocher durch muß, wenn er zum Kaffee kommt, oh, Muttl Körner, oh, du brave Helferin aller Magdalenen jener Zeit des Hungers und der Sünde!

Warum ich das alles so erzähl, vielleicht, weil der Herr von der Tann ein bayerischer Feldherr war, tapfer, treu und käuflich, der Sold galt damals noch in Europa, ja, und an der Ecke ging die Lutherstraße an, nach dem Mann benannt, der einst in der protestantischen Reichsstadt die höchsten Ehren erfuhr, während er später dort nicht einmal die Kindeskinder seiner Anhänger vor Diffamierung schützen konnte, aber die Körner, Pastorswitwe mit schmaler Rente, die stand mit heißem Gesicht in ihrer Küche und rührte und wendete das Fleisch und goß die Tunke darüber, daß der brodelnde Duft den Lysolgeruch der pastörlichen Studierstube übertönte, und die Mädels, die alten und die jungen Huren, ihre grauen Kinder (und auch mal Freunde) vor lauter Appetit hätten schnalzen mögen unter dem Kruzifix, und da von diesem Kreuz die Rede ist, ich bin nicht sicher, ob diese fromme Hausfrau überhaupt wußte, welcher Konfession ihre Gäste anhingen, wenn die Mädchen überhaupt über die Dauer einer Mahlzeit hinausdachten. Wenn Kruzifixe lächeln könnten, dieses bei Muttl Körner hat bestimmt gelacht, zustimmend gelacht und vielleicht sogar den Gulaschduft eingesogen in die wunde Nase. Ein Zeitgenosse von ihm, der C. Plinius Secundus, hatte das Phänomen in seiner knappen Sprache so beschrieben: «Deus est mortali iuvare mortalem», aber das habe ich erst viel später gelernt, daß ein Gott dort ist, «wo ein Sterblicher dem anderen beisteht». Und auch das habe ich erst viel später gelesen, daß «im Bezirk der Helden und der Sagen die Überlebenden nicht wichtig sind», Erich Kästner, der Wiedergefundene, hatte es als «Handstand auf der Loreley» gedacht und gesagt.

Bis dann Erna plötzlich wieder da war, sie weinte sich erst einmal aus, dann berichtete sie von ihrem muslimischen Freund, er hatte sich bei der IRO, der internationalen Auswanderungsorganisation, um einen Platz für Chile beworben, dort waren landwirtschaftliche Anwesen ausgeschrieben, man mußte gesund sein, nicht über 45 und etwas von Ackerbau und Viehhaltung verstehen. Alles das traf auf ihren Freund zu, trotzdem kam sein Antrag unbearbeitet zurück, Leute mit Schlitzaugen, dort kurz Chinesen oder auch Japaner genannt, kamen nicht in Frage, hieß es. Ich sage, der Junge hat doch keine Schlitzaugen, aber sie sagt darauf, der Beamte wolle ihn gar nicht sehen; daß er Tatare sei, genüge ihm. Geh mit ihm hin, Erna, sagte meine Frau, wir kommen mit und erzählen dem chilenischen Botschaftsrat, daß es in Europa verschiedene Religionen, Völker, Stämme, Gesichtsformen, Hautfarben und Sprachen gibt, da könne er doch nicht willkürlich, aber Erna schnitt das Gespräch ab: Er ist gekränkt, er will keinen Auswanderungsantrag stellen, basta, und nun säuft er, und er hat nie gesoffen, nie, Leute, das heißt bei ihm: Nie. Erna, sag ich drauf, warte mal, wir gingen auf die Post schräg gegenüber, und ich rief meinen ukrainischen Freund in der australischen Mission an, sag mal, könnt ihr nicht einen tüchtigen Mann, versteht was von Landwirtschaft, fleißig, zuverlässig, ihr braucht doch Leute in eurer australischen Öde, als ich aber sage, er sei Krimtatare, fällt drüben die Klappe: Geht nicht, Unsere scheißen sich vor

Angst in die Känguruh-Beutel, wenn sie etwas Exotisches in ihr halbleeres Land reinlassen sollen, denk an die Japaner oben über der australischen Insel, ha? Ich dachte an die Vielfalt der Rassen auf dieser Erde und die Vielfalt der Vorurteile, aber was sollte ich tun, Ernas Freund ging in ein Ausländerlager bei München, sie besuchte ihn dort, aber er war ein gebrochener Mensch: Wenn sie wüßten, diese Satten, diese großen Huren, diese Aasfresser, wie schön mein Land ist, und wie gut meine Leute, wie tapfer und wie fromm, wie anständig und sauber. Erna erzählte uns von seinen Ausbrüchen mit Tränen in den Augen, wohl mit etwas Stolz untermischt, nur: Auch aus ihr wurde nichts. Sie zog nach Ludwigsfeld, um ihrem verzweifelten Freund nahe zu sein, aber er hatte sich fallengelassen, glaubte, er sei ein Versager, das schlimmste, das ihm widerfahren konnte, geschah, er begann an seiner Mannhaftigkeit zu zweifeln, auch Ernas Demut half ihm nicht.

Später begegnete ich Erna am Kirchplatz, an der Ecke zum Gemeindeamt, sie verkaufte Speiseeis. Der Frostkübel stand im Schatten des gestreiften Sonnenschirms, sie selber hatte einen weißen Kittel an, es war sehr professionell, nur, wenn die geflickten Gestalten aus den Flüchtlingsmansarden kamen, vergaß sie Profession und Erwerbstrieb und gab den Kindern ihre Portion ohne Bezahlung. Erna kam, ich glaub, ich sagte es schon, aus Böhmen, und wenn ich sie so ansah, wenn sie die fahle Strähne aus der Stirn wischte, so war das Lied sofort da: Hat mir der böhmische Wind erzählt, Wind erzählt, Wind erzählt. Als wir es daheim gesungen hatten, abends vor dem Mühlenspeicher meines künftigen Schwiegervaters, hatten wir wenig Ahnung von Böhmen und dem dortigen Wind, wir saßen unter dem ausladenden Nußbaum, sangen, ab und zu heulte irgendwo vom Kaiserhof her ein Hund, aber dann war es still, und einer nach dem anderen stand auf und ging heim. Ach ja, die Erna als Eisverkäuferin: Sie verdiente fast nichts, aber sie tat irgend etwas, und jedermann im Dorf, der nicht durch seine satten Felder korrumpiert war in seinem Menschenwesen, half der Frau. Das Überleben stinkt manchmal sehr, aber wie willst du sonst vor dir selber bestehen, wenn nicht, sagen wir mal, durch Eisverkaufen, sechs Pfennig Reinertrag am Stück, Sahneeis sieben, und eine Tagesantrittspauschale von 2,50 Mark. Erna winkte mich heran, sie durfte ja ihre Position am Eck nicht verlassen, hör mal, du mußt ins Amerika-Haus, sagte sie, das ist eine riesige Bibliothek, da sollen Deutsche rein, weil das Haus für Deutsche bestimmt ist, geh zu Luhtänent Goldenbourg, der ist aus eurer Ecke, Bumst oder Bombst, glaube ich, Bomst, sage ich und fahre fort: Schrímm, Schroda, Bómst, Krotoschín... Schönlánke, Filéhne, weißt du, was das ist? Ein Hexameter, ein griechischer Vers, man muß ihn nur richtig betonen, Erna lachte, das ist wie bemmisch, was du da sagst, gehst du zum Goldenbourg, mit Oh-Uh bitte, ich hab's an seiner Tür gesehen. Erna recherchierte genau, das muß ihr der Neid lassen, nur dies war nicht ganz ausrecherchiert: Als Mann hatte niemand Chancen in dem amerikanischen Büchereihaus, aber das ist eine eigene Geschichte.

Als ich das Haus betrat, war ich daheim, Bücher über Bücher, lange und hohe Regale, dazwischen hohe Stehpulte für die Besucher, dahinter Barhocker für das Personal. Ich war so begeistert, daß ich gar nicht merkte, von welcher Sorte eben dieses Personal war: Mädchen, Mädchen, kaum eine über 25, kaum eine, deren Gesicht verraten hätte, daß sie des Lesens und Schreibens kundig war, doch einige vielleicht doch, weiß Gott, nur einige, an so eine wandte ich mich, können Sie mir sagen, wo ich Mr. Goldenbourg... Hwottdujuhwont, sagte die eine, die ich angesprochen hatte, sie wollte kein Deutsch verstehen, ich holte mein bestes Amerikanisch aus der Brust, da nickte sie gnädig und wies mit der Schulter nach rechts, ich ging der Richtung nach und fand die Tür zu Goldenbourg, das heißt zu seiner Vorzimmerdame, die mich, kaum daß ich drin war, deutsch nach meinem Begehr fragte, dabei stellte sich heraus, daß Goldenbourg kein Leutnant, sondern Oberstleutnant der amerikanischen Armee war. Wie ich das Haus finde, fragte mich die Dame gleich darauf, es war bis vor kurzem ein Nazi-Kaufhaus. Ich weiß, sagte ich, die Schilder hängen noch in den Fahrstühlen, aber der Name darauf ist kein Nazi-Name, eher jüdisch, möcht ich meinen, außen herum haben die Nazis das Haus allerdings umbenannt, ob ich nun den Direktor des Hauses sprechen könnte? Da stand er auch schon in der Tür, suchen Sie einen Job? Und wenn Sie ein promovierter Bibliotheksrat wären mit sieben Fremdsprachen, verwandt und verschwägert mit Thomas Mann, ich kann nicht, aber kommen Sie herein.

Drin rauchten wir erst eine russische Pappmundstücklulle, von unserem Bundesgenossen, sagte er, Tabak gut, Papier skandalös, ich hab noch nie gutes russisches Papier gesehen, meinte er doppelsinnig, aber das nur nebenbei, haben Sie all die Damen bemerkt, die draußen schon arbeiten, im ersten, zweiten und dritten Geschoß, sind natürlich keine Damen, ich müßte sie eigentlich Auflagen nennen, denn zu den Auflagen meines Jobs gehört die Anstellung der Freundinnen (und der Freundinnen der Freundinnen) unseres verehrlichen Offizierskorps («... die Herren amerikanischen Offizierspferde ...» fielen mir ein). Nun gut, wie kann ich mich da für einen Mann stark machen, if you know, what, capito? Kennen Sie übrigens das Haus, ich zeige es Ihnen. Goldenbourg (ich heiße übrigens Henry, früher wurde ich Heinz gerufen, aber das wollen wir ganz schnell vergessen, es ist nicht gut für Sie), Goldenbourg führte mich in den zweiten Stock, und da bat ich dem großen Amerika, das sich bislang so klein gezeigt hatte in unserem fiesen Trümmerland, da bat ich Amerika, dem – wie wir glaubten – großmächtigen Land der Barbaren, Paradies der fröhlichen Analphabeten, vieles ab, ach, eigentlich alles: Da standen die Regale voller Bücher, was sage ich standen, sie stürzten über mich, sie polterten die gewundenen Kaufhaustreppen hinunter wie ein Wasserfall, sie blätterten sich auf, und ich griff danach, wie einer nach Essen greift, dem sie im Krankenhaus nur Kraut zugeteilt hatten, Kraut oder, weil es so schön zusammenpaßt, und Rüben. Der Amerikaner aus der verschlafenen Warthegegend, aus der Heimat meiner Kindheit, meiner Schuljahre, meiner polnischen Freunde, meiner braunen Ganoven, der uniformierten Nachbarn, der Montur des Krieges, der unsäglichen Not der stummen Kosakenmutter, der Demütigung des lutherischen Presbyter-Vaters, und dieser Oldenbourg ist aus Bomst und macht hier in Regensburg Kultur, bringt dem aus dem Huftritt geratenen Kosakenkerl den Sartre, den Camus, was weiß ich, was mir der Direktor und Freund alles empfohlen hatte, lauter fremde Namen, lauter neue Fenster in die Welt, Fenster nach innen, in sich selber hineingestoßen, was galten da der Gestank der lebensgeil um sich schlagenden Menschen draußen, die Laszivität der Davongekommenen, ihr unbarmherziger Leerlauf, ihre tägliche Lebenslüge von dem großen Haus daheim in Schlesien oder Ostpreußen, von der hohen Stellung im heimatlichen Ort, lauter kleine Führer, lauter Rathäuser, lauter Rittergüter und unermeßlicher Besitz! und nun das hier. Aber, bitte: Nun das hier, nun das brausende Fenster nach draußen, nun hier der Lavafluß der Bücher, der Namen, der Visionen, ich stand am Fuße der Leiter, von der sie herunterkamen, die versäumten und auch die vergessenen, sagen wir es: die verfemten Gedanken, groß und unerbittlich, quälend und doch voller versteckter Freuden. Stand also da im Foyer des Regensburger Jugendstilhauses, das jetzt eine amerikanische Bibliothek war, was geht mich Amerika an, aber hier griff dieses Amerika mitten hinein ins europäische Herz, gut, den Hemingway, klar, daß sie ihren Mann unter die Leute brachten, obwohl allein um seinetwillen ich das Haus gesegnet hätte; die guten Goldenbourgs, die es offenbar in Haufen gab unter diesen Soldaten, sie lieferten ihrem Feind ein Stück seiner eigenen Welt zurück, sie gaben ihm, was er weggeworfen hatte in der törichten Verblendung, die Hitler hieß, aber eigentlich sechzig Millionen Namen hatte. Oder war es ihre christliche Feindespflicht, dem verlorenen preußischen Kosaken, dem verirrten Wanderer zwischen den östlichen und westlichen Ställen und Koppeln das Erlebnis dieses Franzosen einfach so zu schenken? Ich meine Rimbaud, ich meine den großen Tag, da ich in der ehemaligen Kurzwarenabteilung des Kaufhauses unter der Anleitung einer dort beschäftigten Soldatennutte das «Trunkene Schiff» wiederfand und laut zu deklamieren begann, bis mich das freundliche und erstaunt geduldige Nuttchen mitsamt dem Buch in die Direktion zu Goldenbourg fortdrängte: Comme je descendais des fleuves impassibles... Das war ein Tag der heiligen Wiederbegegnung. Und wem verdanke ich es, daß mir ein gewisser André Breton im zweiten Stock desselben Textilhauses begegnete, um mir das Verbum Sein zu erläutern, um mir zuzureden: «Au secours! Les voici qui tombent dans l'escalier... In großen Zügen hat die Verzweiflung keine Bedeutung, sie ist eine Fron der Bäume, aus denen noch ein Wald wird, eine Fron der Sterne, aus denen noch ein Tag weniger wird, eine Fron der schwindenden Tage, aus denen noch mein Leben wird... qui va encore faire ma vie.» Dann kam ein Vercors herabgestiegen, auch in Deutsch zu lesen, da es sich doch um Deutsche handelte, während das Meer schwieg, aber dann, und hier ging ein neues Stück Leben an, dann griff Sartre in den Ablauf der Dinge ein, zwanghaft, um nicht zu sagen gewalttätig, aber es mußte wohl so sein, und nach «Les jeux sont faits» ging ich verändert aus dem Jugendstilbasar heraus, ein Titel, ein paar Namen, einige Schatten über der Straße, und du bist ein anderer.

Bis eben, bis Albert Camus seinen stillen Auftritt hat: Ich könnte jetzt anfangen zu buchstabieren, könnte die Namen in eine alphabetische Ordnung bringen, wenigstens in diese, aber die Ordnung meines Lebens stellte sich von allein wieder ein, mit Mr. Lefarque, einem Denker in Uniform, er kam aus dem stinkfeinen Boston und hatte, wie ein deutscher Kriegsfreiwilliger von vierzehn-achtzehn, Gedichtbändchen im Soldatengepäck. Er geriet in Regensburg in die amerikanische Bibliothek, dieser Mister brachte mir das neue Alphabet in die Reihe, vor allem Camus, sagte er, Albert, geboren 1913, der noch die innere Bereitschaft zu einem «Brief an einen deutschen Freund» besaß, das mußt du lesen, hieß es immer wieder, und so landete ich bei eben jenem Besatzungssoldaten Lafarque, der nicht nur mit Buchkarteien umzugehen wußte, sondern auch sonst viel Clarté seines kanadisch-französischen Vaters in das Regensburger Amerika-Haus mitgebracht hatte. Da las ich denn diesen Camus, und es begegnete mir darin Tolstoi, als wär's ein Teil von ihm, aber sonst begegnete mir die Gnadenlosigkeit des vergeblichen Entweder-Oder. «Sich selbst der Ewigkeit vorziehen oder sich in Gott versenken – in dieser Tragödie unseres Jahrhunderts muß man sich behaupten.» Und ich sah immerzu, bei jeder neuen Seite der sisyphischen Schriften den Ikarus Breughels ins Meer stürzen, nein, nicht stürzen, er war ja schon fast untergetaucht, unerkannt, schien es mir in der Erinnerung, soeben abgestürzt, der Ikarus, wie wir alle unerkannt abstürzen, und merken tun's die Leute erst, wenn wir schon halb unter Wasser sind. Ich habe also mit dem kanadisch-französischen Amerikaner Freundschaft geschlossen, wir trafen uns bei meinen Lesestunden in der

Bibliothek, er sagte immer wieder, er liebe die Deutschen, aber sie gefielen ihm nicht. Wie das, fragte ich. Well, sagte er, er hätte eigentlich eh bien sagen müssen, aber er sagte well, ich will dir die Geschichte erzählen, du singst doch auch immer mit, wenn ihr eure Toten ehrt, besonders die vaterländischen Toten, also die in Uniform oder überhaupt die aus den Kriegen, da singst du von dem besten Kamerad auf der Welt, ist es so? Gut, und wie nun dieser beste Kamerad, den du in der Welt kennst, von der Kugel getroffen, niedersinkt, was geschieht, was? Er kann nicht mehr schreien, aber er will im Sterben deine Hand, die Hand des Freundes, spüren. Und was tust du, hen? Du verweigerst dem sterbenden Freund die Hand, denn du mußt dein Gewehr neu laden. Wahrscheinlich sieht es die preußische Gefechtsdienstordnung so vor: Derweil ich eben lad – Mann, kommt dir nicht euer verdammtes Schweinefett hoch, habt ihr nicht einmal literarisch-protokollarisch etwas Menschlichkeit zur Hand? Entweder ist eure Priority List anrüchig, oder ihr seid fahrlässig beim Verfassen von Texten.

Ein andermal schalt er auf die Flüchtlinge aus dem Osten. Sie tun so, als hätte die Geschichte erst 1945 begonnen, gewissermaßen mit einem Urknall aus heiterem Himmel. Ich sage dir das: Ich liebe euch, aber macht es mir doch nicht so schwer, müßt ihr denn diese unkollegiale Geschichte vom guten Kameraden des Herrn Uhland singen, dabei war er nicht einmal ein Preuße, er kam aus Tübingen, müßt ihr denn eure Arroganz auch dort zum Pathos hochpolieren, wo sie eigentlich ganz mies ist. Hoppla, hopp, rief ich dazwischen, gerade, wenn du die Flüchtlinge meinst, die haben in ihrer Charta feierlich geschworen, daß sie auf Rache und Vergeltung verzichten. Da schlug er auf den Tisch, daß es staubte, und gerade das meine ich, gerade das: Sie haben nicht gesagt, daß ihnen Rache und Vergeltung nicht zustünden, sie haben nicht gesagt, daß sie Rache und Vergeltung verabscheuten, nein, sie verzichten auf sie, weißt du überhaupt, was das heißt, weißt du, daß sie damit sagen, daß sie eigentlich Anspruch darauf hätten, aber großmütig auf diesen Anspruch verzichten! Wissen die denn nicht, daß in der deutschen Sprache einer nur auf etwas verzichten kann, das er hat oder das ihm als Anspruch zusteht? Welchem Christenmenschen steht, gottverdammich, Rache zu, he?

Das ist ein semantisches Problem, sag ich, das ist kein semantisches Problem, das ist die Ahle, die aus dem Kartoffelsack herausguckt, sagt er, wie's in Polen heißt. Alle könnt ihr bescheißen, nur nicht die Sprache, Wörter lügen nicht, im Gegenteil, die decken auf.

So kamen wir ins Deutsche, und er gab mir auf, endlich Kafka anzunehmen, endlich, sage ich, weil ich befangen bin. Fragt er mich doch einmal, was ich denn so gelesen hätte früher im Urlaub, ich sage und denke mir nichts dabei: Wiechert. Erst wie er auflacht, aber nicht böse, nicht belustigt, sondern bitter, fragt mich nach Nossack, fragt mich nach Borchert, zitiert Karl Kraus, da merke ich, hier habe ich eine neue Welt betreten. Später wurde mir der Name Paul Celan auf die Agenda geschrieben. Die Franzosen, das war kein Zufall, die Franzosen standen nicht nur für Gide und Valéry, sie standen auch für Pavese und Lorca, es stand auch Paul Celan, der verletzliche Balkanmensch, es stand auch Joseph Roth, der galizische Demiurg, für die Sprache hinter den Sprachen und für das Deutsch der Gefährdung.

Und da merke ich, ich merke, das heißt, ich wachse hinein, ich wachse hinein, heißt, ich schlage Wurzeln, Wurzeln aber heißt, hier in dieser bayerischen Stadt leben, mit dem Jugendstilkaufhaus, das jetzt aus Amerika all das zurückbringt, was wir nicht hatten haben wollen. Ich wiederhole den Vorgang, den ich mein Leben lang auf mich genommen hatte, immer wieder, immer aufs neue Sprache und Menschen erforschend, immer auf der Suche nach dem Dahinter, und, kaum einigermaßen behaust, wieder auf Wanderung ausgeschickt. Ich weiß, damals sind viele gewandert, die einen, die man ausgesetzt hatte, kamen heim, die anderen, die man nicht haben wollte an ihrem Fluß, kamen hierher wie in die Fremde, aber die einen wie die anderen waren in sich daheim geblieben, ihre Wanderung enthielt so etwas wie Heimkehr. Meine Fahrt hingegen war immer eine Transitreise, wo die anderen «hin» sagten, galt für mich nur das «durch». Dennoch, war Regensburg auch nur Durchreise, wir integrierten uns, wir nahmen es an, wie man das Wetter annimmt, wie man einen Antrag annimmt, vielleicht sogar, wie man ein Geschenk annimmt.

KAPITEL VI

> ... Leuchtkugeln flogen vom Schloß durch die stille Nacht über den Gärten, und die Donau rauschte dazwischen herauf – und es war alles, alles gut!
>
> *Joseph Frh. von Eichendorff, Aus dem Leben eines Taugenichts (letzter Satz), 1826*

Wir begannen, Bayern zu lieben. Unsere Bäuerin, der wir mit behördlichem Zwang als Mieter in ein geräumiges Zimmer eingewiesen worden waren, die bezogen wir in unsere Sympathie nicht ein, im Gegenteil, das Verhältnis war feindselig geworden. Als die Bäuerin eines Tages meine Frau in demütigender Weise anging, hieb die Beleidigte ihr einen vollen Milchtopf auf den Schädel. Die Milch war vergossen, der Gerstenkaffee wurde schwarz getrunken. Der Bauernschädel der Stetzingerin hatte nicht einmal eine Beule davongetragen, aber das Gerichtsverfahren war nicht zu umgehen. Meine Frau wurde zu einer Freiheitsstrafe verurteilt, das Urteil auf Bewährung ausgesetzt, jedenfalls war sie die erste und einzige in unserer großen Familie, die vorbestraft war. Wir waren darauf stolz und erzählten den Hergang mit viel Genuß und immer farbiger ausgeschmückt, bis die Leute sich zu wundern begannen, daß meine Frau so glimpflich davongekommen war. Die Feuerwehr wurde nicht alarmiert, da waren wir schon zu sehr aufgenommen in die bäuerliche Kollektivität von Stetzing. Die gemaßregelte Bäuerin, wie ich schon erzählte, eine entlaufene Nonne, behielt trotzdem ihr Ansehen. Dieses war in Stetzing vom Flächenmaß des Anwesens abhängig, eine Art Hektar-Moral, wenn ich diesen Kalauer ad hoc bilden darf. Wir waren viel unterwegs, Santners Wiese, diese bayerische Heimat-Essenz, lockte uns jeden Tag hinaus, wir nahmen unseren kleinen Handkarren mit (aus den Beständen des tapferen Straubinger Jägerregiments), denn es fand sich unterwegs immer etwas, das für uns Besitzlose einen Wert hatte. Und wenn es nur ein abgebrochener Ast war. Denn wenn ich sage, wir liebten Bayern, so meine ich nicht nur das Kaufhaus in Regensburg, wo ich unter Büchern mein zweites (drittes, viertes?) Leben aufnahm und begründete, sondern vor allem die blühende Wiese zwischen Dorf und Wald, aber auch die Brombeerhecken links vom Marterl am Waldrand, wo die Soldaten unser Stetzing bewachten, und, wie vergeß ich das! – die Öffnung des Waldes nach Nord, wo man auf den dicken Moospolstern sitzen konnte und dabei beobachten, wie der Bayernwald hinter der Donau bei jedem Aufblicken anders aussah, mal gelblich warm, dann mehr und mehr ins Rötliche hinüberschillernd, bis er im schwarzen Vergessen zerging. Wir saßen und träumten, aber fehl geht, wer uns nachsagte, wir hätten von der Warthe geträumt, von Posen oder vom Schwarzen Luuch in Kaklewen, fehl auch, wer da meint, die Weichsel sei uns im innersten Sinne gegenwärtig gewesen, nein, wir träumten vom Bayernwald, vielleicht auch ein bißchen vom Böhmerwald, der ja gleich dahinter ist, Nachbar von Stifter her, und das Feldlager meiner großen Kapitulation vor dem fröhlichen Neger aus South Carolina. Wir brauchten nicht mehr als diese Welt, gut war's schon, wenn wir für den nächsten Tag Pilze heimbringen konnten und vielleicht einen Knorren, aus dem man ein Spielzeug schnitzen konnte.

Daheim in der Stube stand die geliehene alte Schreibmaschine, freilich brachte sie nicht viel ein, die Redaktionen damals waren überversorgt oder blockiert. Die einen hatten mit offenen Schleusen junges Volk eingekauft, unbelastetes, amnestiertes, das mußte versorgt werden, die anderen hielten ihre Plätze offen für die Schreiber, die nicht durften, weil man sie der allgemeinen (genauer: automatischen) Absonderung ausgeliefert hatte, aber doch hoffte, bald den alten Stamm beieinander zu haben, mit den unschuldig abgehalfterten Leuten auch die Nazis einkalkulierend, jedenfalls war für Landfremde kaum etwas zu holen auf dem Schreibmarkt. Immerhin gelang mir ab und zu ein Gedicht, das auch gedruckt wurde, das hob meinen Status, aber satt konnte man davon nicht werden, die Lyra ist kein Maiskoben. Ich ging mit einem Adreßbuch hausieren, von dem niemand wußte, ob, und wenn, wann es erscheinen würde. Ich sammelte Anzeigen, von jeder behielt ich eine Mark ein, das war mein Lohn, immerhin brachte mancher Annoncen-Tag mehr ein als zwei Gedichte; dann verkaufte ich Kleinmöbel, die ein Flüchtlingsbetrieb herstellte. Sie waren notdürftig zusammengeschlagen, der Hersteller bekam vom Flüchtlingsamt eine Pauschale, durfte jedoch auch einige Stücke außerhalb des Flüchtlingsbedarfs privat verkaufen. Das arrangierte ich, das heißt, ich fragte meine amerikanischen Freunde, wo einer von ihnen zurück in die Staaten reist, dann war das Geschäft schon perfekt. Die billigsten Stühle und Schemel und Tische und Borde wurde ich reißend los. Meine Frau bekam dabei, sie sagte es später, den ersten Schock über Amerika, das reiche ihr. Ich zählte die Mark-Scheine und sonderte die wenigen Grünen, das ist: Dollars, aus, die bekam mein Fabrikant reichlich in Mark ersetzt.

Auch Regensburg wuchs uns, wie man so sagt, ans Herz. Nicht nur, weil wir die liebe Pastorenwitwe am Ostentor besuchten, Kaffee tranken und vielleicht auch mal zu viert oder fünft Suppe aßen, es gab so viel zu sehen und zu bestaunen, ich fraß mich durch die deutsche Geschichte, wenn ich – sagen wir mal – zur Mondgasse ging, wo die Flüchtlinge ihr Büro hatten, oder am Rathaus vorbei schlenderte, gegenüber war eine sehr teure Konditorei, aber sehr inserierfreudig, wie ich heute noch dankbar weiß. Da, wo ich heimatloser Nachbar Hindenburgs, ich mißratener Steppenkosak, romantischer Wandervogel und teutonischer Student meine Anzeigen verhökerte, hatte anderthalb Jahrhunderte lang der Reichstag verhandelt, gehuldigt, verabschiedet, was weiß ich, was das Heilige Römische Reich damals für eine Parlamentsordnung betrieb: Ich fror vor soviel Historie, die ich früher nur als Lesestoff angesehen hatte, Lesestoff wie eine Ballade, wie die Nibelungen, nein, die nicht: Lafarque hatte mir den Appetit auf diese Sippschaft gründlich ausgetrieben, diese Junkerfamilie, die sich gegenseitig betrog und umbrachte, und das auch heimtückisch: Ist das deutscher Männer Art, fragte mich mein amerikanischer Literatur-Freund, was dieser Herr von Hagen an dem blonden Master Siegfried an der Quelle begangen hat? Ich mußte damals verneinen; und auch was dieser Herr Siegfried da anstellte, als er die Braut seines Freundes kirre machte, damit dieser es leichter mit ihr hatte, im Bett, das war auch nicht edel.

Ja, das Rathaus, aber die Donau, das war etwas für uns, nicht daß wir in das liebe Touristenlied ausbrachen von den schwäbischen, bayrischen Mädels jucheirassa, das nicht gerade, aber wir gingen nach Stadtamhof hinüber oder zu den Winzererhöhen, von dort äugten wir zum anderen Ufer hinüber, wo die alten Speicher standen und die Historische Wurstkuchl, doch die Regensburger Würste waren für uns nur ein touristischer Gegenstand, wir waren richtig stolz darauf, in die Garküche geschaut zu haben, wer hätte von uns vieren daran gedacht, diese historischen Kostbarkeiten essen zu wollen, nicht einmal die Kinder, die hatten ihren Spaß an der Kramgasse und den Gäßchen dazu, die so schmal waren, daß es zum Spiel wurde, wer eine Stelle fände, daß er beide Wände mit den Fingerspitzen berührte.

Ha, und das Schloß des Fürsten! Wie wir so entlanggehen durch das Grün der Anlagen, bleibt Tetti, die Jüngere, stehen und beginnt zu zählen. Was zählst du, frag ich. Die Zimmer beim Fürsten. Kannst du nicht, du siehst nur die Fenster. Ja, aber ich überspringe immer ein Fenster, da komme ich schon auf die Zimmerzahl. Da sagt meine Frau, und die Große, Susi, nickt altklug, wieviel Flüchtlinge aus den Lagern könnten da wohnen! Aber Tetti hat inzwischen das Zählen eingestellt, das sind ja mehr als hundert, ruft sie verzweifelt, mehr als hundert Zimmer, bis dann der philosophische Schluß kommt: Wozu braucht der Fürst hundert Zimmer oder mehr, er kann ja immer nur in einem Zimmer sein. Ich lache nicht, das Problem der Ubiquität ist ein ernstes Problem, nur Susi räsoniert ins Praktische hinein, hundert Zimmer mal vier (wie bei uns) das gibt 400 Flüchtlinge. Frag mal den Herrn Fürsten, sagt Tetti, wenn du ihn triffst, was er da macht in den Zimmern, wenn er nicht drin ist. Ich sage zu, aber dem Fürsten begegnete ich erst ein halbes Jahr später, als ich auf dem St. Peters Weg zur Fröhlichen-Türken-Straße zu meinen Hökerstand aufschlug. Ich hatte billig Rasierklingen bekommen, die versuchte ich jetzt zu verkaufen. Und wie ich so dastehe und mich nach einem Kunden umblikke, der wohl mehr als zwölf Klingen auf einmal kaufte, kommt eine kleine Prozession auf mich zu, die Kaufleute waren aus den Türen getreten und verbeugten sich tief vor dem greisen Herrn an der Spitze des Zuges: Es war der Fürst von Thurn und Taxis. Als er sich mir auf Schrittweite genähert hatte, sprach ich ihn an: Fürst, sagte ich (was weiß ein Kosak, wie so'n Mensch angesprochen wird), Fürst, sagte ich, hier sind die besten Rasierklingen der Welt, allein in Pakistan hat meine Firma in einem Jahr 12 Millionen Stück umgesetzt. Der Fürst stutzte, lächelte, nahm das Päckchen aber entgegen. Indem er es an seinen Leibjäger weiterreichte, meinte er in sonorem Honoratioren-Bayerisch: Lieber Freind, san's sicher, daß die Leit in Pakistán sich überhaupts rasiern? Da reichte auch schon der andere Leibjäger mir Geld. Ich sagte, ich hätte das Päckchen dem Herrn Fürsten verkauft und wolle auch von ihm das Geld haben, und wenn nicht, so sei das ein Geschenk an ihn. Persönlich. Da lachten die beiden Leibjäger (ich nenne sie so, weil sie so absonderlich grün gekleidet waren) und gingen weiter. Nach den hundert und mehr Zimmern habe ich nicht gefragt, versteht sich, das wäre ein dummer Spaß gewesen, und man hätte glauben können, ich sei neidisch. Als wir einige Wochen später, meine Frau und ich, die Susi war mit, unseren Mittagszug nach Stetzing versäumt hatten, Geld zum Essengehen hatten wir nicht, entsannen wir uns, daß es am Schloß des Fürsten einen Mittagstisch für Studenten, Flüchtlinge, Wandersleute und Heimkehrer gab, wir gingen hin und fanden einen schattigen Ausschank, nur keine Kellner. Als wir uns umschauten, kam ein festlich gekleideter älterer Mann auf uns zu, fragte uns nach unserem Begehr, brachte im Nu die dicke Kartoffelsuppe, servierte sie formvollendet, so daß meine Frau nicht anders konnte, als ihn zu fragen: Sie sind so freundlich und höflich zu uns, hat das eine besondere Bewandtnis? Der fürstliche Lakai sagte lächelnd, er sei zu allen Gästen freundlich. Der Fürst habe es sich ausgebeten, daß die Bedienung hier genau so serviere wie oben im Schloß, wenn die Herrschaften ihre Jagdgäste bewirten. (Übrigens war in der Tändlergasse ein Lokal, die Wirtin nahm keine Fettmarken, wenn man ihr das klarmachte. Da gingen wir auch mal Suppe essen, aber die Wirtin war mehr an jungen Männern interessiert. Einer soll später dort Wirt geworden sein, hör ich.)

Aber dann immer wieder die Abende auf der friedlichen Wiese, die schönen Abende, wenn der Böhmerwald, wenn der Böhmerwald: Was zum Teufel war da in diesem Böhmerwald, der so tintentief den Horizont aufbündelt, der

Böhmerwald, wo der Neger mich einen Bruder nannte und einen Nigger, auch du, auch du, Bruder, was war da los in diesem literarischen Gebirge, daß ich nicht loskam von ihm, daß ich hinüberschaute, als hätte ich dort noch etwas nachzuholen? Gut, ich hatte da vor der Kapitulation ein paar törichte Gedichte über Liebe und Krieg, über Tod und fröhliches Leben in einer Kuhle unter einer richtigen Böhmerwaldtanne verscharrt, aber das Zeug ist doch schon längst vergessen, wer wagte es heute schon, einen Reim auf den Tod zu suchen, ein Reim auf das Leben wäre ebenso vermessen, Das war's nicht. Es ist die Bilanz, die einer damals hätte ziehen sollen und nicht zog, weil er vor Hunger wimmerte oder vor Demütigung sich zusammenzog wie ein Tier. Was war mit Felix, dem tuberkelkranken Juden, der dich nicht abwies mit deinem feldgrauen Uniformhemd, der nicht sagte, scher dich zum Teufel, dessen Montur du am Leibe hast, nein, der dir ein schönes ziviles Hemd besorgte? Er wollte in dir nicht mehr den Teilnehmer der verhaßten Menschenjagd sehen, er wollte, daß du wie er, daß er endlich wie du, daß wir miteinander lebten in diesem beschissenen Stetzing, wo niemand miteinander lebte. Und was war mit diesem Iwanczuk, der euren schwarzgebrannten Schnaps, Rübenschnaps, wie ich schon sagte, selber ausgetrunken hatte, anstatt ihn für euch zu verkaufen? Was war mit diesem Polen oder Ukrainer – in seiner Heimat zwischen Polen und Rußland nannten sich die Einwohner Hiesige, auf den Namen Polen oder Russen oder Ukrainer brachten sie erst spätere Volksführer, die kleinen Hitlers, die es allenthalben gab in Europa, die kleinen, schweißfüßigen Verführer der Armen und Vergessenen, die ihr Knechtsein in keiner benamsten Nation unterbringen konnten. Habt ihr nicht gewußt, daß Iwanczuks Frau von den Arbeitern der Brennerei und Flokkenfabrik verhurt worden war, als sie mit dem demütigenden Abzeichen des Ostarbeiters dort arbeiten mußte, habt ihr nicht gewußt, daß sie nach dem Umschwung Dorfhure geblieben war, für jeden der wollte zu haben, gevögelt und aus dem Stall gejagt, eine anständige Hure hätte wenigstens Anspruch auf den ausgemachten Lohn. Mella wurde sie gerufen, was eine Abkürzung bedeuten sollte für Melasse, sie stank auch danach, denn die Stetzinger Kartoffelwerker trieben es am liebsten im Werk selbst. Und Iwanczuk, voller Hoffnung, seine Frau wiederzubekommen, die er aus dem fernen und frommen Polesien mitbekommen hatte, als die Rekrutierungsleute ihn einfingen und gen Westen schickten, Iwanczuk freute sich auf seine befreite Frau, alles, sagte er, wird jetzt besser. Man gab ihm von den Komitees Geld und Kleidung, bot ihm ein gutes Leben im Lager an, aber Iwanczuk wollte im Dorf bleiben, er wollte den Wald sehen und die Koppel riechen, so blieb auch seine Frau im Dorf, sie hurte weiter, diesmal aus Gewohnheit, und Iwanczuk versoff alles, was er an Unterstützung bekam. Und ihm hatten wir den Schnaps unserer Schwarzbrennerei anvertraut, ausgerechnet ihm, dem unglückseligen Burschen aus Polesien, dessen kleine Welt in Trümmern lag und auch nicht mehr heilte, als Mella von der strengen bayerischen Gesundheitsbehörde aufgegriffen und fortgebracht wurde, im Gegenteil, da brach er vollends zusammen, der Pole, der Ukrainer, der Russe, der polesische Barfüßler: Bruderherz, wenn Bruderherz noch einen Sinn haben sollte.

Und was war mit den Menschen los, die damals, wenn wir vom Böhmerwald reden, auf Freyung zu in lang auseinandergezogenen Kolonnen getrieben wurden, du hast sie doch gesehen, als du dich in die Berge flüchtetest, um dort das Ende heil abzuwarten, was war mit den Menschen, unter denen vielleicht auch der Felix war, viele Felixe, Hunderte, einer wie der andere grau und wie von Schimmel überzogen, was war? Und als der Goldenbourg dir im Regensburger Amerika-Haus die Bilder von den Toten am

Wegrand zeigte, flohst du davor in ein kluges Gespräch, anstatt die Bilder anzuschauen, genau zu betrachten, sie für alle Zeiten dir einzuprägen, und jetzt sind diese alle Zeiten gekommen, wo du sie wiedererkennen solltest, wenn du von Santners Wiese aus durch die Waldluke auf das jenseitige Donauufer blickst, abends, wenn die Kühe so impertinent friedlich muhen, wenn der Horizont sich so aufdringlich schön färbt, wenn der letzte Vogel oben am sündigen Himmel herumfegt, als wäre alles, alles wieder gut. Und in Stadtamhof verteilen sie Strümpfe, die aus Amerika kommen, aus den großen Kinos, wo die Weiber bei Dunkelheit die Strümpfe wechseln, die getragenen liegenlassen, die dann nach der Vorstellung zusammengefegt werden und nach dem lieben braven Old Europe geschickt. Man kann sie noch tragen, die Kinostrümpfe, so ist das nicht, nur: Der Felix, der zusammengeschlagene Jude aus dem Mordlager, der Felix, der da oben auf den Tannenwegen des Böhmerwaldes zur Donau zu getrieben worden war, der nur eine halbe Lunge zum Atmen, der gab mir ein nagelneues, frisch nach Appretur riechendes Oberhemd.

Hat uns der Böhmerwald, wie sage ich's, hat er uns geändert, was hast du gemacht, Brüderchen, du warst doch da, da blieb doch die Welt stehen und begann aufs neue? Damals, als ich im Böhmerwald, als viele von uns in vielen Böhmerwäldern – damals hätte eigentlich etwas stattfinden müssen, vielleicht, daß einer da schrie, oder daß die Kinder ein neues Lied sangen, was weiß ich, aber es geschah nichts, außer der Jagd nach einer Krume Brot, außer der Jagd nach einem sicheren Unterschlupf, außer der Jagd nach dem Weibchen für die kalte Kammer. Auch oben ging es um nichts anderes, nur hatte man für das Weibchen eine warme Wohnung, und man hatte zur Krume Brot Wurst und Schinken in Hülle und Fülle. Bei einem Tagesangebot von nur 450 Kalorien reduziert sich die Moral, dieser Luxus-Überbau, auf das schlechte Gewissen nach der bösen Tat. Ich habe auch, das sage ich freiweg, ich habe auch geklaut, und die im Lager vom Zufall – von Hitler, bitte sehr – zusammengewehten Kameraden bekamen weniger, genau um so viel weniger, um das ich sie beschissen hatte, ich wurde auch nicht satt, hatte ein schlechtes Gewissen und wußte jetzt genau, daß die anderen, wenn sie dran sind, auch klauen und betrügen. Denn der gute Kamerad stirbt ohne den Zuspruch seines Kriegsgefährten, der just an der Büchse hantiert, als jener seine Hand sucht, warum sollte ich besser sein. Wer satt ist, hat leicht reden, Brecht machte daraus ein Gedicht, so war ich nicht, meine moralischen Defizite erbrachten kein Honorar, aber sie bedrängten mich, sie nahmen mir den Schlaf, je weniger ich an die Juden dachte oder an die Polen oder die Russen, um so dichter umstanden sie mein Bett, stumm und ohne Augen, nur die Madonna, die ich als Melder zur zweiten Kompanie gesehen hatte, die milchbrüstige Mutter, die maishaarige, die mit dem Kinde im unnatürlich geknickten Arm, die tote Russin, sie hatte jetzt Augen und sie sprach und sang, aber die Laute galten nicht mir, sondern dem Kind, diesem winzigen Aljóschenka aus dem weinenden Birkenrußland. Ich saß stundenlang im Regensburger Kaufhaus, las und las, und meine amerikanischen Freunde lobten mich ein über das andere Mal als lernwilligen Deutschen, als einen, der die ihm gebotene Erziehung ernst nahm und praktizierte, aber sie irrten, woher sollten sie wissen, daß das Flucht war, daß ich nicht lernte, sondern suchte, nach dem Weg aus dieser hungerleiderischen Transitstation suchte, es mußte doch etwas dahinter sein, hinter dem Kapaunengesang in der Altonaer Bahnhofhalle, hinter dem friedlichen Vergessen in unserem Dorf, hinter den strotzenden Bücherregalen im Amerika-Haus. Ich schrieb dorthin und dahin, ich suchte die Gesprächsrunden auf, die ein paar nachdenkliche Menschen zusammenholten, aber außer poetisch ausgeformten Selbstbezichtigungen auf der einen Seite und lügnerischen Reimen auf der anderen kam nichts an den Tag. Die einen hielten mich für den Ihren, die anderen für ihresgleichen, ich war zu keiner Hinwendung fähig, außerdem hatte ich an die Münder meiner Kinder zu denken, die Gesprächspartner hatten das ausgeklammert, sie kassierten bei Gott und der Welt, die einen hatten kirchliche Almosen, die anderen Beamtenpensionen, die ihnen so lange zustanden, wie sie wegen ihrer Nazi-Vergangenheit noch nicht beim Staate arbeiten durften. Wieder andere hatten stangenweise französische Zigaretten, aus denen sie bare Münze machten, andere wiederum wurden von ihren Freunden im Hinterzimmer mit amerikanischen Camels entschädigt, wofür auch immer. Die Russen honorierten, wie Kenner wußten, ihre Freunde mit Wohlwollen, Geld hatten sie selber nicht. Trotz alledem entwickelte sich da und dort so etwas wie ein literarisches Gespräch, und nicht selten kam es zu regelrechten Tauschaktionen: Camus, deutsch, gegen Bonhoeffer oder Celan für einen Tag zum Abschreiben gegen die letzten zwei Wochen der Feuilletonseiten aus der «Neuen Zeitung», der amerikanischen Verlautbarung für diejenigen Deutschen, die es verdienten, in die Abonnentenlisten aufgenommen zu werden.

Ich weiß, ich weiß, das sind alles Duperellken, wie es im Krotoschiner Jargon heißen würde, alles Unwichtigkeiten, aber irgendwo mußte man ja anfangen. Man mußte endlich anfangen darüber nachzudenken, daß der Bäckermeister Hartleben nicht mehr Brot backen durfte, weil er im Kriege als kommissarisch eingesetzter Ortsgruppenleiter der Dorfälteste der Partei in Stetzing war, daß aber der Raketenforscher, dessen «Vergeltungs»-Waffe so gut wie ungezielt die Londoner Stadtteile verwüstete und Menschen tötete, bevorzugt nach Amerika gebracht wurde und außer der Reihe die dortige Staatsbürgerschaft erhielt. Wie das, fragte ich meine Regensburger uniformierten Freunde, wahrscheinlich ist unser Bedarf an Raketenkonstrukteuren größer als an Bäckern, sagte Jeans, ich wollte es nicht glauben, aber einen anderen Grund fand ich nicht. Das bewegte mich: Was sage ich einem verstockten Nazi, der es nicht bis zum Raketeningenieur gebracht hat, als Erklärung? Und wenn er über Dachau lacht und über Oswiecim, diesen polnischen Ort, der zur Strafe in alle Zeiten fort den deutschen Zwangsnamen tragen wird: Auschwitz, was sage ich dazu? Oh, es ist nicht an dem, daß ich dem Nachdenken auswich, aber es führte wirklich zu nichts, glauben Sie mir, meine Herren, ich hatte jedenfalls ein verdammt gutes Gewissen, als ich mich Fredzio Staschewski anschloß, einem Landsmann aus der Weichselniederung, halb Dentist, halb Kaufmann, halb Angehöriger der Wehrmachts-Abwehr, halb Kumpel der polnischen Untergrundmenschen im damaligen Generalgouvernement, jenem gedemütigten Restpolen von Hitlers Gnaden, und jetzt war er, so sind im Leben die Zinsen, jetzt war er Leutnant der ehemaligen polnischen Freiheitsarmee im Westen, hatte eine grünliche Felduniform (deren Bluse in der Sprache der Träger Eisenhowérka hieß), doch sein eigentlicher Beruf war immer noch der alte: Er handelte mit Mangelgut und sammelte Nachrichten – nur daß ich nicht erfahren konnte, für wen. Ich fragte auch nicht sonderlich, mich interessierte nur das Reifengeschäft, das er grenzüberschreitend betrieb. Fredzio stellte mir einen Grenzpassierschein aus, zwar mit meinem Photo, aber mit einem abenteuerlichen Namen, er hätte usbekisch oder georgisch sein können, ich lernte die Aussprache, von der Fredzio meinte, sie sei gültig, denn er hatte im Kriege auch mal in fremde Völker und Rassen hineingeschaut. Seine Einheit, die statt Feldmützen gestickte Käppchen und Troddelchen trug (und blaue Knickerbocker), hatte er noch vor der Kapitulation aufgelöst, und zwar am Loiblpaß, wo das Tunnelbaukommando als Sonderkazett den Fremden Unterschlupf gab. Wir fuhren eines Donnerstags los, nur donnerstags, sagte Fredzio, Freitag ist halber Feiertag, Samstag ein ganzer, sonntags schläft man nach, also freitags: Da gab es amerikanische Grenzposten, sie waren unbestechlich, aber faul, die Franzosen waren fickrig, aber sie nahmen grüne Dollars. Ich atmete erst auf, als wir in Bologna waren, was heißt: ich atmete auf – ich atmete zum ersten Mal im Leben, glaubte ich, ich ging durch die Straßen, sog die Stadt auf, die Geschlechtertürme, die Kirchen, die Bögen und Arkaden. Fredzio war mit dem Lastkraftwagen im Norden der Stadt auf einem verrotteten Fabrikgelände geblieben, er mußte die Ladung Reifen loswerden, und zwar auf einmal, wir hatten nicht die Zeit und wollten nicht das Risiko mehrerer Käufer auf uns nehmen, das heißt: Fredzio wollte das nicht, mich interessierte das ganze beschissene Reifengeschäft von dem Moment an nicht mehr, da wir die Piazza Maggiore betreten hatten. Ich war dem Fredzio, dem ich weinend dankbar hätte sein müssen, böse, daß er mich aus dem offenäugigen Wundertraum riß und an die Reifen erinnerte, aber Meister Vitales Heiligen Georg in der Pinakothek, den konnte ich noch im Geist mitnehmen, wie er den krokodilischen Drachen ersticht, genauer gesagt, ihm den fragilen Speer in den Höllenrachen hineinhaut, gut, sagte Fredzio, das möcht schon so sein, aber nu müssen wir heim nach Stetzing, mein Lieber. Er sagte mei Liaber, was bayerisch sein sollte nach seiner Vorstellung, ich redete und redete, und da sprang, freilich auf Kosten meines Reingewinns (und bei erhöhtem Risiko), noch die Weiterfahrt nach Florenz heraus: Florenz. Wissen Sie überhaupt, was es bedeutete für den Barbar aus der Kosakensteppe, dieses Florenz, dieses Firenze, dieser Gen Europas, dieser, ich finde keine Worte, dieser Garten der heimwehkranken Retina?

Unser Lastkraftwagen war noch leer, wir wollten auf der Rückfahrt für 500 nicht vorhandene Soldaten der soundsovielten Felddivision Wein bringen, aber wir ließen es zunächst. Erst kommt Florenz, möcht schon sein, sagte Fredzio, sagte Leutnant Staschewski, der von der deutschen Abwehr, der von der polnischen Untergrundarmee, der von den amerikanischen Schwarzhandelssergeanten in München, der von dem florenzkranken Schulfreund und Landsmann von der Weichsel. Wir fuhren durch einen Garten, aber Fredzio hatte, auch wenn er es anders meinte, recht: Durch einen Garten, den wir verloren hatten, weil wir uns an Europa versündigt hatten, weil wir ihn zertrampelt hatten, Freunde, ich weiß es, ich habe mitgetrampelt mit all den stinkenden Metallketten, mit all den schwelenden Krankheiten, mit all den tödlichen Lüsten und Begierden, und nun hier, nun hier doch noch der Garten aller Paradiese, nun hier dieses toskanische Schweben der Farben und Strahlen, als hätte es nie diese anderen Gärten gegeben, mit Menschen gedüngt, mit Blut gewässert, mit Knochen gesalzen, und gewürzt mit den Haaren der Nackten.

Nach alledem auf der Piazza della Signoria stehen und zu dem gekrönten Turm des Palazzo Vecchio hinaufblikken, oder nur so über den Platz schlendern, nichts mehr, nur über die Piazza schlendern, und Europa lebt unter deinen Sohlen, oder weiter noch, die Piazza Santa Croce, wo jedes Haus dem Nachbarn zugetan ist, als hätte da einer behutsam lebende Miniaturen gesetzt, und der Platz, eine Lichtung, umstanden, gesäumt, gerahmt, geformt von den pflanzenhaften Häuserzeilen, gewachsen, aus dem Boden des Platzes gezogen, und dann in der Chiesa del Carmine. Du wählst die Plätze in Hast und die Kirchen, daß du nichts versäumst, ja, in der Chiesa del Carmine die Vertreibung aus dem Paradies, die Gestalten der äußersten Verzweiflung, du denkst an heute und du denkst wieder an all die dummen Geschichten von Schuld und Sühne und Erbsünde, aber es ist so: Die letzte Not dieser Eva neben dem nur schamvollen Adam ist exemplarisch, und du nimmst das Wunder wahr, daß es das wirklich gibt, das Bild des Meisters Masaccio, ja, nur Botticellis Frühling bekommst du nicht zu sehen, auch auf die Alte Brücke darfst du nicht, Ponte Vecchio ist heute gesperrt, wie vieles in dieser noch kriegsmäßigen Zeit. Fluchen könnt man, wann kommen wir je wieder nach Florenz, Fredzio, Florenz, das ist unser Abschied von Europa, das ist Europa, und morgen oder übermorgen ist alles vorbei, und das Überleben beginnt wieder, verschwitzt und verbissen, und da kommt denn auch der Iwanczuk, und du mußt ihm helfen, dann kommt Muttl Körner, und du bist ihr Dank schuldig, da kommt denn auch dein kanadisch-amerikanischer Freund Lafarque, und dein Herz ist voll und übervoll von Florenz, von dem toskanischen Wunder, aber du mußt schweigen, denn du darfst Fredzio nicht gefährden in seinem verrückten Dasein, sei er nun Pole oder Deutscher, Schmuggler oder Patriot oder nur hungrig nach dem verdammten Leben, das uns zwischen den Fingern davonrinnt. O du, auch du so verzweifelt, Schwester Eva von Masaccio! Wer soll uns helfen in unserer Not!

An der Grenze zu Österreich wären wir beinah aufgeflogen, zum Glück konnte Fredzio sich auf tschechische Flüche besinnen, die fast nur aus Konsonanten bestanden und anale Dinge betrafen, die wirkten bei den Erben der k. u. k. Monarchie, die ja immer ein bißchen böhmisch gewesen ist in ihrer tieferen Seele.

Aber als wir nach Stetzing kommen, Fredzio bleibt im Wagen sitzen, wirft mir nur eine Stange Lucky zu, und als ich in die Stube trete, ist es wie daheim in Daschnick oder Posen. Die Kinder kommen wieselnd an, was hast du mitgebracht, die Frau steht abwartend am Herd, ich habe heute Rühreier zu Mittag, der Albert hat mir die blöde

Klöppeldecke eingetauscht, ich mochte sie nicht mehr, aber das stimmt nicht, sie mochte sie schon, es war das einzige Stück aus unserem Posener Haushalt, das der Zufall gerettet hat, und wie sie sie mochte, das einzige bißchen Luxus in dem Haushalt der sauber geputzten Blechdosen und der geflickten Wehrmachtsdecken auf dem großen Bett. Sie hat bestimmt gekämpft mit sich, und Albert wird mit ihr gefeilscht haben, Albert ist hart, auch wenn er mal eine gute Tat sich leistet, ein Geschenk, ein kleines Geldstück für die Kinder. Nachmittags gingen wir in den Wald, in der Ecke nach Amhausen zu, wo die drei Schneisen mit den Brombeeren waren, gab es jeden Sommer die großen Parasolpilze, mit Ei ist so ein Gericht nicht schlecht, ohne Zutaten schmeckt es nicht besonders. Wir fanden genug für uns und unsere Nachbarn, die nicht in den Wald gingen, er war Schlagzeuger und schlief den Tag über, sie bediente die Gäste in den Sommergaststätten zwischen Tammering und Regensburg und brauchte tagsüber auch Schlaf, der Junge, das einzige Kind, schloß sich uns manchmal an, aber unsere Kinder mochten ihn nicht, er wollte nicht annehmen, daß sie ihm überlegen waren. Diesmal sind sie alle wach, als wir kommen, der Junge berichtet altklug, die kleinen Doktors sind tot, beide Leute, er und sie. Und nun brauchen wir die Trompete.

Was ist los, schreit da meine Frau, der die Geduld ausging, was ist mit den Doktors und was ist mit der gottverdammten Trompete, da bequemte sich der Vater zu einem halbwegs verständlichen Rapport, also, die Trompete, die er blasen soll, hat er nicht, aber wenn er sie bläst, bekommt er 50 Mark auf die Hand, denn der kleine Doktor hat der Freiwilligen Feuerwehr viel gespendet, und nun wird er beerdigt, übermorgen schon, denn gerade heute früh haben sie ihn und seine Frau rausgebracht, zum Glück sind beide auch im Trachtenverein, so teilen sich die Vereine die Kosten. Was ist mit den Doktors los, zum

Donnerwetter, rief meine Frau wiederum in das aufgeregte Gestammel. Sie sind tot, sagte die Nachbarin, beide haben amerikanisches Desinfektionswasser getrunken, was ja angeht, aber nicht so viel wie die beiden, ja, ja, beide tot, sie bekreuzigte sich und blickte mich erwartungsvoll an, ich sollte helfen, eine Trompete aufzutreiben, unsere, sagte sie, unsere hat doch der Russe. Der Pole, sagte ich, in Praust und Danzig sind jetzt die Polen, egal, sagte sie, wir brauchen eine, für die Feier auf dem Friedhof.

Ich dachte an Florenz, ich dachte an den Dom der Maria von den Blumen, das war doch erst gestern, vorgestern, eben noch summte die Orgel die Kuppel hinauf bis in die Laterne, und nun greint hier eine Familie um eine Trompete, Trauermusik für ein Stetzinger Ehepaar zu spielen. Wir gingen zur Post, ich telephonierte, Albert hatte eine, auf der sie abends in der Von-der-Tann-Straße Jazz machten, wenn die amerikanischen Soldaten sich satt gesehen hatten an den dreimal je Abend vorgeführten Schamhaaren der jungen Tänzerin aus Guben. So kam die Trompete aus der Straße des ehrenwerten bayerischen Feldherrn ans Grab der ehrenwerten Dentistenleute in Stetzing, an amerikanischem Rasierwasser gestorben. Der Pfarrer segnete sie ein, weihte ihr doppeltes Grab mit dem struppigen Wedel, der Trompeter blies das Lied vom guten Kameraden, nu ja, was denn sonst, Demark 50, dann gingen wir zu Weinzierl essen, es gab Suppe mit Schweinefleisch und hineingeschnittenen Brotscheiben, nur der Trompeter fehlte, er hatte, kaum den Musiklohn in der Hand, sich mit dem Fahrrad nach Regensburg aufgemacht, die Trompete wurde noch am gleichen Tage benötigt, als Musikeinlage zur Floorshow, zur Vorführung im Parkett, sozusagen. Ich hab noch nie auf einer Trompete aus'm Puff geblasen, sagte er später, das war das erste Mal, Mensch, machen die geile Sachen, die Amis, vögeln, ja, versteht sich, aber so was wie die, das ist ja eine Massenvögelei, dreißig oder vierzig Schwänze und vor ihnen dieses Miststück von Nutte. Kein Miststück, sage ich, sie kriegt weniger als du für dein bißchen Trompeten am Grabe. Das ist aber Kunst, sagt er, und das ihre, das ist Not, verstehst du das, du Mottlau-Ratte, du fieser Heini, wo hast du denn rumgevögelt, wie du oben warst als Soldat, was, hau bloß ab, Junge. Ich hatte mich völlig zwecklos in Rage geredet, ich hätte wissen müssen, alle heucheln, nach diesem Kriege gibt es nur noch Heuchler, fast nur noch, fast, ich weiß, ich weiß.

Als ich dann Albert begegnete im Torbogen des Heuport gegenüber dem Dom, meinte er nur, zur Beerdigung blasen, könne er auch, er verpumpe nur ungern die Trompete, außerdem wollte der Kerl, als er auf die Trompete warten mußte, egalweg in die Umkleidekabine der Tänzerin.

Ich sprach Albert auf einen Job bei den Amis an, er spielte da und dort Klavier, nicht nur in Shangri-La, auch in relativ stillen Clubs, Offiziersclubs, wo meist Bostoner Anwaltssöhne herumsaßen, ihren Drink nahmen, Stars & Stripes lasen und sich von Alberts Sprudelmusik bespülen ließen, denn Jazz, richtigen Jazz spielte Albert nur abends und auch nur in den Clubs mit der Himbeer-Beleuchtung, von weitem zu erkennen als amerikanisches Himmelsvergnügen. Albert, sage ich, ich brauch einen Job. 'n Job, 'n Job, fauchte er zurück, wo soll ich für dich einen Job finden, Hausmeister brauchen sie für die Nazi-Villen, in denen die Ami-Offiziere residieren, aber das kannst du nicht, du kannst keinen Nagel einschlagen, wie ich dich kenne, und dann die Grusel-Sucht der Offiziersdamen, so'n Kerl muß von der Leibstandarte sein, ausweislich, wenn du mich recht zu verstehen suchst, ausweislich, das heißt, er muß ein Papier haben, aus dem seine tätige, seine militärische, seine nazihafte Mittäterschaft in Hitlers Gardekorps hervorgeht. Dann kann er Hausmeister werden, dann wird er's, auch wenn er keinen Nagel einschlagen kann. Auf den Nagel kommt es an, Albert lachte sein feuchtes Lachen, auf den Nagel, verstehst du? Die Weiber wollen sich im Bett gruseln, das können sie nicht bei ihrem Captain oder Major, beim Colonel sowieso nicht, dem hängt der Schwanz ganz unmilitärisch herab, aber diese ruppigen Leibwächter des Herrn Führers, jeder einssiebenundachtzig, jeder ein Gesicht wie ein Rasierseifen-Plakat, dumm und geil wie Schifferscheiße, was meinst du, wie sie Wiedergutmachung betreiben, beide, Hausmeister und Majorsgattin, und da willst du mithalten, du hast nicht einmal soviel, pfft, Chance dazu, Junge, laß das nach. Oder wolltest du mit Vögeln Geld verdienen, na siehst du.

Mein uniformierter Bibliothekar lachte, als ich ihm diese Geschichte erzählte, sind eure Weiber wirklich so scharf auf Nazis, fragte ich ihn, so scharf wie eure Nazi-Führerinnen auf die Neger aus South Carolina, sagte der Freund, oder noch schärfer, aber das ist kein politisches Problem, gäbe es nicht die merkwürdige Anziehungskraft des Exogamen, des Exotischen in der Sexualität, wäre unser schönes Menschengeschlecht schon vor Jahrmillionen an Inzucht zugrunde gegangen. Hier irrte Hitler, sagte er, hier irrte Rosenberg, hier irrten auch die Sex-Strategen des Reichszüchters Himmler. Aber man kann es auch einfacher sehen: Fremder Bauch wärmt am besten. So sagen es jedenfalls die Schwarzen in meinem Heimatort, sie sagen übrigens nicht Bauch. Von Albert bekam ich wenige Tage darauf eine Hotelreklame-Ansichtskarte, komm am Donnerstag nachmittag ins Heuport, sehr wichtig, trzymaj sie wiatru, was soviel heißt, wenn man es aus dem Trivialpolnischen übersetzt, wie mach's gut, eigentlich: Halt dich am Wind fest. Ich kam pünktlich zum Heuport, Albert war schon da, und ich hielt mich denn doch am Wind fest, der Internationale Suchdienst, suchte einen, der deutsch, englisch, französisch und mindestens eine slawische Sprache beherrschte. Dienstwohnung wird gestellt.

KAPITEL VII

Als ich kam zur Stube rein,
Da ist gut wohnen.
Ich hab so lang draußen gestanden.
Des Knaben Wunderhorn, 1806/08

ICH fuhr also erst zu Muttl Körner, trank bei ihr Kaffee, einen zweiten Aufguß zwar, aber ich war so voller Freude und Dankbarkeit, danke, Muttl Körner, danke, sagte ich, denn sie hatte das alles eingefädelt. Die dicke Pastorenwitwe wußte nichts zu sagen und schob mir immer wieder den gelben Kuchen zu, den sie aus amerikanischem Kirchenmais zu backen pflegte, Kirchenmais sagten wir spöttisch, weil die Spender protestantische Farmer waren, die den verhungernden Europäern zukommen ließen, was sie entbehren konnten, den Versand übernahmen die Kirchen. Ich umarmte die Frau und ging zum Büro meiner neuen Dienststelle, das heißt: Ich kaufte mir eine Straßenbahnkarte, und von dieser Fahrt ins Kasernenviertel hinaus habe ich noch meine nostalgische Liebe zu den schmalfüßigen Straßenbahnen in aller Welt, zu den verschwundenen, ob in Regensburg oder Dubrovnik. Damals fuhr ich schaukelnd auf die Stadtgrenze zu, an der Wartestelle hielten wir, bis der Gegenzug vorbei war, über das kurze zweigleisige Teilstück, dann rumpelte die gläserne Kiste weiter. Als ich ausstieg, war mir, als hätte ich den festen Boden unter den Füßen verloren, den zivilen Boden, denn jetzt stand am Tor ein Wachsoldat in schwarz eingefärbter Ami-Uniform. Wohin, fragte er, und das Serbische war herauszuhören, wie vom Durchschlagpapier. Brate, sag ich, wo ist hier die Suchorganisation, ich sag es ihm auf englisch, tracing organization, you know? Und dann wieder Serbisch mit Brate, Bruderherz und Jebemte Marijateresa, Fick doch – Maria Theresia, Bruderherz! Erst als ein französischer Offizier im steifen Käppi kam, ließ der Posten mich durch, ich glaube, Sie wollen zu mir, Sie können Jugoslawisch, ich sage, Mon captain, Serbokroatisch, bitte schön, Jugoslawisch ist keine Sprache, es ist nur ein Staat, so wie Sowjetisch. Aber nicht Französisch, mon cher, griff er ein. Ich hatte das Gefühl, er erwartete von mir das sofortige und vollständige Absingen der Marseillaise, aber gleich darauf, in seinem Büro, entpuppte sich der Offizier als umgänglicher Lycee-Professor. Ich war binnen zehn Minuten eingestellt, das Fräulein im Vorzimmer war noch aus der Zeit meiner ersten Anstellung hier, sie erkannte mich, ja, der alte Chef, der eigentlich Deutscher war, ist nach Wien, er will von dort nicht mehr zurückkommen, vielleicht siedelt er um nach Palästina, so sagen jedenfalls seine hiesigen Freunde.

Ich kann Sie, da Sie Deutscher sind, nicht zum Officer First Class ernennen, aber Sie sind es, monsieur, nennen wir Sie Senior Grave Checking Officer, das heißt, Sie sind Gehobener Beamter im Gräbersuchdienst, aber Sie bekommen keinen Whisky, als Deutscher, Sie verstehn? Doch der Jeep mit Fahrer steht Ihnen zu, ich habe an den Russen Sersch gedacht, Sergej, warf ich ein, hören Sie auf mit ihren Slawistereien, Russisch lerne ich nicht, dann schon lieber Bayerisch, dann hätte ich alle exotischen Sprachen beieinander: Arabisch, Bayerisch, Deutsch, Texanisch. Meine Freundin spricht mit mir französisch, aber wenn ich mal wirklich wissen möchte, was sie sagt, bitte ich sie, deutsch zu sprechen, das ist einfacher, mon cher Sir.

Am Nachmittag besichtigte ich die Wohnung, es war wie Luxus für uns, die wir in Stetzing in einer Stube hausten und eigentlich nicht recht wußten, wo scheißen vor Einbruch der Dunkelheit. In Regensburg gab es zwei richtige Zimmer, eine Küche, einen kleinen Flur. Ich kaufte bei meinem Möbeltischler (dem mit den brüchigen Flüchtlingsmöbeln), was mir noch fehlte, er gab mir Kredit, ich war ja ein guter Verkäufer gewesen, dann bat ich die Vorzimmerdame des Franzosen («Ich hab bestimmt nichts mit ihm, außer manchmal»), ich bat das herzige Kind im Vorzimmer, mir eine Transportmöglichkeit zu besorgen, sie verwies mich mit Empfehlung an den Garagenmeister der Organisation namens Sandor Kardaly, der würde es schon machen. Sandor war entzückt, als ich ihn gleich richtig ansprach mit dem Sch im Vornamen, also Schandor, und sagte mir für den nächsten Tag eine Fuhre zu. Am besten, sagte er, du kommst zu mir in die Werkstatt, gleich früh, ich wunderte mich, er hätte nach Stetzing auch ohne mich gefunden, aber die Sache hatte einen Haken. Ich muß vorausschicken, daß auf dem Kasernenhof, an dem meine Wohnung und seine Werkstatt lagen, sich ein martialisches Denkmal befand, von einem Kürassier, der sich ans Herz greift, während seine Faust einen Stock hochhält, zu seinen Füßen, das weiß ich sehr genau, saß ein abgerichteter Löwe. Dieses Werk war aus Bronze, Bronze war sehr teuer, also montierte Sandor diese Figurengruppe in langwieriger Schweißarbeit auseinander, und nun hatte er es eilig, die Teile rechtzeitig vor der Entdeckung seinem Abnehmer zu überbringen. Da kam ihm mein offizieller Fahrauftrag recht, er weihte mich ein, er hatte Vertrauen zu mir, Ungarn und Dajtsche, sagte er immer wieder, Ungarn und Dajtsche, du wajßt? Jedenfalls wurden die Bronzebrocken unter die Plane des Lastwagens gebracht, sehr schnell, er fürchtete die Entdeckung durch einen bestimmten amerikanischen Luhtänent, der auf dasselbe Metall aus war. Mit dem Kürassier also und dem zahmen Löwen fuhren wir nach Prüfening, dort wurde hastig abgeladen, und dann kamen wir in einem ungefährlichen Halbkreis auf die Straße nach Stetzing. Meine Frau hatte gepackt, sie war glücklich, wir nahmen Abschied von den Nachbarn (denen aus Praust bei Danzig und dem hilfsbereiten Elektromeister nebenan), aber als dann die Fuhre losging, als die Kinder aufjubelten, für sie war die Reise ein Erlebnis, da wurden wir doch traurig. Wir sagten nichts, aber wie ich hinüberwinke dorthin, wo Santners Wiese sein mußte, wischt sich meine Frau die Augen. Wie das halt ist mit Dingen wie Heimat und so. Ich hatte immer gedacht, Heimat, das ist meine blühende Kosakensteppe bei Rostow oder die großmächtige Weichsel bei Thorn, oder der Glanz auf dem italienischen Rathaus von Posen, oder in Kaklewen das Schwarze Luuch, oder es sind die Glinki-Teiche von Daschnick, und nun dies hier: Santners Wiese mit dem Durchlug zum Bayernwald und ins Böhmische vielleicht, war das auch schon wieder Heimat geworden? Kenne sich da einer aus, Heimat, bayerische, pfft!

Aber wie wir so fuhren die gewundene Landstraße entlang, wie dann die Walhalla am anderen Donau-Ufer auftauchte, wie dann Regensburg uns in Empfang nahm, da war der Schmerz nur noch im leisen Klopfen in der Brust zu spüren, ach, Regensburg, wir kannten es schon lange, wie oft waren wir in die Stadt gefahren, zu Albert oder zu Muttl Körner, in den Dom sind wir gegangen und über die Steinerne Brücke: Als wir jüngst in Regensburg waren ... da lachte auch meine Frau. Außerdem hatte sie endlich ein Heim. Aber wo Heim ist, droht auch Heimat, sagte ich, sie nickte, und wenn.

Im Krieg sind in Deutschland viele Menschen anonym gestorben, verschleppte Landarbeiter aus Polen, Juden, die sich versteckt hielten, Zwangsarbeiter aus vielen eroberten Ländern. Ihre Gräber waren verstreut, ungepflegt, meist am Rande der Friedhöfe oder auch außerhalb, die meisten hatten keine Bezeichnung, auch viele Grabbücher verschwiegen Namen und Todestag, die meisten standesamtlichen Unterlagen, Sterbebücher genannt, die Register des Todes waren unvollständig, es soll Verordnungen gegeben haben, tote Juden und östliche Ausländer nicht ins Register zu setzen, sie hatten dann irgendwo in der Ecke ein Grab, von dem nur irgendein verschüchterter Bürgermeister wußte. Meine Aufgabe war nun, verschollene Menschen, deren Grab in einem bestimmten Bezirk vermutet wurde, ausfindig zu machen. Der Franzose, der seine Republik in der internationalen Suchorganisation vertrat, meinte, es sei nur recht und billig, wenn ein Deutscher sich bemühte, wenigstens die Toten zu finden, wenn er schon den Tod nicht habe aufhalten können. Ich schluckte, obwohl ich doch eigentlich keinen Grund dazu hatte. Aber die leichte Zynik meines neuen Chefs lag wohl auch in der Besonderheit der Sprache. Als, ein Jahr darauf, ich auf drei tote Freiwillige der wallonischen Legion stieß und pflichtgemäß im Hauptquartier meldete, schmiß derselbe Franzose meinen sorgsam ausgefüllten Vordruck in den Papierkorb: Die haben wir schon einmal nachhause geschickt, die drei, aber ihre Landsleute mochten sie nicht, sie sandten die Knochen wieder zurück, und wir gaben sie den Deutschen, waren ja ihre Helfer.

Ich sagte mir, Toten nachzuspüren, damit irgendeine Mutter in Charkow endlich erfährt, wo ihr Sohn geblieben ist, oder eine Witwe in Radzymin, die Papiere braucht, weil sie heiraten will, das ist gewiß ein redlicher Job, und so machte ich ihn, es war die erste Nachkriegsarbeit, mit der ich mich identifizieren mochte. Ich geriet freilich wieder zwischen die Fronten, denn die deutschen Menschen, die ich zu befragen hatte, die mir überhaupt Auskunft geben konnten, waren abgesetzte Bürgermeister, ehemalige Friedhofswärter, ängstliche Standesbeamte, sie alle sahen in mir einen Kollaborateur, der gekommen war, ihre alten Sünden aufzudecken, ein Deutscher, der sich dazu hergab, ein Nestbeschmutzer, der wahrscheinlich für teures Ami-Geld und für Zigaretten sich hat kaufen lassen, um aufzurühren, was endlich vergessen sein sollte. Die Auskünfte blieben karg, ich nahm Sergej, den Fahrer aus Krementschug, nicht mit mir in die Büros und Wohnungen, er hatte ein so kesses Auftreten, daß er nur geschadet hätte bei meiner oft recht diplomatischen Mission. Ich hatte es nach den ersten Reisen ins Land aufgegeben, mit Nachdruck auf die Feststellung der Todesursache zu bestehen. Sie war grundsätzlich unbekannt. Ich hatte auch kaum eine Chance, Namen zu erfahren, wenn sie nicht im Buch oder auf einer Friedhofskarte standen. Der Tote war eben «der Russe», «der Pole», wobei es vorkommen konnte, daß einer beides war. Es war nicht böser Wille der Dorfbeamten, es war der böse Urgrund, auf dem sich alles abgespielt hatte. Nie im Leben zuvor und nie danach wurde mir klar, wie lückenhaft das Bewußtsein meiner Landsleute war, sie lebten, auch die gebildeten unter ihnen, in einer Welt, die aus Germanen und Romanen bestand, die Slawen gab es nicht, allenfalls als dümmliche Kartoffelhacker, als ungewaschene Wilde. Als Hitler diese Slawen zu Untermenschen deklarierte, war das glaubwürdig, schlimmer sogar, es war den Menschen hierzulande gleichgültig. Und warum sollte man sich Gedanken über den Tod eines Iwan machen, er kriegt sein Grab, eine fremde Religion hat er eh, wir haben damit nichts zu schaffen.

Niemand hatte damit etwas zu schaffen, auch in den meisten der Fälle meiner Arbeit, wo es nicht um gewaltsamen Tod ging, nicht um Mord, nicht um Erschießung oder Vergasung wehrloser Menschen. Auch dann, wenn dem Iwan der Blinddarm durchgebrochen war, hatten sie alle hinterher ein schlechtes Gewissen, keiner kannte ihn, niemand hatte mit ihm je etwas zu tun gehabt.

Ich konnte beteuern, wie ich wollte, daß ich keine Rachebehörde sei, kein Untersuchungsrichter, kein amerikanischer Nazi-Schnüffler, die Angst blieb, sagen wir es ganz deutlich: Sie stanken alle, die öffentlichen Bediensteten, die Angst hatten vor der Unheimlichkeit eines Militärapparates, der einen Sergeanten höher einstufte als einen Bürgermeister, Burgomaster, sagten sie. Und die ehemaligen Beamten, die abgesetzten, die hatten die Hosen vollgeschissen, weil man ihnen ihre Schuld nicht nannte, sondern sie alle miteinander pauschal verfemte, so daß sich die weniger Schuldigen plötzlich mit Strolchen und Bösewichten einer Klasse wiederfanden, die Angst, wer wem mehr Schuld zuschieben möchte, die Angst vor dem Mitschuldigen war nicht kleiner als die vor dem fremden Besatzungsgefreiten. So half es mir gar nicht, daß ich mich als Deutscher auswies.

Ich wollte wissen, wo der im Sterberegister der Gemeinde Wulzhofen eingetragene Fremdarbeiter Ihor Meltschuk bestattet wurde, mehr nicht. Aber wer in dieser aufgeregten, oder, weit schlimmer, apathischen Bürokratie nach Meltschuk fragte, fragte nach Schuldigen, fragte nach Hieben und Demütigungen, auch wenn es nichts derlei gegeben hatte: Meltschuk hatte es bei seinem Bauern gut gehabt, sein Tod ist ohne Schuld. Aber nein, der Name des fremden Toten war wie ein Stich. Manchmal brauchte ich einen langen Tag, um den abgesetzten Gemeindeschreiber dazu zu bewegen, mir das namenlose Grab irgendeines Meltschuk zu zeigen. So konnte ich eine Skizze anfertigen, einen Auszug aus dem Grabplan anfertigen lassen, Abschriften der sonstigen Urkunden – Mütterchen Meltschuk hatte ihren Ihor wieder, tot, aber vorstellbar, als Grab vorstellbar, mit dem schräggekreuzten Grabzeichen, das die Suchorganisation dann anbringen lassen würde. Mit Namen, denn ich, wenn ich schon den Tod nicht habe verhindern können oder wollen, ich gab dem armseligen Knochenhaufen an der Friedhofsmauer von Wulzhofen seinen Namen wieder.

Die Meltschuks addierten sich, sie wurden meine Brüder, und ich ging mit ihnen um, wie mit den Usbeken und Russen, den Tataren und Polen, den Ukrainern und Kalmücken in den Büros, in denen dieser Tod nachträglich seine Ordnung bekam. Ich sprach mit ihnen, wie ich's vermochte, mit den toten Brüdern, die so tot und verrottet waren, wie meine grauen Schulkameraden aus Posen, wie meine Regimentsgenossen aus Graudenz und Danzig und wie meine Schwäger aus Daschnick, vermißt, verdorben, verloren.

Jetzt hätte ich meinen Bibliothekar vom Amerika-Haus gebraucht, den kanadischen, amerikanischen mit dem französischen Namen und dem lebenden, quirlenden, übersprudelnden Europa in seiner uniformierten Brust, aber sooft ich vorsprach bei den Nuttchen im Jugendstilpalast, wiesen sie mich ab, Mister Lafarque war verreist, dann war er abberufen, dann zurück in die Staaten. Ich wußte es besser, schon seit langem: Er war zu wertvoll für die grünliche Staatskleidung mit den silbernen Balken am Kragenaufschlag, er war viel zu gut dafür, also gewiß gut genug für die Deutschen, die verschucherten, die blinden, die begierigen, die unkundigen Deutschen, denen er neue Welten hätte eröffnen wollen, aber die waren nicht gefragt mit der Zeit, und ihr Brausen wurde abgelöst vom Sprudeln der braunen Flaschen mit dem süß-bitteren Trank der neuen Gastritis-Industrie.

Und der leichte Hoffnungsschimmer, der gerade vom Amerika-Haus ausging, versickerte in den lauten Schuppen mit Boogie-Woogie-Tanz, dieser vitalistischen Variante der amerikanischen Umerziehung, immerhin einer liebenswerten Variante. Nach meinem Abenteuer in dem Soldaten-Lokal an der Von-der-Tann-Straße hatte ich kaum eine Ami-Kneipe besucht, jetzt luden mich die gehobenen Russen und Tschechen aus den Suchbüros gelegentlich ein, und ich war jedesmal erstaunt, wie schnell sich eine Kultur ausbreiten, wie tief sie sich einnisten, einbohren kann in ein fremdes Leben. Und es war nicht nur der Reiz des Exotischen, es war mehr, es war die Illusion, am Siege des Siegers teilhaben zu dürfen, zu werden wie er, zu singen wie er. Wer übrigbleibt, hat recht, hieß es in irgendeinem dummen Lied meiner Jugend. Wer den Schwanz einkneifen muß, kann nicht gleichzeitig fikken, sagte Sergej. Aber, ohne Spaß, das Leben war auf der Seite der fremden Soldaten, nicht nur, weil sie Sieger waren, sondern auch, wie sage ich's, weil sie aus einem unmüden Lande kamen, aus einer dummen, heiteren, lebenstrotzenden Prärie, sie waren wie die Väter gewissermaßen immer zu Pferde, sie gaben die Sporen mit grausamer Unbefangenheit und Unschuld, und es kam raus der Boogie-Woogie, es kam raus ein Schub von deutschen Soldatenbräuten, die, fasziniert von dem wilden Kreislauf ihrer Freunde, ihnen ins Blaue folgten. Manche kamen enttäuscht zurück. Sie hatten sich in Amerika verliebt, aber sie ertrugen es nicht, nur Amerika zu lieben, und flüchten ging nur über den Ozean zurück, alles andere wäre nicht einmal als Flucht erkennbar gewesen.

Ich fuhr von Friedhof zu Friedhof, viele Notizen, die ich vom Suchamt mitbekommen hatte, waren falsch, ich suchte trotzdem, schritt alle Grabreihen ab, ob nicht ein unbenamster Totenhügel irgendwo zwischen Mauer und Komposthaufen versteckt war, manchmal fand ich das Grab in dem Eckchen, wo die Selbstmörder und Landfahrer lagen. Die katholischen Priester waren mir gewogen und halfen mit ihren Unterlagen, sie waren froh, wenn sie erfahren konnten, ob der Tote, den sie irgendwann bei dem großen Durcheinander von 1945 mit kirchlichem Segen zur Erde gebracht hatten, römisch-katholisch war oder nicht. Sagte mir einer der Pfarrer, ihm hätten die einrükkenden Amerikaner mal einen Toten in der Kirche aufgebahrt, und er wisse bis heute nicht, ob dieser nicht vielleicht ein Heide, oder – Gott behüte – ein Ketzer oder Jude war, stellen Sie sich das vor, mein Sohn, oh, Herr Inspektor, ein Heide und mit unseren Weihen und in unserer Kirche vor dem Reliquienschrein! Ich verstand diese Sorgen nicht, ich wußte nur, daß Mütterchen zu Ostern, wenn sie von der stundenlangen russischen Andacht mit Kerzenschein und Engelsgesang nach Hause kam, leuchtende Augen hatte und glücklich war. Ich wußte auch, daß Vater, wenn in seiner lutherischen Gemeinde alle sangen, seine Stimme tremolieren ließ und um ein Pützelchen nachhinken, so daß jedermann – auch der liebe Gott, hoffentlich – merkte, daß der alte Kirchenvorsteher laut und schön und länger als die anderen sang: ... To-o-ochter Zion ... Zion ... on ... on ..., und das letzte Zion, das war Vaters Zion, war das Basta des Frommen, des Vorstehers, der anschließend den Klingelbeutel herumreichen würde: Zion ... ion ... ion ... Zion, verdammt nochmal, hört denn der junge Kambke auf der Orgel heute nie mehr auf? Damals hatten die Frommen alle ein Amt, sie führten den Chor an, sie zählten das Kollektengeld, sie beaufsichtigten den Kindergottesdienst, Vaters Frömmigkeit war buchhalterischer Art. Von was, Leute, muß auch die Kirche leben, sagte er.

Jedenfalls, so richtig katholisch wurde es erst, als ich den Auftrag erhielt, eine Begräbnisstätte in der Nähe des Truppenübungsplatzes Walderda aufzusuchen. Dort sollten sogenannte Ostarbeiter bestattet sein, zuständig sei der polnisch-katholische Pfarrer, der dem dortigen Polenlager als Geistlicher beigegeben war. Walderda hieß freilich nicht mehr Walderda, die polnischen Insassen, die den ausgedehnten Kasernenkomplex übernommen hatten, tauften den Ort um, Nadziejowice, das ist: Hoffnungsort, hieß die Siedlung nun, mochten die Amerikaner und die Deutschen sie weiterhin Walderda nennen, was ja sowieso keinen guten Ruf hatte unter den Legionen deutscher Soldaten, die hier geschunden worden waren, auch so 'ne deutsche Heimaterde, sagten sie, wenn sie an den zertrampelten Heideboden dort zurückdachten. Die Polen jedenfalls richteten eine Kirchengemeinde ein, etablierten ein eigenes Standesamt, der Lagerleiter hieß Burmistrz, eine Amtsbezeichnung, die Polen schon im Mittelalter von den deutschen Einwanderern übernommen hatte, man erkennt das «Bürgermeister» noch zwischen den Zeichen. Wer dort etwas suchte, mußte mit der etablierten Macht von Hoffnungsort, vormals Walderda, verhandeln. Mein Gesprächspartner war der Priester. Sergej war sehr mißtrauisch, wie sehr viele Russen hatte er uneingestandene Stachelgefühle gegen Polen und Lateiner überhaupt, sie waren allesamt «pany», also Herren, und Jesuiten dazu, diese Sukinsyny, Hundesöhne, aber zum polnischen Pfarrer von Nadziejowice kam er mit, ich möchte, bitte schön, katholisch beichten, Genosse Officer, unsere russischen Popen haben da nicht die gleiche Wirkung oben, verstehst du? Was willst du beichten, Serjoscha, fragte ich erstaunt, nu was, gab er zögernd zu, Weibersachen, damals in Rathenow, das halte ich mit mir nicht aus, und die Unsrigen verlachen mich nur, das war doch unser Recht, sagen sie, Soldatenrecht, und außerdem vergessen, aber, Officer, es waren auch Tote dabei, verstehst du. Da muß ich zu dem verdammten Hundesohn von Jesuiten, hilf mir, Herr.

Der Pfarrer war sehr jung, vielleicht dreißig. Seine Freundin war im Arbeitszimmer, aber er schickte sie fort, geh kochasiu, geh Liebes, ich hab hier zu tun. Sie blinkte mit ihren Polenaugen herüber und ging. Der Friedhof des ehemaligen Truppengebäudes hatte eine vergessene Ecke mit halbverfallenen Gräbern, aber Dokumente gab es nicht, nicht beim polnischen Pfarrer, nicht im Dorf unterhalb der Anhöhe beim deutschen Ortsbürgermeister. Alles weg, sagte er, die Nazis und dann die Amis, alles weg. Und Sie haben geholfen, wie, fragte ich, da ging er zur Tür, öffnete sie und wies mich hinaus, draußen, der Sergej, staunte, daß ich so schnell und gewissermaßen rausgeworfen wiederkam. Was ist das für ein Mann, der Bürgermeister, fragte ich beim Wirt der nahen Kneipe. Der? Der hat bei d'Nazis gesessen, lang gesessen, Herr. Ich ging zum Friedhof, ohne zu wissen, wer da lag, ohne Hoffnung auf die Papiere, die zu beschaffen mein Beruf war. Aber wie ich durch die struppige Hecke mich hindurchwinde auf die kleine Lichtung, stehe ich plötzlich vor einem Grabkreuz mit der Inschrift Oblt. Florian Havlitschek, er war hier in der Nähe gefallen, Anfang 1945 war es. Näheres war nicht zu erfahren. Flori war tot, der Böhm, wie ich ihn nannte, der k. u. k. Austriake, mit dem ich in Bosnien zusammen war; er, ein altösterreichischer Offizier, den die Nazis hervorgeholt hatten für den Dienst auf dem Balkan, und ich, meiner slawischen Versippungen und Sprachen wegen in Bosnien; er lebte mit zwei Damen zusammen, ich war oft Gast dort, die Sliwowitza floß, der Krieg setzte dann für eine Nacht oder so aus, der Böhm erzählte putzige Schweinereien, aus seinem Wiener und Prager Leben, auch aus seiner Kadettenzeit unter dem Kaiser, er erzählte in Deutsch, das er sprach wie der Franz Josef im Weißen Rößl, er erzählte in Serbisch, er erzählte in Tschechisch, kurz: polnisch sprach er, slowakisch, ukrainisch, sogar ein wenig türkisch, vornehmlich das Türkisch der schönen, genußvollen Flüche von der verfickten Mutter und dem ziegenbockgezeugten Vater. Wir führten da einen Krieg, der sich erst einstellte, wenn der Ivo an der Tür stand, uns unsere Stahlhelme brachte und sagte, wo er mit den Pferden warten werde. Dann ritten wir los, und wenn wir zwanzig waren, kamen nie mehr als achtzehn heil zurück, die Nacht gehörte den Partisanen. Mehr als diesen Vorteil hatten sie nicht, und den nutzten sie. Aber Flori, der Böhm, hatte alles das durchgestanden, die Scharmützel in den Bergen, die Hinterhalte an den Hohlwegen, die Überfälle aus den friedlichsten Gehöften heraus. Und jetzt war er tot, gestorben bei den Piefkes, den Deutschen, die er nur anerkannte, wenn sie böhmisch verstanden oder wenigstens windisch. Seine beiden Damen liebten ihn, weil er, in fremder Uniform, dennoch ihre Sprache sprach, bis in die feinen Verästelungen, derer die echte Pornographie bedarf, wer kann das schon? Ich wurde mitgeliebt, wenngleich mit etwas weniger Respekt.

Serjoscha, sagte ich, bring Blumen, das ist mein Freund, der Flori, ich war mit ihm im Krieg, er war ein Mensch. Ein Mensch, hörst du, hol schon die Blumen. Was machte da der Serjoscha, dieses Stiefkind der Geschichte, dem nie einer Blumen gezeigt hatte, Blumen, Blumen, äffte er, Genosse Officer, woher Blumen? Was machte Sergej? Er plünderte die Kapelle, brachte beide Arme voll, lauter Gladiolen und anderes Bunte, ich hieß ihn drei Sträuße binden, einen für Flori und je einen für die beiden Damen, die gewiß den Partisanenkrieg in Bosnien nicht überlebt hatten.

Den Pfarrer interessierte das alles nicht, er war so verdummt in dem Lagerleben, wo die Jungens auf Raub auszogen in die für sie wohlhabenden deutschen Dörfer, während die Alten vor den Kasernenhäusern saßen und auf den Massenfraß warteten oder sich um amerikanische Kleidungsstücke stritten, ab und zu kehrte ein Jeep von einer Proviantierungsfahrt zurück, da kam denn eine fette Sau heraus, oder ein Kalb. Sie mochten auf die Dauer nicht das amerikanische Konservenessen, sie tauschten es ein bei den Deutschen, für die Büchsenfleisch Leckerbissen war, manches Kalb allerdings war einfach geraubt, sie gingen in die Stube, hoben die Waffen, die Männer mußten sich hinlegen, die Frauen verluden Kalb oder Sau oder Hammel, dann schossen die Räuber noch etwas herum, riefen den Frauen ein paar ungelenke Anzüglichkeiten zu und fuhren davon. Es gab auch Tote.

Der Pfarrer wußte das alles, aber er war zu sehr Pole, um nicht Entschuldigungen zu finden, er wand sich, und seine hübsche Freundin wand sich auch in ihrer doch eigentlich sündigen Solidarität mit dem priesterlichen Bettgenossen. Abends kommt ihr zu uns, sagte sie dann, ich mach was zu essen. Ich dachte mehr an ein Kalbsschnitzel im nächsten Gasthaus im Tal, aber die Bedenken zerstreute mir Sergej. Wir müssen hin, Officer, ich muß doch beichten.

Abends, wir saßen in der guten Stube des jungen Priesters, gab es Ärger. Wir hatten einige Flaschen Rotwein aus den Pfarrer-Beständen getrunken und waren aufgeräumt, der Hausherr wurde leger und fast freundschaftlich, da bringt Sergej seine Bitte vor, er möchte richtig katholisch beichten und Absolution bekommen. Dem Priester schien etwas Ungeheuerliches widerfahren zu sein. Er sprang auf, riß die Augen auf, angstvoll, wie mir schien, entsetzt und wie ertappt, und rief in die Stube, als wäre sie ein Kuppeldom, rief mit hohl artikulierter Stimme, Vater vergib, Vater vergib, oh, du Blut Jesu, oh, du Jezuniu, Jesulein, Mutter Gottes von der Ostra Brama, schlagt mich, ich mach es nicht, alles, aber keine Todsünde, dann schob er die kleine Lade an seinem Schreibtisch auf, griff hinein und schüttete das Kollektenkleingeld auf den Tisch, geht, rief er, Freunde, geht, ich kann nicht mehr. Das klang alles sehr dramatisch, fast hätte ich gesagt, schauspielerisch, aber ich mochte nicht lachen, indem winkte mich die Pfarrersbraut hinaus. Vergessen Sie es, lieber Herr, ich flehe Sie an, vergessen Sie es, als Ihr Freund um die Ohrenbeichte und die Absolution bat, wurde es Stefan klar, was er für eine Todsünde betreibt. Er ist kein Pfarrer. Er gibt sich hier dafür aus, weil er die Gottesdienste und Messen und Beichten gelernt hat im Seminar, bevor sie ihn rausschmissen, warum weiß ich nicht. Niemand hier im Lager weiß Bescheid, er ist der Lagerpfarrer, und, glauben Sie mir, er hat viel Gutes getan. Wollen Sie mich haben, Herr Besitzer, Herr Wohltäter, ich tue alles, was Sie befehlen. Ich bat sie, Floris Grab zu pflegen. Sie versprach es. Serjoscha war sehr unglücklich, auch daß ich der kleinen Polin keine nachdrücklichere Buße aufgetragen hatte, verstand er nicht. Den ganzen Weg zurück brummelte er nur, wir hätten sie doch beide, Officer, beide. Ich sagte, wir haben doch beide den Meßwein getrunken, beide, reicht das nicht?

Spätabends, in einer Würzburger Gaststätte, sagt Serjoscha plötzlich, darf ich mal was sagen, Officer? Na, nu sprich schon, was soll das, mir kam es sonderbar vor. Ich will Ihnen mal was sagen, Officer, du bist ein Heiliger, auch wenn du ein Hurenbock bist. Die Heiligen waren vorher alle Hurenböcke, wie wir, darum sind sie Heilige. Hast du überhaupt gewußt, du frommer Deutscher du, hast du gewußt, daß wir eine Heilige haben, die in Ägypten, sehr lange her allerdings, Hure gewesen ist. Als ein abgerissener christlicher Mitbruder zu ihr kam und sie ihren Lohn im voraus verlangte, sagte er traurig, ich habe nichts, tu's um der Wunden unseres Herrn und Heilands willen. Sie tat es, und später wurde sie dafür eine Heilige. Der Dostojewski hat es ausgegraben, unser Professor in Krementschug hat es erzählt gegen die Kirche, aber eigentlich ist das doch für?

Ich sah zu, daß wir weiterkamen. Vom falschen Priester verabschiedete ich mich nicht, ich wollte ihm die peinlichen Töne ersparen, seine Freundin hatte mich kurz vor der Abfahrt in der Übernachtungsbaracke aufgesucht, ihr Angebot wurde konkreter, aber es fiel ihr sichtlich ein Stein vom Herzen, als ich ihr in die Hand versprach zu schweigen, ohne ihr hochherziges und verlockendes Opfer anzunehmen. Serjoscha, der auf ein billiges Abenteuer hoffte, besänftigte ich mit einem kleinen Hinweis auf Rathenow: Du verstehst mich hoffentlich recht, Serjoscha, der nächste Priester ist in Wölbingen, nächste Woche, Junge, da kannst du beichten. Sergej, der es so eilig gehabt hatte mit dem Beichten, ließ jedoch diese und alle folgenden Gelegenheiten aus, er hatte eine feste Freundin gefunden, die ihn und sein ganzes Gewissen sehr stark in Anspruch nahm. Sie hieß Maria und war nur über ein halbeidliches Eheversprechen auf den Rücksitz des Geländewagens zu bringen. Tagelang schwärmte er von ihr, seiner künftigen Frau, berichtete, wie sie in der Enge des Kraftwagens sich Liebe angetan hätten, das fing damit an, sprudelte es aus ihm heraus, daß sie ihre ganze Photographie zeigte, aj, Officer, das hast du nicht gesehen! Photographie, fragte ich, unerfahren wie ich in der Umgangssprache der russischen Landser war, was für eine Photographie, nu hier, gurgelte er heraus, hier, ganz weit auseinander. Als ich zu ahnen begann, war er schon beleidigt, als hätte ich an seinem genitalen Exkurs freudig teilnehmen sollen, aber so sind sie, die Russen, pflegte Onkel Frenzel aus Lodz immer zu sagen, wenn er etwas nicht verstand.

In Wölbingen mußten wir im Pfarrhaus übernachten, der Pfarrherr war im letzten Kriege deutscher Offizier gewesen und wollte wissen, ob seine Informationen, wenn ich sie überhaupt bekäme, irgend jemandem schaden würden oder auch nur ängstigen könnten. Kennen Sie das, fragte er und holte ein Eisernes Kreuz aus der Küchenlade, Rußland, fügte er hinzu. Ich sagte: Eisernes Kreuz. Was für eins? Ich sagte: Erster Klasse. Warum, fragte er wieder. Weil Sie Offizier waren, sagte ich. Aber genau das war falsch, es sei nur und nur auf die Tapferkeit angekommen bei dem Erster-Klasse-Kreuz: Alles andere ist kommunistische Verleumdung. Gut, sag ich da, ich wollte die Gräberliste von ihm haben und nicht ein Tapferkeitskreuzchen, gut, ich kenn mich da nicht so aus, aber er war schon mitten im Berichten. Serjoscha, der ausgezeichnet Deutsch verstand, auch wenn er mit dem Sprechen Schwierigkeiten hatte, meinte später: Er ist ein Lügenmaul, wrjot kak kasak, schneidet auf wie ein Kosak. Jetzt wäre ich dran gewesen; was dem Pfarrer seine großdeutsche Offiziersehre, mochte bei mir noch zusätzlich zu dieser die Original-Don-Kosaken-Ehre sein, aber Sergej lachte nicht, er hatte jetzt gehört, daß er einen Kosakensprößling vor sich hatte, und nun war es um ihn geschehen, er ergab sich mir wie einem Ataman aus der Steppe zwischen Don und Dnjepr, wie dem großen Ataman Stenka Rasin auf der Beutefahrt nach Persien.

KAPITEL VIII

Husch! Da fällts in Asche ab.
Eduard Möricke,
Der Feuerreiter, 1824

DAS mit Bert war so: Ich komme in Regensburg an, liefere meine Papiere im Büro ab, laß mir den nächsten Auftrag geben, bespreche mich mit Serjoscha, als die muntere Vorzimmerdame mich dringend heranwinkt, Sie sollen sofort nach Hause, Ihre Frau hat, ja, sehr eilig, und Monsieur kommt heute nicht, und Ihr Jeep muß morgen zum Tausend-Meilen-Check, Sie sollen den Station-Waggon nehmen. Ich ließ mich von Sergej nach Hause fahren, wir müssen nach Stetzing, rief sie schon im Flur, Bert ist tot, er hat es nicht ausgehalten. Als sie sich beruhigt hatte, erfuhr ich auch nicht viel mehr, wir fuhren nach Stetzing, nahmen Blumen mit für Berts Eltern, was für ein beschissener Trost, wenn ein Sohn auf einmal tot ist: tot, aus. Kaputt, wie die russischen Landser sagten. Das war eine schwere Fahrt, wir wußten nichts, meine Frau, die den jungen Menschen etwas bemutterte, ahnte manches, wagte aber nicht, es auszusprechen. Berts Mutter bestätigte es jetzt, da er tot war, auf dem Schragen lag (wie man sagt), nicht zu erkennen, ein altes Gesicht, mehr müde als tot, wenn man das so einfach sagen darf. Berts Mutter hatte die ganze Zeit gewußt, daß er mit seiner Vergangenheit nicht fertig wurde, daß er nachts aufschrie, daß er mitten im fröhlichen Getümmel der Gäste aufstand und hinausging, ohne Grund, schien es, aber sie kannte den Grund, er hieß Warschau, wo Bert als Offiziersanwärter Dienst zu tun hatte, man hatte ihn in eine Einheit von Zuchthäuslern, begnadigten Mördern und ähnlichen Existenzen gesteckt, zuerst merkte er nicht viel, und als er es merkte, war es zu spät, da wußte er schon zuviel, da durfte er nicht mehr fort. Sie hatten in der polnischen Hauptstadt bei der Niederschlagung des nationalen Aufstandes kurz vor Kriegsende mitgewirkt, das heißt: Wo Granaten und Minen nicht halfen, wo die Infanteristen nichts ausrichteten, wurde die Banditeneinheit eingesetzt. Die Leute hatten alle Vollmacht, sie nutzten sie auch, es war, als sei der Dreißigjährige Krieg zurückgekehrt mit Brandschatzung und Notzucht, mit Folter und jedweder Gewalttat. Bert hatte es seiner Mutter erzählt, er muß auch angedeutet haben, daß er selber sich beteiligt hatte an den Grausamkeiten des verrufenen Bataillons, die alte Dame schwieg, Bert schwieg, beide waren froh, daß keine Behörde, keine amerikanische, keine deutsche, Berts Vergangenheit erfahren hatte. Aber je länger er mit sich herumtrug, was vor seinen Augen geschehen war, oder gar, was er mit seinen eigenen Händen getan hatte, desto lauter schrie er nachts auf, desto verzweifelter wimmerte er in das feuchte Kissen. Sie haben Kinder umgebracht, sagte die Mutter, er hatte es nachts erzählt, wenn es über ihn kam, am Morgen wußte er nichts mehr.

Ich tröstete die Frau, wir waren mit der Familie befreundet, sie lebte ein braves und ungetrübtes Leben. Erst der Sohn wurde zum Verbrecher. Auf dem Friedhof weinten viele junge Frauen und Mädchen, er hatte auf eine exzessive Art Liebe und Anerkennung gesucht, als hätte er sie doppelt und dreifach nötig, der Bert, ein Schwerenöter, wie man so sagt, ein netter Kerl, ein guter Sohn, ein ehrbarer Mensch, ja, und ein Mann, der mit seinen eigenen Händen, eben jenen Händen, die jetzt blaß in christlicher Verschränkung mit dem geweihten Perlenkranz auf der Brust lagen, mit diesen Händen. Mit diesen seinen Händen. Wer beten konnte, betete, um den Anblick zu ertragen. Der Priester sprach von dem jäh dahingerafften jungen Leben.

Das war unsere letzte Fahrt nach Stetzing. Zuvor waren wir ab und an hinausgefahren, Freunde besuchen, auf der angestammten Wiese mit dem Blick ins Böhmische sitzen, im Wald Brombeeren suchen oder die großen Maronenpilze, die fast kein Fett brauchten zum Schmoren. Nach Bert ging es nicht mehr. Es waren auch sehr viele ausgezogen aus dem bäuerlichen Ort, hatten Arbeit in ihrem städtischen Beruf gefunden, kurz, wir liebten die kleinen roten Nelken am Rain, wir liebten die Hutzelmännlein, an die wir immer noch, wie verabredet, zu glauben vorgaben, wir waren zugetan den Nachbarn, die uns in schwerer Zeit, als sie selber arm waren, geholfen hatten, aber unsere Durchreise ging weiter. Stetzing vorbei, alles zurücktreten, bitte, rief Susi, als wir in den Vorortzug stiegen. Er hatte sich leise, aus Straubing kommend, auf dem Bahnhof eingefunden. Nur Tetti hatte verdächtig rote Augen, auch meine Frau, die eigentlich Stetzing zu hassen hätte, war vor lauter Trauer unwirsch. Ich dachte an Bert, ich dachte daran, daß die, denen er den Gang nach Warschau zu verdanken, zu verübeln hatte, wahrscheinlich unschuldig und feist heute in den Ämtern der neuen Welt sitzen, mit sauberen Händen, versteht sich, die nie einem Mitmenschen Leids getan hatten, nicht in Warschau, nicht in Stetzing, und die Pfui sagten, erführen sie von Bert, von seinem Tod und von dem grausamen Weg dorthin. Von den Toten unter Berts Händen nicht zu sprechen.

Wir waren wieder in Regensburg, das wir schon kannten von den vielen Fahrten dorthin aus Stetzing, damals. Als wir uns um das Flüchtlingsbüro kümmerten, in der Mondgasse, da wo Regensburg noch wirklich Rengschburg ist, wir wollten wissen, wie es mit unseren neuen Kleinholz-Möbeln war, ob wir vielleicht einen Zuschuß bekämen, von Amts wegen, da lief uns der Dipling über den Flur. Er hatte natürlich einen guten deutschen Namen, aber da er

Diplom-Ingenieur war, nannten ihn die Bayern nach der Abkürzung des Titels Diplinger, wir machten Dipling daraus. Dipling also, von Haus aus Versicherungsmathematiker, war in Prag aufgewachsen, hatte dort studiert, geheiratet und lange gelebt, war in Regensburg gelandet wie so viele aus seiner böhmischen Heimat: Der Waggon, in dem er mit seiner Frau auf seinem 25-Kilo-Bündel saß, wurde in Regensburg vom Flüchtlingstransport abgekoppelt, es ging portionsweise zu, damals 1945. Ich muß Dipling besonders erwähnen, denn er war für uns ein tröstliches Beispiel des solidarischen Menschen. Er war den ganzen Tag unterwegs, seine Versicherungen unter Dach und Fach zu bringen, aber jede freie Minute galt seinen Leidensgenossen, den Böhmen, den Pommern, den Schlesiern, die nach dem ersten Schock sich zusammenfanden. Daß sie sich zusammenfanden und nicht zusammenrotteten, war auch ein Verdienst Diplings. Er war immer da und er war überall da, er fand Wege und Auswege, juristische oder schlicht menschliche: Ah, geh, Herr Inspektor, machen's halt, daß d'Frau a Wohnung kriagt, gell? Sonst sprach er das gepflegte Prager Deutsch, das Kafka vermutlich gesprochen hat, und das der Willy Haas noch sprach, als ich Jahre später seine Freundschaft fand.

Wir saßen oft zusammen in Diplings kleinem Büro, meine Frau hatte sich angeboten, dort auch in die Flüchtlingspapiere Ordnung hineinzubringen, sie sortierte, sie ordnete ein, alphabetisch, nach Ländern, nach Familienstand, kurz, die Flüchtlinge gerieten endlich in eine Ordnung. Ich kann es jetzt schon sagen, daß meine Frau das nicht lange ausgehalten hat, zu viele Funktionäre bauten diese notwendigen Ordnungsgriffe in Diplings Büro zu einer phrasenreichen Ideologie aus, die kärglichen Beiträge und Zuschüsse wurden aufgebraucht von irgendwelchen Referenten, die Reisen machten, unnütze Vorträge hielten und sich damit unauffällig einen neuen Beruf aufbauten. Dipling, mit eigentlichem Vornamen Walther, sah das alles, aber seine Geschäftigkeit, verbunden mit der natürlichen Naivität des Anständigen, verstellte ihm den Blick, er wollte und wollte nicht sehen, was um ihn herum vorging. Eines Tages sagte meine Frau, Freundschaft ja, Mitarbeit nein. Auch Albert erfuhr davon aus dem Flüchtlingsbüro, eines Abends, es war noch hell zur Sommerszeit, kam er auf einen Sprung vorbei, aber nicht etwa, um meine Frau und mich umzustimmen, er bot uns eine Karriere an, gewissermaßen als hauptamtliche Flüchtlinge, also genau das Verkehrte. Das Geld sollte eine Zeitung bringen, aber die wäre erst zu gründen und in Gang zu bringen, Geld hätte er natürlich noch nicht, aber einen jungen und tüchtigen Chefredakteur, dem sollte ich in journalistischen Dingen zur Seite stehen, denn er komme aus dem Lehrerstande.

Was sollte mir das, ich war gerade dabei, Albert abzuwimmeln, ohne ihn zu verletzen, als die Polizei kam, das heißt: Ein Polizist läutete, fragte an der Tür, ob wir Töchter hätten, wie alt, wie mit Vornamen, und so weiter, man habe nämlich zwei kleine Mädchen aufgegriffen, die sich in der Nähe des Minoritenwegs verlaufen hätten, und es ginge um die ordnungsgemäße Übergabe. Bei Übergabe dachte ich ans Kotzen, aber erst mußte ich Albert loswerden, der daraus bestimmt eine entsetzliche Sensationsstory machen würde. Als er gegangen war, ungern wie es schien, fragte ich meine Frau, ob die Kinder gesagt hätten, wohin. Ja, sagte sie, sie wollten zum Dom und an die Donaubrücke, die Steinerne natürlich, und da habe sie ihnen geraten, immer den Straßenbahnschienen nachzugehen, nicht links noch rechts abzuweichen, dann kämen sie gut hin, und ebensogut wieder zurück. Wie das der Wachtmeister hörte, lachte er, Ihre Mädchen gingen mitten auf der Fahrbahn zwischen den Schienen entlang, hinter ihnen klingelte die Tram und klingelte, aber die Mädchen gingen nicht zur Seite, erst als ein Polizist kam und sie fortjagte, verließen sie die Geleise. Später müssen sie sich im Gassengewirr verlaufen haben, bitt' schön, der Herr, und nun sind sie, die Kinder, auf dem Revier, und wenn ich mitkäme zum Unterschreiben, wär's gerade recht, denn er werde jetzt gleich abgelöst. Also, er wurde noch rechtzeitig von seinem Schichtnachfolger abgelöst auf dem Revier, die Kinder freuten sich, Mutters Autorität war gestiegen: Hätten wir gedurft, was Mama uns sagte, immer den Schienen nach, dann hätten wir die Donau gesehen und den Dom und die heilige Hemma. Die heilige Hemma war uns nämlich als besonders schön von Diplings Frau empfohlen worden, eine Empfehlung, der wir umgehend folgten. Die Kinder wußten, daß sie ungetauft und in keiner Glaubensgemeinschaft registriert waren, aber eine Heilige, die schön war, akzeptierten sie gern. Im Religionsunterricht – umschichtig katholisch und evangelisch –, an dem sie zur Erweiterung des Gesichtskreises als Gäste teilnahmen, erfuhren sie nur von Heiligen, die ihnen nicht zusagten, unfreundlichen und meist auch sehr traurigen Gestalten. Später als Erwachsene fanden sie an dem heiligen Franziskus Gefallen, mehr aber noch an der heiligen Katharina von Siena, die ihnen imponierte, aber das hing wieder mit Siena zusammen und dem Chianti, der dort dieser erstaunlichen Schutzheiligen der Emanzipation zugedacht wird, heute noch, heute mehr noch als zu ihren Lebenszeiten. Weitere Heilige fanden wir nicht, höchstens noch, daß die Tetti einmal vom protestantischen Religionsunterricht den Lutherschen Bibelvers heimbrachte: Ich bin gekommen, um ein Feuer anzuzünden, und was wollte ich mehr, als daß es brennete schon. Dieses «als daß es brennete schon» verließ sie nicht, an solchen Sätzen maß sie, was sie sonst lesen mußte in der Schule, wobei das Bayerische wie ein sprachlicher Segen wirkte. Dem verwaschenen Bürodeutsch, dem sogar der kernige Herr Luther nicht ganz entgangen war, setzte das bayerische Maul eine farbenreiche, bis in die feinsten Kanülen differenzierte Sprache entgegen, das Bayerische verzichtet oftmals auf die intellektuelle Chance der Abstraktion, aber dafür hat es treffend und detailliert umrissene Definitionen im Einzelfall. Ich habe auf meinem lebenslangen Weg durch die Sprachen, immer auf der Suche nach dem großen Dahinter oder Darin das Bayerische zwar nie perfekt sprechen gelernt, aber ich habe es durchleuchtet, ich habe es durchschaut, ich habe auf der Wörterwiese – Santners Wörterwiese – mehr gefunden als beim Forsten in anderen fremden Sprachen, nämlich die Sprache als solche, nennen wir sie Sprache ohne Artikel, und wenn ich heute mich weigere, bayerisch zu sprechen, so geschieht dies aus Ehrfurcht vor dieser hinter dem Bayerischen verborgenen Ursprache, die nicht nur das Vokabular ausfüllt, sondern auch die Syntax und alle semantischen Schwingungen reguliert. Das hatte beim Besuch in der Kapelle der heiligen Hemma begonnen, wo uns ein Regensburger Herr in die Historie einführte, auf bayerisch natürlich, aber ohne den krachledernen Aufputz, den Bayern zu gerne vorzeigen, wenn sie einem Norddeutschen begegnen. So sprach vielleicht noch der Karl Valentin oder der damalige Fürst von Thurn und Taxis in unserem Regensburg. Die Mehrsprachigkeit meiner Töchter begann schon in ihren Kinderjahren.

Was für ein Zufall, daß man mich, wohin ich auch kam, auf Suche schickte, ich, der ich ohnehin nach meinem Platz unterwegs war, auf Suche nach meinem Volk, auf Suche nach Vaters lutherischer Lauterkeit und Strenge, auf Suche nach dem wärmenden Himmelsschein der geduldigen und frommen Kosakenmutter, auf Suche nach all dem Großen und Mächtigen, daß uns in der Posener Provinz entgangen war; auf der Suche nach der neuen Welt der Sartres und Camus', der Welt der Bachmann und des Celan, der aus dem verrufenen Balkan, aus dem Gewirr fremder Zungen den Deutschen das Deutsch zurückbrachte, wie einst Heine, wie einst Chamisso, sie alle, die viele fremde Tonleitern kannten, fanden auf der Suche nach Sprache das Deutsche, schälten von ihm ab die trockene Borke der Kontore, stießen hinein in den Korpus der Laute und Zeichen, bis sich die Sprache auftat, die nicht mehr so deutsch war und damit um so deutscher.

Jetzt war ich wieder auf der Suche nach Sprache, Polen kreuzten meinen Weg, Kosaken und Usbeken, Russen versuchten mich in ihre verschwörerischen Zirkel einzufangen, russisch die einen, noch russischer die nächsten, Kroaten waren da und Böhmen, und das Italienische bohrte in mir herum, Florenz kannst du nicht einfach so abstreifen wie Lehrte, ich suchte meine eigene Wörterwiese, auf der nicht Pechnelken blühten, sondern übermütige Wörter, eins dem andern zugetan, Brüder und Schwestern, ich suchte sie alle, ich sog sie ein wie Weihrauch im Dom von Rostow, Laute und Aromen, Klänge und Order, und die Büroleute ließen mich auch noch die verlorenen Namen der Toten suchen: Jaroslaw, Lech, Roger, Iwan, Kosma, ja, auch Kosma, diesen Kosakennamen, den sogar Peter der Große im Munde führte seinerzeit, oder war es jener Kosma, der mit seinen schnellen Dorf- und Regimentskollegen dem fliehenden Napoleon nachgesetzt hatte, bis nach Posen, bis er sein abgeäschertes Pferd an der Warthe tränken konnte, da war Napoleon schon fort, eben erst, wie man erfuhr, aber das Pferd brauchte Trank und Hafer, das war dort am Flußknie, wo später der Grabentanzsaal gebaut wurde, und in diesem traf später ein junger Kosak deutscher Nation seine künftige Frau, deren Vorfahren mit Napoleon nach Ost gekommen waren, und nun suchen sie dies und jenes, suchen die verlorenen Namen der verlorenen Toten, Kosmas Namen zum Beispiel, und durchsuchen das Bayernland nach Sprache, wie sie behaupten, und ihre

Kinder zählen die hellen Fenster am Schloß des Regensburger Fürsten, weil sie von der Wiese des Stetzinger Bauern Santner sonst nur Häuser sahen, in denen auf eine Kammer mindestens ein Einwohner kam, beim Fürsten hingegen! Ich suchte und suchte, alles hing zusammen, der Krieg, der den Toten die Namen raubte, die Toten, die mich zu ihrem Anwalt gewählt hatten, der Serjoscha, der mir half mit seiner dnjeprischen Bauernschläue, oft half er so, er sagte: Ataman, und ich war ein Ataman und tat was zu tun war, reisen, fragen, untersuchen, schreiben, melden, prüfen.

Aber es gab verschiedene Tote. Tote, die schon zufrieden waren, daß wir sie entdeckten und ihnen den ehrlichen Namen zurückgaben und nach Krementschug, zum Beispiel, schrieben, für den Kolchos, daß er Bescheid wußte, Kosma kommt nicht, oder auch an Mütterchen: Weine nicht, mein Mütterlein, wenn der Sand in das Gras steigt, kommt dein Sohn aus dem Kriege heim, oh, ihr blöden, bepißten Sprichwörter! Und es gab Tote, die hörten nicht auf zu schreien, sie riefen nach ihrem Namen, aber den konnte ich ihnen nicht geben, ich fand ihren Namen nicht, Serjoscha konnte wenigstens beten, zum russischen Gott beten, zu wem denn sonst!

Dabei war ich eigentlich nach Deutschland gekommen, weil ich Deutschland suchte (Kann Deutschland nicht finden, rutsch alleweil drauf herum, heißt es so putzig in einem Knaben-Wunderhorn-Vers), ich konnte es auch nicht finden in dem Mief der geschlagenen Menschen aus dem Osten, in dem Selbstbehagen der Davongekommenen, gewiß, ich fand Freunde, die mir halfen, ich fand Freunde, denen ich beistand, aber das alles hatte keine Dauer, wir waren in einem merkwürdigen Aufbruch begriffen, wir nachdenkenden Überbleibsel des Kriegs, wir waren vom Provisorium bestimmt, wir waren unterwegs, auch wenn wir Häuser für ein langes Leben zimmerten. Im Grunde waren viele nicht von einem Neuaufbau zu begeistern, als vielmehr von einer schnellen und unsichtbaren Reparatur. Der Schreiber in einem städtischen Büro, aus Eger hinausgeschmissen, nun hier in städtischen Diensten, wie einst in den Sudeten, kommt über den Flur und ruft mit lachenden Augen, jetzt bin ich wieder komplett, ich habe fast die gleiche Polstergarnitur für die Wohnküche gekauft, wie ich sie daheim hatte. Jeder von uns hatte im Hinterkopf eine Polstergarnitur für seine Wohnküche, und was dem französischen König das Sonntagshuhn im Topf eines jeden Bürgers war, das genau war das Polstersofa in den Reden der großen Anführer. Daß dies einerseits eine Festsetzung in der neuen Heimat bedeutete, während es doch immer recht weitschweifend hieß, man wolle, man werde und man könne einst wieder zurück, es war zwiespältig, das Sofa hier stand uns allen näher als das verlassene Elterngrab am Heiderand dort.

Wir anderen, die wir Neues suchten, die wir unsere Nation neu entdecken wollten, wir fanden uns mit dem wohligen Wiederdaheimsein nicht ab, mehr noch: Wir strebten es gar nicht an. Wir waren Reisende, wir suchten nach den Zuganschlüssen, um es mal so zu sagen, der Zug nach Paris, und der Zug aus Mailand, und der Zug nach Brüssel und der aus London, wir wollten Fenster schlagen, wie Peter der Große einst sagte, als er St. Petersburg begründete, damals den genialen Hieb in den Grenzverhau nach Westen. Aber zunächst suchten wir uns selber, wir waren geradezu geil auf ein neues Gesicht, wir wurden aufgeladen von jedem neuen Tonfall, der uns ans Ohr schlug, wir hatten das gottverdammte Überleben satt mit dem restituierten Sofa, mit dem Verein, der dem heimischen nachgebildet war, mit den alten Biedermännern an der Spitze, die wir nicht mehr sehen konnten, die sich selber und ihre Stellung in mühseligem Puzzlespiel zusammenzusetzen versuchten, obwohl sie mit dem Verlust ihrer heimischen Position selber verlorengegangen waren:

Ohne Kleider ist schlecht regieren. Und die neuen Kleider waren, wie halt des Kaisers neue Kleider sind.

Lob sei den Getreuen, die sich drum nicht scherten und weiter mit dem scheppernden Fahrrad in die Vorstädte fuhren, den vergessenen Witwen und den unbeholfenen Alten Hilfe zu leisten, ihnen beizustehen im unverständlichen, feindseligen Exil. Viele taten dies, und ihnen sollte einer, der es versteht, einmal ein großes Lied singen. Er möge nur aufpassen, daß die amtlich Bestallten das Dankeslied nicht auf sich beziehen.

KAPITEL IX

Was war? Was wahr war.
Nach Karl Valentin
(1882–1948)

Wir haben alle nicht viel Zeit, zu sagen und zu hören, zu schreiben und zu lesen, und es ist viel zu berichten aus jener Zeit der Durchreise, da du und auch du – du vielleicht weniger, oder auch mehr, wer kennt schon den anderen. Du sitzest also da und sortierst die tausendfältigen Bilder, die dir hochkommen, die alle dich zeigen: Du in dem amerikanischen Wagen, wie du deine geliehene Macht durch Deutschland fährst, den geflüchteten Russen am Steuer, den Serjoscha, der wenigstens eine verlorene Heimat hat, was ja mehr ist, als gar keine zu haben, wie du, von deiner Steppe abgesehen, die du ja nie so recht gehabt hast, die dir schon in deinen Kinderjahren gen Himmel gefahren ist wie der bleiche Russengott im duftenden Dom von Rostow. Ach, es ist so viel zu sagen, was niemand sagen wird, auch du nicht, der du dazu bestallt bist. Du fährst also umeinander, durch Bayern und Franken, durch die karg-schöne Oberpfalz, suchst die Namen der namenlosen Toten und schreibst sie auf, ein deutscher Buchhalter, der den Tod aufnimmt in sein Katasteramt, und es trifft dann hart, wenn einer glaubt, den kenne ich doch, den kannte ich, wir waren doch – aber wir waren nicht, alles was war, ist Wunsch und ungenaue Lüge.

Wir haben keine Dokumente oder Eintragungen über Todesfälle jüdischer Mitbürger aus jenen Jahren, sagt der Standesbeamte, aber du hast ein Papier, da steht, Siegfried Israel Rosen ist in Redwitz gestorben und bestattet. Ich muß es diesem Siegfried Israel Rosen zu Ehren herausfinden, wo sein armseliger Leib liegt, und ich muß ihm seinen Namen, den er zur Lebzeit trug, wiedergeben. Du kannst auch sagen, der Standesbeamte weiß nichts, also erfahre ich auch nichts, aber da stürzen alle die auf dich zu, die du damals in Posen gesehen hast, wie sie, vorbeigetrieben, den Fahrdamm mit ihren nebelgrauen Gestalten überschwemmten, wie es plötzlich dunkel wurde, und die Gespenster wankten weiter, und auf dem honetten Bürgersteig stank es nach Tod und Frevel, aber vielleicht hatten sie noch ihre Namen, die damals, dieser hier in Redwitz, dem haben sie seinen genommen und fortgeworfen. So suchst du denn in dem dicken Buch und suchst und findest den Vermerk über die Beisetzung «außer der Reihe», ha, aber die Reihe ist angegeben, es ist die Reihe zwölf im Südteil, und du suchst die Konkordanzen in den Akten, bis du ihn hast, den Siegfried, den toten, dem der Beamte jetzt in einem unfeierlichen Akt mit Stempel und Gebührenbefreiungsvermerk seinen deutschen Namen zurückgibt, und den jüdischen, den sie ihm aufgezwungen hatten, damals, dazu. Block, Grabreihe, laufende Nummer in derselben, manchmal ist Bürokratie ein Segen, wenn du weißt, was das ist: Segen, nun eben Segen, man sagt so. Man sagt ja auch Jude, nur so, man sagt der Russe, was eben ein Russe bedeutet, oder bedeutet Russe nicht Russe, sondern ganz etwas anderes, vielleicht Bösewicht oder gar Teufel, der das Kreuz verkehrt schlägt, der aber auch so herzlich lacht, Serjoscha, lach mal, Bruder, wir haben einen beschissenen Tag, noch ein Redwitz, und ich mag nicht mehr, erzähl, wie war das so mit den Mädchen in Krementschug. Aber du willst es ja gar nicht hören, du willst nach Regensburg zurück in die große Kaserne, wo jetzt der bronzene Kürassier fehlt, der den Ruhm bayerischer Tapferkeit am Eingangstor bewacht hatte, bis Sandor ihn verkaufte, du willst an der Wurschtkuchl stehen und den Duft der Garküche einziehen, den mittelalterlichen Duft, das so undeutsche Aroma am Donaustrudel, du willst es deinen kleinen Töchtern erklären, die so naseweis geworden sind, aber auch zweisprachig, obwohl, Bayerisch kann man nicht lernen, man muß es mit den Nüstern einfangen, auch wenn da einige Bierfürze dabeisein sollten, egal, sie lernten die Sprache, das heißt, sie holten sie tief herauf, wie man halt den Rotz aus den Tiefen der Nase hervorholt, bevor man ihn in die Ecke schleudert, mit Wonne schleudert, oh, du mein lieb Heimatland!

Sing mal, Serjoscha, sagte ich dann, und er sang das einzige Lied, Kosaken singen im allgemeinen nur ein Lied, es muß nur viele Strophen haben, sang also sein einziges Lied, das davon handelt, daß die Apfelbäume und Birnbäume blühen, daß Katjuscha, also Käthchen, auf das steile Ufer steigt und über den Strom blickt, blickt und blickt, bis rechts und links unsere Donau erscheint an der großen Brücke, wir biegen ein, schlagen einen Haken, und da sind wir daheim. Dieses «daheim» ist kein versehentliches Wort, es gilt; so weit kommt man in diesem Bayern.

Es ist trotzdem ein Exil, ein befristetes dazu, niemand hat dir die Frist gesetzt, aber du weißt es sehr wohl, daß du einmal weiter mußt, du kennst deinen Weg nicht, aber du weißt, daß er nicht zu Ende ist. Du sitzest also im Amerika-Haus deines verschwundenen Freundes, des europavollen, kanadischen, nimmst Buch um Buch zur Hand, verzweifelst an der Überfülle des Angebotenen, des Notwendigen, muß man wohl sagen, aber es öffnet sich dir da und dort ein Haarriß in dem vermörtelten Horizont. Du glaubst, etwas zu erkennen, das du nie geahnt hattest, aber abends mußt du wieder auf Suche gehen, denn der Job des Grabjägers geht zu Ende, auch die Amerikaner und ihre Associés richten sich nach der Decke des Etats. Ich finde Albert in der Von-der-Tann-Straße, muß warten, bis er Bierpause hat, aber da ist «no hope», wie er dann sagt, keine Hoffnung, sogar die Gubnerin, diesen fleißigen Nacktarsch, hätten sie jetzt rausgeschmissen, wenn sie nicht doch wohl fortgeheiratet hätte, probier mal das Bier, das ist die reinste Pisse, hätte früher kein pickliger Leutnant angefaßt, es geht bergab mit denen, der Krieg ist schon zu sehr gewonnen, es gibt nichts mehr zu tun, das Amerika-Haus? Das wird bald Brüder Mittermayr heißen und statt der Bücher Unterhosen ausstellen, muß es auch geben. Und was machst du dann? Albert wußte es nicht, aber ich glaube, er wußte es damals schon. Er würde heiraten, wie viele Männer aus dem Osten heirateten, sie heirateten ein Haus, ein Bauerngut, eine Fabrik oder auch nur Bares bei einer tüchtigen Matrone im Strumpf. Albert heiratete wenig später eine Witwe, sie brauchte einen Geschäftsführer für ihre Fabrik, einen Vater für ihre minderjährigen Kinder, kurz: Sie wurden alle miteinander glücklich, ließen sich trotzdem nach drei Jahren scheiden, aber da war Albert kein Flüchtling mehr, die Fabrik seiner – wenn auch schon wieder geschiedenen – Frau gab ihm das Ansehen, das man in diesem Lande damals haben mußte, das Ansehen des Besitzes, der tunlichst auch Grund und Boden enthielt.

Wie wir eines Tages, der Serjoscha und ich, in den Bayernwald fahren, einen Toten zu suchen, der in Viechtach oder in der Nähe dieser Stadt, unermittelt und namenlos in der Erde war, sagte Serjoscha plötzlich, Chef, willst du nicht auch unsere Helden sehen, ich sage, ja, was für Helden? Helden eben, das heißt Männer, jeder ein wahrer Geroj, Heros wie ihr sagt. Oder ist einer kein Held, der seine Uniform strammzieht, die Pelzmütze schräg ans Ohr schiebt, und der dann abdrückt. Warum abdrückt, frage ich verwirrt, abdrückt, weil das Spiel verloren ist, weil nur noch Schmach und Unehre, verstehst du nicht: Mit der Schande ist schwer sterben, heißt es bei uns, sie überlebt uns, aber Sterben vor der Schmach, das ist es, und das will ich dir zeigen, Ataman, Boss, Officer. Und da nähern wir uns auch Waldshofen. Der lange breite Markt, den kenne ich noch, als ich vor Jahren hier mit dem Motorrad das Ende des Todes suchte, der breite Marktplatz mit dem steilen Kirchturm in der Mitte, und dann die Seitengasse und schon ist der große Friedhof da, ein städtischer Friedhof, ich kannte ihn nicht. Für ihn gab es keine Formulare im Büro, aber der Sergej. Er stoppt den Wagen, läßt ihn in den Schatten der Kapelle rollen, steigt aus, komm mit, sagt er erregt, komm mit und zieh den Hut, wenn du noch an etwas glaubst, hier entlang und nun hier. Vor uns war eine Gräberreihe, wie die meisten Gräberreihen dieser bayerischen Totenstadt geschmückt, mit Figuren und Ornamenten die Grabsteine, die Blumen auf den Erdhügeln noch frisch. Was ist, frage ich meinen Kosakenfreund. Was ist, was ist, äfft er mich nach, da siehst du die Kreuze, was ist das, sind das eure lateinischen Kreuze oder sind das unsere rechtgläubigen Kreuze, die Kreuze, die unser Gott den Moskauern gewiesen hat, Kreuze wie diese hier in diesem abtrünnigen Lande. Ich war erstaunt, war dieser Serjoscha nicht ein munterer Atheist, aufgewachsen im Lande der zugenagelten Kirchen? Was ist mit deinem Kreuz, Serjoscha, was hast du denn für eins, du Gottloser, aber er ließ sich nicht abbringen. Schau dir diese Kreuze an, Boss, es sind russische Kreuze, und so wahr ich ein aktiver Atheist war und es auch im Herzen bin, ich bete auch für dich, Bruder, zu wem denn, du Wirrkopf, zu wem, rufe ich, da stellt er sich hin vor das größte der orthodoxen Kreuze und bekennt mit der Naivität eines Wilden: Zum russischen Gott, dem richtigen, dem wahren. Die Kreuze auf den Gräbern waren orthodoxe Kreuze, die Inschriften waren in kyrillischer Schrift (mit lateinischen Namensschriften darunter), sie trugen slawische Namen, russische, ukrainische und dann diese eigentümlichen aus der Gegend von Tscherkask, wo der Zar im Dom unter seinen

Kosaken einen festen Betplatz hatte. Das Todesdatum war das gleiche mit Schwankungen von Tagen oder, nein, höchstens einem Tag. Sie starben, erzählte Serjoscha, als bei Kriegsende unsere westlichen Freunde sie an die sowjetischen Kriegsgerichte auszuliefern beschlossen. Sie hatten, mußt du wissen, nicht deshalb bei euch gekämpft, weil sie dieses Untier von Gitler (er nannte den Hitler immer noch in russischer Phonetik), nicht weil sie diesen euren Gitler liebten, sie haßten Stalin, das brachte sie in die große Not und in die Gefahr der immerwährenden Schande. Und da haben sie den Himmel vor der Schande gesucht. Ich weiß, sag ich darauf, einer von ihnen hat mir ein Heiligenbild geschenkt, als sie in der Waldsenke hinter Wallern ihren letzten Gottesdienst hatten mit der Litanei eures goldmündigen Heiligen, des Chrysostomos, ich weiß es, Bruderherz, ich weiß alles, ich habe das Bild nicht mehr, sonst würde ich es dir schenken, es war geweiht, sagte der Kosma damals im Böhmerwald, sie hatten ihre Frauen und Kinder mit, und ihr Pope war ein guter Sänger, er sang und glaubte, und glaubte und sang.

Wart auf mich, Officer, sagte Sergej, ich komme nach. Auf dem Marktplatz war buntes bayerisches Treiben, in den Buden gab es Schnürsenkel, Aschenbecher, Blechvasen, rote Stoffreste, vermutlich aus Fahnentuch geschnitten, eine Bauersfrau verkaufte Äpfel stückweise, da standen die Menschen an, ich war geduldig, mir gelang es auch, einen zu erstehen, ich verbarg ihn, für daheim, aber später, unterwegs nach Regensburg, konnte ich nicht anders, wir teilten ihn uns, der Serjoscha und ich, dafür brachte er am nächsten Tage einen Viertelzentner Kartoffeln mit, für Frau, sagte er, du weißt, der Apfel.

Von Onkel Freilich habe ich noch nicht erzählt, er war eigentlich kein Onkel, das war eher eine Typenbezeichnung, wir begegneten uns in Stetzing oft, er spazierte im Ort herum, neckte die Kinder beim Versteckspielen, saß vor dem Wirtshaus der Weinzierls auf der Bank, ohne, nu ja, ohne etwas zu bestellen, in Ostpreußen, so erzählte er gelegentlich, habe ich mein Geschäft gehabt, aber hier zahlen sie mir nur die kleine Rente, da darf ich nuscht von abgeben, Mannchen. Ins breite Ostpreußisch geriet er nur selten, er bemühte sich um das gehobene Deutsch, wie es zwischen Breslau und Königsberg gesprochen wurde, nur die Intonation, die war kurisch oder litauisch oder pruzzisch, was weiß ich, jedenfalls liebten wir den alten Herrn, vor allem die Töchter hatten ihn gern, er erfand für sie immer wieder neue Neckereien, auf die sie dann weinend und lachend hereinfielen, sie lernten von ihm, was Marjellchen heißt und daß ein echter Königsberger Stinkfortzulorum (oder so ähnlich) ein doppelter Honigschnaps ist, zu trinken nur von gestandenen Männern und auch das mit gehöriger Vorsicht, für euch, Marjellchen, nuscht wie heiraten, schloß er seine Belehrungen. Dieser Onkel Freilich war indes nicht so heiter, wie er sich gab, wer ihn kannte, wußte, daß die stille Trauer, die über seinem Schmunzeln lag, tiefe Wurzeln hatte, ging uns das was an, fragte ich mich immer, wenn ich mit ihm beisammensaß vor Weinzierls Wirtschaft, doch er ging uns an, er ging mich an, und wie ich ihn da in Regensburg vor dem Café Orlando unweit des Doms sehe, weiß ich gleich, heute wird es ausgesprochen: Freilich hatte eine geistig gestörte Tochter.

Im Durcheinander des chaotischen Aufbruchs verloren Freilichs das Mädchen aus den Augen, plötzlich, so sagte er immer wieder, plötzlich war die Stelle leer, wo sie gesessen hatte, wo sie hat sitzen sollen, wie ich es ihr eindrosch, und sie war weg, und schon mußten wir weiter, Frau weinte, die andere Tochter wollte nicht mit, sie wollte warten, aber wart einer, wo der Russe vor den Brücken steht und nur verpustet. Wir kamen mit den anderen mit, die kranke Tochter blieb zurück, ich habe sie überall gesucht, mein Schwiegersohn, der ja bayerischer Flüchtlingsbeamter ist, hat das Rote Kreuz bemüht und die Kirchen, Bilder wurden an den Bahnhöfen ausgehängt, gleich neben dem Fahrplan, aber nein und nein, und ich kann nicht einschlafen, weil meine Frau jede Nacht heult, sie sagt, wir hätten, aber wie hätten wir denn, wie um Gottes willen, wie. Und nu sagt meine Frau, wo Sie beim Internationalen Suchverband sind, könnten Sie einem Freund aus der Not helfen, ich hab alle Papiere mitgebracht, hier. Er drängte mir ein Bündel Dokumente auf, Abschriften der Briefe vom Roten Kreuz aus München, aus Genf, aus Warschau, Gutachten von der Landsmannschaft, wo noch vielleicht gesucht und gefragt werden könnte, letzte Strohhalme, eigentlich nur Papier, genauer: die schiere Hoffnungslosigkeit, man überlege, ein deutsches Mädchen, zwölf Jahre alt, geistig behindert, sehr behindert, sagt Freilich, bleibt bei der überstürzten Flucht in Königsberg zurück, und nun sag dem Vater wo suchen! Ich hätte jetzt sagen können, da hab ich nichts mit zu tun in meinem Büro, ich sammle nur Sterbeurkunden und Grabbezeichnungen toter Polen, Juden, Russen, Flamen und Franzosen, ich weiß nicht einmal, wen ich fragen könnte nach dem verlorenen Töchterchen aus Königsberg (Das Mädchen lächelte immer, aber ein schwaches Köpfchen, Sie verstehn). Ich nahm die Papiere an mich, und nach allen vergeblichen Versuchen, die «Tracing»-Aktivitäten des Büros auch mal diesem kleinen Marjellchen zu widmen, sandte ich Onkel Freilich das Papierbündel zurück mit einem herzlichen Brief, als ob Herzlichkeit hier noch helfen könnte, Frau Freilich starb kurz darauf an Herzversagen, Onkel Freilich zog nach Regensburg, er trug erst etwas leichter an seiner Not, als seine Erstgeborene einen Sohn bekam und im Jahre darauf einen zweiten. Onkel Freilich lächelte weiter gütig, wie nur einer lächeln kann, dessen Trauer endgültig ist. Mit dem Verlust der Hoffnung verzog sich das Grauen der Ungewißheit (die doch eigentlich eine böse Gewißheit war, von Anfang an). Manchmal sprach er in der Mondgasse bei den Flüchtlingen vor, aber es war nur Routine, er wollte keine Auskunft, er fragte im Auftrag seiner toten Frau, die er solchermaßen beschwichtigte.

Kam da der Serjoscha an und winkte schon im Kasernenhof mit Papieren, Chef, wir müssen nach Nürnberg und Erlangen, ich hatte eigentlich die Absicht, ein paar Tage krank zu spielen, mit den Kindern an den Donauhafen, wo es richtige Schiffe gab, eine Sensation für die beiden sarmatischen Ur-, Ur- und Urenkel. Aber solange es vernünftige Arbeit gab, sollte man sie machen, wer weiß überhaupt, wann der ganze Laden geschlossen wird, sagte Sergej, ich wurde etwas unwirsch, hör zu, du sajobany kasak, du vervögelter Kosak, wenn wir nach 30 Kilometern die Nachricht bekommen, in einer Stunde ist Sense, dann fahren wir noch genau eine Stunde, verstehst du mich, du lausiger Türkenpelz du, schon gut, sagte Serjoscha begütigend, wann fahren wir. Morgen früh. Denn ich wollte nach Nürnberg, mir saß das Dritte Reich noch im Nacken, auch wenn ich es leugnete, und ich wollte diesen Reichsmittelpunkt selber sehen, auf dem Zehntausende schwitzender Männer ihrem Herrn zujubelten und zuprosteten, als wie in einer gigantischen Kommersfeier. Ich kannte das nur aus den Wochenschauen und aus den brutalen Hammerschlägen der Bilder im Film der Riefenstahl, die das Aroma des überdimensionalen Parteitages zum Kino-Ungewitter formte, eine ergreifende Verquickung von Schweißfuß und brüllender Kehle. Also nach Nürnberg, dort ist ein Ausländerlager, gut so, direkt am Parteitagsareal, wir sollen dort Unterkunft bekommen. Sergej hatte auch an die Übernachtungsanweisungen gedacht, er für das Wohnlager als Ausländer, ich für eine Liege im Verwaltungsbüro, als Deutscher; warum weiß ich nicht, Serjoscha beneidete mich, denn du, Officer, kannst dir die hübscheste Sekretärin aussuchen für dein Büro, aber ich armes Schwein muß in die Massenunterkunft für Russen. Pfft!

Erst als Ruine gab sich das gigantische Aufmarschfeld einwandfrei zu erkennen, eine sorgfältig geplante Artikulation der Barbarei, und die Riefenstahl, diese walhallische Jungfrau, hatte nicht gelogen, eigentlich schien mir das Original des völkischen Open-air gräßlicher noch als die Bilder des sorgfältig gesteuerten Films. Ich sagte es Sergej, aber er schwelgte in dem Gedanken, auf diesem Versammlungsfeld alle seine Kosaken zusammenzubringen, und singen müßten sie und mit den Karabinern in die Luft knallen, alle zu Pferde, versteht sich, und unser Gott, der allrussische und kosakische, blickte dann wohl milde herab auf seine treuen Söhne, die Russen, boschemoj, mein Gott!

Ich gab es auf, mit Serjoscha über Barbarei zu sprechen, wir gingen an die Arbeit. In Erlangen waren drei sowjetische Kriegsgefangene zu ermitteln, in Erlangen waren sie nicht mehr, aber ein Dutzend Kilometer weiter fanden wir drei Gräber mit ihren Namen, über denen der rote Stern eingemeißelt und eingefärbt war zum Zeichen ihres Landes, und ewiger Ruhm stand darunter, wie es in ihrer fernen Heimat gleich heißt, ich sag: Serjoscha, warum ewig, das ist doch ein Wort aus der Kirche für Popen und so'n Volk, aber der Junge war nicht in Verlegenheit zu bringen, wieso, sagt er, die sind doch tot, da gehört es sich, wie bei den Popen, na und? Versündige dich nicht, Officer, mahnte er mich später, gewiß, du bist ein Deutscher, aber auch dich hat mal ein Pope im Arm gehabt. Und dich, du Pferdedieb? Ha, lacht er da auf und singt sein Lieblingslied von der Katjuscha, die am Steilufer steht, und die Obstbäume sind am Aufblühen, aber sie denkt an ihren Liebsten, und dann, ganz zum Schluß, hat sie ihn im Arm. Das war es, Officer, verabschiedet er sich dann, um in die Ausländer-Männerbaracke zu gehen, aber er biegt vorher ab, wo es zur Lagerkapelle geht, gleich dahinter ist die Kantine. Ich mache meine Notizen, fülle die internationalen Formulare aus, englisch, versteht sich, am nächsten Morgen weckt mich eine bunte Frau mit Kaffee und Brot, sie radebrecht so kläglich, daß ich nach kurzer Mutmaßung sie mit drei spanischen Satzfetzen anspreche, und siehe da, sie war eine, sie wurde vom spanischen Kriegslos hierher verschlagen, und jetzt war sie weder eine Deutsche noch eine alliierte Ausländerin, keine Verbündete, nur so: Spanierin. Mehr verstand ich nicht, ich machte ihr das deutlich, und sie brachte mir noch eine Tasse von dem heißen Lagergetränk aus UNO-Beständen, später stellte sich heraus, daß sie französisch sprach. Sie jammerte, als ich aufbrach, niemand bisher hatte sie so lange angehört, sie und ihre verfluchten Probleme, die Amerikaner soll der Teufel! Ich sagte, ich habe Freunde unter ihnen, und mein amerikanischer Onkel hat mich vor dem Hunger bewahrt, der Oscar, Vaters jüngerer Bruder, ausgewanderter Lodzer, und außerdem werde sie doch hier von den Amerikanern gefüttert, da schreit sie mich an, gerade das, Señor, gerade das, daß sie uns füttern, ich laß mir meine Not nicht durch ihren süßen Fraß abkaufen, ich habe auch meinen Stolz, auch meine Armut hat ihren Stolz, und meine guten spanischen Schenkel haben den ihren, ich soll wohl amerikanisch beten, nein, Herr, auch wenn Sie nur ein Deutscher sind, ich will zu meinem Mann, den sie eingesperrt haben, weil er mit euch Deutschen in Rußland. Die Frau sprach ein hispanisches Französisch, flickte aber deutsche Wörter ein, Kriegsverbrecher, Sonderlager, Heil und sonstiges aus diesem Repertoire. Ich konnte ihr nicht helfen, aber ich suchte den Lagerpfarrer auf, einen stillen Pater. Er kannte den Fall, ihr Mann ist tot, sagte er, erschossen, sie ist seitdem krank, und keiner weiß, wo sie ihre Papiere gelassen hat, wir warten auf Unterlagen aus Madrid.

In Regensburg traf ich auf eine verlegene Familie, meine Frau druckste herum, die Kinder blickten aus den Augenwinkeln herüber, sie waren sehr sensibel, und jede Schwankung der Atmosphäre berührte sie. Geht, nehmt die Katze und spielt im Hof, die Kinder verzogen sich unsicher, dann erfuhr ich das Problem und mußte lachen, wie ich lange nicht mehr gelacht hatte in dieser Zeit nach dem Mörderkrieg. Um es kurz zu machen. Wir hatten im Flüchtlingsbüro oft einen abgerissenen, schlecht oder gar nicht rasierten Schlesier gesehen, er ließ sich gehen, sah aus wie ein ausgedienter Landstreicher, und es hatte uns sehr berührt, als wir vor rund einem Jahr erfuhren, der Stolpen war daheim ein Studienrat: Deutsch, Englisch, Französisch, Geographie und was weiß ich noch. Und nun hatte er auf Drängen von dem Doktor Lühr, unserem Verbandsvorsitzenden, endlich die Schulen des Landes und die Aufsichtsbehörden angeschrieben, Lühr ließ die Anfragen in seinem Büro abtippen, die Unterlagen photokopieren, und eines Tages war ein Brief da aus Lübeck im fernen Norden, er möge sich vorstellen, der Herr Studienrat aus Breslau, ein Fahrschein lag bei. Das traf den verlorenen Pauker hart, er hatte sich an sein Rand-Dasein in dem Holzschuppen in der Prüfeninger Straße so gewöhnt, daß es ihm lästig zu sein schien, jetzt aufzubrechen, sich zu rasieren, geraden Blicks etwas zu sagen, was Hand und Fuß hatte, aber nicht nur das, meine Frau hatte ihn in dieser Sache oft genug gescholten, es ging auch um Kleidung. Ein Jackett hatte ihm Lühr gegeben, es war ihm zu eng geworden, aber der verkommene Stolpen besaß nicht ein einziges vorzeigbares Hemd, und da schenkte ihm meine Frau das Hemd, das mir Felix einst als erstes ziviles Hemd gegeben hatte, ein Hemd mit Pietätswert, könnte man sagen, und darum also das Aufsehen, die Verlegenheit, die sogar die Kinder erfaßt hatte. Ich lachte so laut, daß sie es im Hof eigentlich hätten hören müssen, meine Frau atmete auf, und ich dachte an Felix, der von seinem Judenhimmel gütig und fromm nach dem Hemd ausschaut, das er seinem gojischen Nachbarn gegeben hatte, und das jetzt weiter wanderte zur Vorstellung beim Gymnasialdirektor in Lübeck. Stolpen wurde angestellt und später auch Oberstudienrat, aber wir hörten nichts von ihm direkt. Er wollte es nicht wahrhaben, wie viele von uns damals.

Und wie wir das hinter uns gebracht hatten, steht Serjoscha vor der Tür und scheppert mit der Klingel wie ein hungriger Janitschare, ich mach auf, aus, sagt er, aus, Officer, sie machen den Laden dicht, wohin mit uns beiden, in sechs Wochen ist Schluß, und wenn die Amis weggehen, kommen meine Russen, und was sage ich dann, Chef, was sage ich, wenn: Ein Kommissar steht vor dir und brüllt, du elender Izmiennik Rodiny, du Vaterlandsverräter, was sage ich ihm, die knallen doch gleich. Ich sagte, ich gehe morgen früh gleich zum Ober-Mister, da erfahre ich vielleicht, was los ist, bis dahin mach's gut, Serjoscha, besauf dich nicht, morgen ist auch ein Tag. Ich hatte es kommen sehen, und am nächsten Morgen bestätigte es sich. Aber für Serjoscha hatten sie Arbeit in der amerikanischen Kasernen-Waschanstalt vorgesehen, als Ausfahrer. Ich bekam eine mündliche Kündigung und die Anweisung auf einen Monatslohn, ferner ein Formular: To the German Arbeitsamt, reference is made to...

KAPITEL X

Da, wo unser lieber Herr Gott am Kreuz den A... hinzeigt,
ist gegen Süden die Grenze der Hallertaue.
Anton Nagel, Poet aus Moosburg,
1742–1812

SERGEJ war traurig, ab und zu besuchte er uns, brachte den Kindern Süßigkeiten aus der amerikanischen Kantine, aber dann schlief auch das ein, der Kosak hatte eine andere Weide (eine saftige, wenn man amerikanische Versorgungspunkte so betrachtet). Ich war jetzt öfter im Amerika-Haus, wo ich meine Studien fortsetzte, meine Frau machte kleine Schreibarbeiten. Sie brachten nicht viel, aber mehr als das Annähen von Druckknöpfen auf kleine Pappscheiben, da konnte sich der Grossist, der das für Bruchteile von Pfennigen als Heimarbeit vergab, zwar sehr bald ein Reitpferd für seine dümmliche Tochter leisten, aber für die Frauen aus Schlesien, Böhmen und Pommern, die für ihn ihre Augen strapazierten, blieb weniger als der umgerechnete Lichtverbrauch. Anderseits, ohne sie hätte der Egerländer Knopfgroßhändler keine so günstigen Flüchtlingskredite bekommen, je Frau soundso viel.

Ich besuchte die Flüchtlingsabende, da wurde sogar gesungen, es gab Dia-Vorträge, manchmal aber auch konkrete Lebenshilfe: Behördengänge wurden vermittelt, Antragsformulare für dies und jenes fachkundig ausgefüllt, Dipling, unser Prager Freund, machte sich da nützlich, und eines Tages kam einer, der sagte, ich beobachte Sie schon seit langem. Ich stutzte, ich laß mich nicht gerne beobachten, und lange schon gar nicht, sagte ich verärgert. Sie schreiben, ich weiß, wollen Sie nicht für mich schreiben, ich plane ein Wirtschaftsjournal, machen Sie mit.

Ha, sagte ich, vor vier Wochen wollten die Russen vom Ausländerlager auch ein Journal mit mir machen, sie hatten schon ein Photo mit Abdrucksrechten, es zeigte den amerikanischen Präsidenten im Hochformat, davon ließen sie ein paar Probeexemplare drucken, nur so: Bild, Unterschrift und darüber der Zeitungstitel «Free Russia», rechts und links mit Stars & Stripes garniert. Irgendein subalterner Parteigänger des derzeitigen Präsidenten gab ihnen ein Bündel Dollars für den Start, und davon lebten sie jetzt. Mich wollten sie als deutsch-russisch-amerikanischen Chefredakteur für dieses Manöver, ich sollte als Aushängeschild dienen, aber ich hab ihnen nur zugerufen, ich will mit euch nicht zusammen am Pfahl hängen, weder in Regensburg, noch in Moskau, noch gar in den amerikanischen Wild-West-Kulissen. Später erfuhr ich, sie hatten mich als Vertreter der deutschen Minderheit im Kaiserreich Rußland registriert. Ich ließ ihnen sagen, wenn der Zar kommt, wird er es mir verzeihen. Das Herz des Zaren ist immer in Gottes Hand, fügte ich zitatenfroh hinzu.

Nun aber diese Wirtschaftszeitschrift, ich bohrte nach, aber niemand war imstande, mir journalistische oder ökonomische Fähigkeiten des künftigen Herausgebers zu nennen, er war früher Berufsoffizier, stünde jedoch jetzt der kleinen Gruppe von kommunistischen Flüchtlingen nahe. Es wurde immer verworrener. Als die Regensburger Polizei ihn verhaftete, halfen wir seiner Frau, die mit einer Handvoll minderjähriger Kinder zurückgeblieben war; was bei diesem rührigen Verlagsgründer nicht stimmte, lag auf der Hand: Es war eine Seifenblase, die er aufgepustet hatte. Der politische Verdacht war grundlos, so blöd waren die Kommunisten auch damals nicht.

Das Stempelgeld war kläglich. Wir gingen alle Freunde durch, die uns helfen könnten, mit Rat und Hinweis und vielleicht auch Empfehlung, aber wer ein Ranftl Brot hatte, versteckte es unter dem Strohsack, es war nicht anders als wie im Lager. Wer in Arbeit war, hütete sie, meist war er eine Stufe zu hoch gestiegen und mußte um so mehr Angst haben, abzustürzen. Wie sagte es dieser Gottfried Benn: «Dumm sein und Arbeit haben, / Das ist das Glück.» Das ist das Glück, Herr Dr. Benn, Sie aufregender Zyniker, oder kein Zyniker, vielleicht nur Artist, oder – ich hab es jetzt: – einfach Arzt, Hautarzt, der weiß, wo die Geschwüre sitzen. Benns Gedichte lernte ich außerhalb des Amerika-Hauses kennen, in einer Buchhandlung, wo sich ein paar vergnügte alte Herren versammelt hatten, um ihrem Freund, dem Buchhändler, den Laden neu einzurichten, da fiel mir der Benn in die Hände, der die heile Welt besang, bis unsereins, ungeübt und fremd, darüber gewaltig stolperte und erschüttert weiterblätterte, weil diese heile Welt sich in ihrer eigenen krätzigen Rückseite widerspiegelte.

Ich weiß, ich weiß, dumm sein. Das heißt doch wohl, wenn einer nicht dumm ist, sich selber reduzieren aufs Minimum, nur, wenn die anderen das merken, bist du unten durch: Nie und nie ist einer klug genug, um auf die Dauer als Dummer zu bestehen, das gibt, fliegst du auf, nur Kränkungen.

Ich schaute immer wieder beim Orlando am Dom hinein, wo die Vertreter herumsitzen, aber jedesmal wollten mich welche anzapfen, bis morgen, aber ich hatte nicht einmal Geld bis heute. Ich schrieb an Fredzio, meinen Italien-Freund, ja den, der mir Florenz schenkte und den Himmel über der Toskana, aber Fredzio war gerade mal pleite gegangen, er hatte seinem Lebensmittelgeschäft, das er, bürgerlich geworden, eingerichtet hatte, mehr entnommen, als es der Ertrag zuließ, da fiel denn eines Tages die Tür zu. Er hatte also mit sich selber zu tun, seine Frau, eine sehr liebe Person, half ihm, viel kam nicht heraus, aber immerhin eine ausgedehnte Immobilien-Beratung und -Finanzierung, wenn es erlaubt ist, so weit ins Detail zu gehen.

Fredzio also nicht. Bert war tot (auch er hatte Santners Blumenwiese geliebt, was half es seiner armen, vergifteten Seele). Albert war nicht ansprechbar, Muttl Körner hatte mit ihren kümmerlichen Ami-Huren genug Kummer und Arbeit, aber sie schickte mit einem der Mädchen eine Büchse Kaffee, da luden wir denn gleich Zajkoffs ein, die Bulgaren von nebenan, und siehe, die Zajkoffs, beide als Ärzte im Flüchtlingsbereich tätig, hatten einen Tip. Da war die gute Saat der Muttl Körner aufgegangen, der Kaffee trug Früchte, Frau Zajkoff, eine gebürtige Nürnbergerin, und ihr Mann aus Sofia schrieben gleich Empfehlungen, lieferten die Umschläge, adressierten sie, und: Haben Sie genug Reisegeld, und: Hier ist meine Iro-Namenskarte, zeigen Sie sie vor, wenn. Und: Meine Frau ist Deutsche, wir müssen zusammenhalten, sie hatte es auch nicht leicht, mit ihrer Großmutter, die Rosa hieß und aus Galizien stammte, man weiß, wie das ist, Madame, und wupps hatte meine Frau einen Handkuß des balkanischen Kavaliers. Das war ein Tag!

In München sollte, so hörten wir, die Kollegin des Nachbarn, eine Frau Doktor Rosits ausscheiden, sie untersuchte die auswanderungswilligen Ausländer im Lager. Eine Tante von ihr hatte in den Staaten eine Privatklinik aufgemacht und sie angefordert, mit Bürgschaft und allem, was dazugehört. Frau Rosits war glücklich, daß es soweit war, und packte ihre Sachen. Soweit ging es uns nichts an. Aber weiter: Der Verwaltungsmensch, der die Personal-Dokumentation für die Untersuchungen machte, kündigte, er war zum Landrat gewählt worden, wo weiß ich nicht, sein Posten muß sofort neu besetzt werden, dafür also ein Mann, der mit allen Slawen des Lagers in ihrer Zunge sprechen konnte, das waren so an die sechs bis zehn Sprachen, außerdem Englisch in Wort und Schrift beherrschte und natürlich auch das Deutsche, perfekt, wenn möglich. Ich sagte zu, fuhr am nächsten Morgen nach München, geriet auch recht schnell an die ausscheidende Ärztin, die ihren Gast streng musterte, den Blutdruck maß, im Zimmer auf und ab gehen ließ und dann mit einem Haufen Papiere entließ, füllen Sie diese Formulare aus, Herr Kollege, sagte sie, und kommen Sie nachmittags so gegen viere zu mir. Ich ging vors Haus, aß erst mal das Brot, das meine Frau mir mitgegeben hatte, und kritzelte dann die Vordrucke voll. Empfehlungen hatte ich ja genug. In die Spalte Sprachen trug ich alle erforderlichen Sprachen ein, ob ich sie beherrschte oder nicht, ich war, sagte ich mir, in Amerika, im übrigen ist kein Slawe während meiner Dienstzeit unverstanden aus meinem Büro gegangen, und keiner auch, der nicht kapiert hatte, was ich von ihm wollte. Die Insassen der Ausländerlager waren meist Angehörige slawischer Völker, bei ihnen entwickelte sich so eine Art Supra-Slawisch, sie selber nannten es nach der Abkürzung der internationalen Flüchtlingsorganisation Iro-Slawisch. Das half mir, ich hatte nur später Mühe, die sehr differenzierten slawischen Einzelsprachen sauber auseinanderzuhalten, denn was kroatisch Suppe hieß, war bei den Polen Jauche, dies zum heiteren Beispiel gesagt. Das Deutsche war der letzte Notbehelf, wer weder aufs Bulgarische, noch aufs Kroatische, noch aufs Ukrainische reagierte, hatte in seinem Hinterkopf einen kleinen Vorrat von Lagerdeutsch und Auswandererenglisch, vermischt natürlich, und da ging's meistens, man konnte sich auch Hilfe holen bei den Angehörigen, Kindern am besten.

Zunächst einmal freilich mußte ich mich für den neuen Job ausrüsten. Unterkunft war mir zugesichert, aber immerhin brauchte ich Hemden, Unterwäsche, so borgten wir uns etwas Geld beim Dipling, er war der einzige, dem wir offen zugeben durften, daß wir keinen Pfennig im Sack hatten. Und wie wir so die Unterhemden beim Händler im

Hinterzimmer dreimal wendeten und nach preiswerteren fragten, während die Kinder beunruhigt im Zimmer herumschlichen, während wir einen Pappkoffer probepackten, kam ein Brief vom Roten Kreuz an meine Frau, sie riß ihn auf, es war die Mitteilung, daß ihre Eltern in der russischen Zone gesund angetroffen wurden, die Adresse ist soundso, ich sagte, siehst du, wie gut Suchdienste arbeiten, aber sie weinte nur, ihr älterer Bruder war immer noch vermißt, er war wenige Wochen vor Toresschluß noch zu seinem Regiment abgefahren, war er angekommen, war er nicht, was kann man schon über einen deutschen Soldaten sagen, der im Januar des Jahres 1945 zu seiner Truppe nach Osten fuhr.

Wir schrieben gleich an die Schwiegereltern, fragten nach den anderen Verwandten, plötzlich war uns bewußt, daß wir die ganze Zeit eigentlich ohne Verwandtschaft gelebt hatten, wir urgierten die Anfragen nach meinen Eltern, und wirklich, nach vierzehn Tagen war die Antwort da. Die Alten leben in Thüringen, Vater, der lutherische Gemeindevorsteher und Buchhalter, hatte die Buchführung eines ehemaligen Herrengutes übernommen, neben dem Agronomen natürlich, als «Hofbuchhalter», wie er später lachend erzählte. Mutter hatte die Flucht nicht gut überstanden, sie litt an Depressionen, sah überall Soldaten und Kanonen, man bedenke, 1917 hatte sie die bolschewistische Revolution in Rostow erlebt, dann die mühevolle Flucht nach dem Westen, dann die mißglückte Auswanderung nach New York, die Verzweiflung und der Jammer, als die Amerikaner uns im Angesicht der großmächtigen Freiheitsstatue im Hafen zurückschickten, dann die Zeit als halbe Bettler, fast schon abkippend ins Asoziale, dann Arbeit und nichts als Arbeit, Aufstieg, eigene Villa, alle Kinder studieren, aber dann der Krieg, der neue Krieg, Vater von den Polen als Geisel festgenommen, dann die Deutschen, die die fromme Kosakenmutter nicht verstehen mochte, dann die Flucht vor den Sowjettruppen, dann das klägliche Leben in Thüringen, ohne Haus, ohne Heim, ohne eigenen Kochtopf, ewiger Bettelsack, da werde einer fertig damit. Es setzte bei ihr eines Tages aus, sie sah alles, sie hörte alles, sie verstand alles, aber sie wollte nichts sehen, sie wollte nichts hören, sie wollte nichts verstehen. Sie zog sich zurück in ihre Welt der Heiligen und der Büßer. Das alles erfuhren wir erst später, als es zu spät war. Zunächst waren wir froh, daß sie alle es überlebt hatten: Deine Eltern leben, meine Eltern leben, sobald wir etwas in der Lade haben, fahren wir hin.

Doch zunächst mal München. Ich kannte die Stadt noch aus den Tagen meiner Praktiken als Schwarzhändler im Hotel Regent. Ich liebte München nicht, noch nicht, wie ich heute weiß, wie ich schon damals ahnte. Oh, München, du Wolkenstadt, du gelbes Jurtendorf, du königliche Spielwiese! Ich fuhr mit der Tram nach Freimann, wo meine neue Arbeitsstätte war, und die Menschen, die ausstiegen und die hinzukamen, schienen mir pausbäckig, ich meine pausbäckig von Seele, nicht von Angesicht, anders als die Regensburger, die ihren immerwährenden Reichstag wie ein Magenleiden vor sich hertrugen, mit dem sanften Zug zur Wehleidigkeit. Die Münchener waren andere Bayern, härter und herzlicher, auf eine unverzagt fromme Art diesseitig, irgendwo war eine Grenzlinie gezogen zwischen jenen und diesen, den Regensburgern und den Münchnern aus Dachau oder Holzkirchen. Ich weiß, wo die Grenzlinie ihren Verlauf hat, dort wo die Stangen über den Feldern stehen, die hohen Stelzen, die den Hopfen tragen, Hallertau oder auch Holledau nennt man diese fruchtbare Gegend. Da fängt das gute Bier an, das aus Hopfen und Malz gebraut wird nach altem königlichen Privileg. Da fängt das tiefere, das kernige Bayern an. Doch für mich war der entscheidende trigonometrische

Punkt die Theatinerkirche in München, genauer ihre Türme, jene aufbrausenden Steingebilde, denen ich schon am ersten Tage nachschaute, wie eine Braut dem Schiff nachblickt mit ihrem Liebsten, so wie man es mitsamt den blauen Wellen auf den Seifenpaketen sehen konnte, früher, Baltyk hieß das Erzeugnis.

Und die Theatinerkirche schwimmt und schwimmt gegen die katholischen Föhnwolken an, droben am bayerischen Staatshimmel; jede Liebe, wie auch jede Reise braucht einen trigonometrischen Punkt, nach dem sich alles, alles richtet, fast hätte ich gesagt: sich alles, alles wendet, die deutschen Dichter sind schon eine Last beim Nachdenken. Als ich viele Jahre später Tag um Tag im Morgengrauen oder beim Sonnenaufgang mit der Linie fünf von der Ludwigstraße nach links abbog am Residenzgarten vorbei, war mir jeder Tag ein Geschenk, da ich diese Türme sehen konnte, wie sie segelten, wie sie stürmten, diese Meisterstücke des Enrico Zuccalli, wie sie sich dennoch bayerisch ihrer selbst brüsteten, bis die Tram kreischend in die Kurve schaukelte, aber morgen, Freund, wirst du sie wieder sehen, und übermorgen, doch so etwas sagt nur einer, der kein Bayer ist, kein Münchner, nur so ein Deutscher schlechthin, freilich mit Kosakenstiefelchen im Sinn, auf langer Wanderschaft böse zerrupft, aber auch ausgeruht und erholt.

Das Lager war sehr groß. Früher waren hier gewiß viele großdeutsche Bataillone untergebracht, es gab die gemauerten Verwaltungsbauten und viele Holzbaracken, bei dem Vorstellungsgespräch im Ärztehaus hatte ich nur einen Teil des Lagers sehen können, jetzt ging ich, als ich meinen Pappkoffer in dem kammerkleinen Zimmer, meiner Unterkunft, abgestellt hatte, durch die Lagerstraßen und sah mich um.

Die Lagerstraßen waren voll, an den Holzhäusern saßen sie auf herausgestellten Stühlen und Bänken, kauerten auf den Schwellen der Eingangstüren, standen in Gruppen herum, daß man um Platz bitten mußte, wollte man vorbei, aber der Eindruck der Leere war groß. Wenn ich heute nach einem Ausdruck für diese schneidende Atmosphäre suche, so fällt mir außer Leere nur noch das Wort Abwesenheit ein, wobei ich wohl weiß, ich müßte jetzt sagen, wessen Abwesenheit ich meine, aber ich weiß es nicht, ich sage nur, die Menschen, die da herumlungerten oder miteinander sprachen, oder einfach auf die Uhrzeit, irgendeine Uhrzeit warteten, waren abwesend, ihre Baracken waren abwesend, sie waren weniger als Schemen, obwohl man sie anfassen konnte, ihnen auf die Schulter klopfen, eh, panie dobrodzjeju, eh, Wohltäter, ironisch natürlich, wie ein solches Lager nur ironisch zu fassen ist, also: He, mein Wohltäter, und er antwortet mit lauter oder verräucherter Stimme, was gibt's, was willst du, Kollege – so ist das alles nicht wahr, weder ist da eine Stimme, noch gibt es ihn, auch wenn du seine Schulter eben erst berührt hast. Wir sind alle abwesend in diesem Lager, könnte er sagen, wenn er eine Stimme hätte. Die Kinder plärren herum, und aus einem Holzhaus riecht es nach Huhn, also Juden, sagst du dir in deiner Kenntnis von Bräuchen und Nationen, aber es sind fröhliche Kalmücken, die sich hier das Hühnerkochen angewöhnt hatten. Sie geben dir deine Ruhe wieder, die gibt es, sie sitzen in der Stube auf dem Boden, haben in der Mitte ihres Kreises ein weißes Tuch gebreitet, darunter die Beine gesteckt, auf dem tuchbedeckten Schoß hat jeder ein Stück Huhn, essen Sie doch mit, Mister, rufen sie, aber du entfliehst, es ist dir zu gespenstisch, daß sie, die immer sauberen und immer lächelnden Kalmücken die einzigen sein sollen, die du konkret wahrzunehmen imstande bist. Sie sind nicht abwesend, wie denn auch, hast du denn den Hühnerduft nicht gerochen und die Kinder mit den Knopfaugen nicht gesehen, und nicht mit dem Vater der Familie zu sprechen versucht, erst deutsch, dann englisch und dann russisch, sie mochten Russisch nicht, aber es war die einzige gemeinsame Sprache, die wir hatten.

Und weil wir von Sprache reden, ich müßte jetzt aufzählen, was an Sprachen und Nationen in dieser Barackenstadt versammelt war, oder müßte ich sagen: sich gesetzt hatte? Da waren Polen und Ukrainer, Russen und Litauer, Letten und Esten und Tschechen und Slowaken, der Südosten war fast komplett mit Slowenen und Rumänen, mit Ungarn, Serben und Kroaten, sie alle wollten aus Europa fort, wohin auch immer, weit weg, sagten sie, nicht nur so nach Schweden, da sind die ja doch gleich hinter uns da, hieß es. Dabei gehörte Schweden zu den wenigen Ländern, die Menschenliebe praktizierten, es hatte ein Einwanderungsprogramm für alle die gestrandeten, malträtierten, kranken Überbleibsel des Krieges, die den anderen Einwanderungsländern als neue Bürger nicht attraktiv genug schienen, also Amputierte, Schwindsüchtige, Geschlechtskranke, ferner ehemalige Prostituierte oder gar Bettler, manche Länder hatten rassische Vorurteile, ohne indes diese anthropologisch präzise formulieren zu können.

Das waren die Menschen in den Baracken. An den Schreibtischen der sogenannten Missionen, der Vertretungen Amerikas, Australiens, Kanadas, kurz, der rund fünfzehn Einwanderungsländer, saßen die Inhaber der Plätze, zu denen die Habenichtse draußen drängten. Die wenigen Deutschen hingen dazwischen, sie waren wie ich Buchhalter und Liquidatoren ihres Krieges, ihre Aufgabe war, so sahen es viele der anderen, das übriggebliebene lebende Inventar an die Meistbietenden abzugeben, möglichst reibungslos zu verteilen, auch im eigenen Interesse, denn die sogenannten Displaced Persons, das heißt: Umgesetzte Personen, hatten als Zwangsarbeiter im Nazistaat kein gutes Leben gehabt und bildeten einen geballten

Anlaß für schlechtes Gewissen, manche Deutschen sagten Brisanz darauf. Ich hatte von Anfang an mit den meisten Ausländern ein gutes Verhältnis, ich verstand sie, ich kannte die Heimat vieler Antragsteller, und allein, wenn ich nickte, ich kenne Ihren Geburtsort, eine schöne Stadt, dieses Krakau, da galt ich denn bald als Deutscher, der trotzdem ein guter Mann war. So waren damals die Einschätzungen. Ich hatte also wieder einmal nach dem Krieg, den ich so richtig mit Säbel und Gewehr zu führen wenig Gelegenheit hatte, die Chance, wenigstens aufzuräumen, menschlich, das ist nicht mehr, als den Schiffbrüchigen zu sagen, wo die nächsten Rettungsboote kreuzen, aber ich konnte es guten Gewissens tun. Die wenigen abgestellten bayerischen Beamten, meist subaltern und an ihren Aufgaben nicht interessiert, machten brav ihre Arbeit, die übrigen deutschen Angestellten waren genauso Kriegsreste wie die Ausländer und wie ich ja auch. Das Lager, als Transitstation für die Auswanderung ausländischer Personen gedacht, glich eher einem gespenstischen Bühnenstück, in dem das Siechenheim neben dem Bordell steht, in dem alle Werte kippen, als einzige Währung – monetär und moralisch gleichermaßen – galt das lächerliche Papier aus der Visa-Abteilung dieser oder jener Mission. Wer auswandern durfte, galt als Glückspilz, und wenn er es für die Gunst seiner Frau oder der minderjährigen Tochter erwirkt hätte. Wozu anzumerken wäre, daß solche Opfergänge zumeist vergeblich waren, wo nicht, wäre ohne sie der Fall genauso glatt gelaufen. Bürokratie kennt keinen Sex.

In Deutschland bleiben, galt als das Schlimmste. Die aussichtslosen Fälle, die Kranken und Krüppel, die keiner haben wollte, landeten in der nahe gelegenen Ausländersiedlung der Regierung, sie wurden bedauert, aber ihnen lachte die bayerische Sonne freundlicher als viele exotischen Sonnen Amazonas, auf der amerikanischen Weizenprärie oder in den menschenleeren Steppen Australiens. Man kann sogar sagen, wer von Deutschland nach Deutschland auswanderte, zog das schönere Los. Ich hatte oft die Transporte zu leiten, ich kannte viele der Deutschland-Emigranten, ich sah ihre sauberen Stuben, ich, sah auch ihre traurigen Augen, ich sah ihre Kinder auf den Höfen, abseits und verschüchtert, aber war ich, des deutschen Vaters Kosakenkind, der Russenmutter deutscher Junge, nicht auch abseits gestanden in vielen Orten und in vielen Zeiten, bis ich es lernte, durch die Sprachen hindurch zu hören, die fröhlichen Menschen hinter dem jiddischen Schwatz, hinter dem polnischen Geschnatter, hinter dem deutschen Murmeln und hinter dem russischen Zetern zu erkennen, und bin ich nun nicht ein fröhlicher Deutscher, ein unverschüchtertes Menschenkind, ein Mann, der die Augen aufmacht, wenn er spricht (das, Freunde, galt in meiner Heimat als Beweis der selbstsicheren Redlichkeit). Und bin ich nicht auch ein braver Kosak geblieben, wenngleich ohne die weichen Stiefelchen meiner Knaben-Sehnsucht?

Es geschah aber etwas Neues, während ich mich den ganzen Tag über und oft auch abends mit meinen Juden und Russen beschäftigte, während ich zwischendurch dem australischen Auswanderungsarzt dolmetschend in der Praxis aushalf, und somit teilnahm an dem Leben von Noahs Human-Arche, wuchs ich dennoch nach Bayern hinein. Die Grundlage war da, die Jahre in Stetzing und in Regensburg, obwohl es nicht Oberbayern war, aber es färbt das Gefieder. Nur hier in München war es etwas anderes, es schien, ich sei wieder in dem Zug auf der Suche nach Deutschland, und es war, weiß Gott, ein neues Deutschland, das sich mir bayerisch anbot, eines der heiter schwankenden Fülle von Frömmigkeit und Lebenslust, von Hinterlist und Herzensfreundschaft, von einer Lebensart, in der Bett und Beichtstuhl sich dialektisch ergänzten, wenn nur die Aufeinanderfolge eingehalten wurde. Das erinnerte mich sogar an meine balkanischen Abenteuer, wo das Göttliche sich aufs Obszöne reimte, ohne daß das Heilige darob seine Heiligkeit verlor. Und nun Bayern, nun dieses reiche, fette Land an der Isar, der Hopfensegen in der Hallertau, die satten Auen von Landshut und was weiß ich wo sonst noch, das Dachauer Moos erwähne ich nur schnell, hier in diesem deutschen Lande Bayern öffnete sich mir eine neue, bunte Blume, die Blume Bayern, sie roch und sie duftete und sie stank, denn hier wächst der Furz neben dem Bieraroma, hier riecht der Weihrauch nicht heiliger als der Duft aus dem Wirtshaus an der Kirche, wenn die Messe aus ist und die Frauen herumstehen und «ratschen».

«Du Leben, Liebe», hatte einst die italienische Heilige Caterina di Siena ausgerufen, das war vor fast genau 600 Jahren, auf ihren Gott hatte sie es bezogen, in Bayern wäre es umfassender gesagt worden; hier sitzen die Götter mit am Tisch, als Leben, als Liebe.

KAPITEL XI

Wir sind alle Ausländer.
Fast überall.
Anonyme Weisheit von 1985

ICH fuhr dann eines späten Nachmittags nach Schwabing, an der Münchener Freiheit stieg ich aus, ging, wie man mir beschrieben hatte, in Richtung auf den Englischen Garten zu, und da war er schon, der literarische Treffpunkt, von dem man mir mit geheimnisvoller Ehrfurcht erzählt hatte: die Seerose. Im Schankraum war diese kribblige Unruhe, in der kein Geräusch zu identifizieren ist, wo es aber wie eine Wolke hoch bis zur Decke schwebt. Es roch nach Bierschwemme, die Männer am Tisch spielten Karten, blickten mich kurz und gleichgültig an, ich wollte schon gehen, das literarische Schwabing hatte ich aus meiner Lektüre anders im Bild. Aber da kam die schmale, knochige Hebe auf mich zu, hielt mir eine Maß Bier vor die Nase und schubste mich am Tisch vorbei mit der rechten Schulter zum Nebenzimmer hin. Die Dichter sind da drin, raunte sie, fast hätte ich gesagt: verstohlen, aber es war nur diese merkwürdige bayerische Mischung beim Umgang mit «Gstudierten», teils Achtung, teils peinliches Mitleid, auf alle Fälle aber so etwas wie Berührtsein. Ich sah mich um, wen kannte ich denn schon von den Dichtern, die da herumsaßen, den P. P. Altenberg an der Schmalseite, vielleicht auch noch den Walter Meckauer, schwer zu sagen, heute. Die Poeten tranken auch Bier. Sie plauschten unbefangen, ihre Gespräche kreuzten sich über den Tisch, verhaspelten sich, dann stand einer auf, ging in den Schankraum und rief, man solle doch stille sein, die Dichter haben ebbs zu besprechen, ebbs sagte er, ein anderer rief hinüber, hier werde gedichtet, er fügte hinzu herrgottsakra, worauf dann etwas Ruhe eintrat und der Dichterkreis Seerose sein Wirken fortsetzen konnte. Ich machte mich bekannt, alles fremde Namen, fremde Menschen, fremder als die Bierdimpfln im Schankraum, mit denen ich viel lieber über Dichten (und Schreiben überhaupt) gesprochen hätte, nicht nur weil einer von ihnen eine Lage bestellte für die «meineidigen Großkopfeten daherinnen». Ich blickte mich um, die Poeten waren im Grunde genommen genauso bieder und grau wie die spendablen Nachbarn in der Schenke, was wußte ich damals, ich hatte Spaß gehabt an den Sinnereien des «sanften Irren» Altenberg, und ich dachte, er möchte wohl mehr in den Schankraum gehören zu den bayerischen Kleinbürgern, die mir eigentlich als die wahren Schwabinger erscheinen wollten, die untergründig knurrende, dürre Bedienung eingeschlossen. Später erfuhr ich, daß ich manches versäumt hatte, aber ich mochte nicht. Es waren andere Menschen in der Dichterstube der Seerose, und wenn ich andere Menschen sage, so meine ich wahrscheinlich sattere, festere und ganz und gar nicht umgetriebene, wie sage ich's? – Geistesbürger. Ich war keiner von ihnen und habe sie, das Gedächtnis ist sehr ungerecht, bald darauf halb vergessen.

Ich ging nie mehr hin, die Tram kostete Geld, das Bier mußte bezahlt werden, ich schlenderte lieber in Schwabing herum, freute mich über das Boulevardleben auf der Leopoldstraße, über die kleinen, weißen Tischchen, der Friede war da, nur das Geld reichte nicht für ihn, ich hatte noch einen Kantinenbon aus dem Freimanner Lager, ein Dokument aus einer anderen Welt, wo der Friede noch nicht so herumprotzte, ich sprang auf die Tram und fuhr heim. Für den Abendbrotbon ließ ich mir zwei Kännchen Kaffee geben, ich trank sie gemächlich aus, und wie ich so aufbrechen will, kommt Lajos in die Baracke, geht gleich an die Theke, trinkt einen Wodka, dann wendet er sich mir zu, ej, Onkel Deutscher, was bist du so trüb, trink einen Schnaps mit, und schon hatte er dem Kantinenmädchen die Bestellung zugewinkt, wir tranken den Schnaps, tranken einen zweiten, einen dritten Schnaps, ich wollte protestieren, aber Lajos war in Fahrt gekommen, ich bleibe nicht in Deutschland, rief er, nem, nem, bekräftigte er es auf ungarisch (obwohl er ein echter Slowake aus der Tatra war), sie wollen mich kaufen, diese Misters. Ich fragte Lajos nie aus, er hatte seit ich ihn kannte, also gute zwei Monate, phantasiert und jedermann gescholten, der ihm in die Quere kam, aber jetzt sprach er von den «Misters», also etwas Amtliches? Ich hatte kein Geld, nur noch Essenbons des Kantinenwirts, widerwillig rückte dieser dafür Schnaps heraus, aber das war ich wohl dem Lajos schuldig, diesem studierten Bergbauern von irgendeiner karpatischen Hochalm, der die Leibfeinde im Süden, die Magyaren, verachtete, aber in ihrer Sprache dachte. Er jammerte. Was soll ich tun, bleiben oder gehen, der Ami-Sender im Englischen Garten hat mein Feature über Tom Sawyer angenommen, vielleicht stellen sie mich sogar an in ihrer tschechoslowakischen Abteilung, aber was, wenn der Russe kommt, da sind sie weg, die Misters, und ich hänge in den Isarauen an der höchsten Linde, geh Onkel, sag, was ich tun soll. Als die halbe Nacht um war, hatten wir den Plan, und er gelang: Lajos sollte nach Kanada gehen, aber erst nach dem dritten gelungenen Funk-Feature und als ständiger slowakischer Mitarbeiter des amerikanischen Osteuropa-Senders. Ha, noch etwas: Er konnte seine deutsche Braut mitnehmen, sie war Dolmetscherin von Beruf, deutsch-englisch und deutsch-französisch, aber das war's nicht, Lajos liebte diese Frau auf eine sehr sensible, aber hektische Art, bei uns in Vysoke Hagy, sagte er bisweilen, sind wir alle so, lieben oder nicht lieben, die Amerikaner verstehen das nicht, sie können ein bißchen mehr lieben oder ein bißchen weniger lieben, was soll mir das, Onkel?

Meine Ausflüge nach Schwabing mußte ich nun unterbrechen, um die letzten Groschen zusammenzuhalten, Essenbons hatte ich auch kaum noch, oh, wenn doch auch zu mir der richtige satte Friede käme, mit Sparbuch und Etagère im Wohnzimmer, aber es hatte bisher nur zum gebührenfreien Blick von Santners Wiese auf den Bayerischen Wald und zum fernen Böhmerwald gereicht, damals in Stetzing.

Das war die Zeit, da in der Occamstraße, nicht weit von der Seerose, ein Lokal aufgemacht wurde, von dem die ehrgeizigen Ukrainer im Lager sagten, da mußt du hin. Ich, in meiner schier manischen Suche, ging hin, es war voll, am Klavier saß einer, der Bescheid wußte, die Wirtin stand hinter der Theke, fragte mich, als sähe sie mir durch das schäbige Oberhemd mitten hinein in die deutsche Brust: Wen suchst du? Ich sagte nichts, was sagst du einer resoluten Frau, die du nicht kennst, wenn sie dich fragt, was du suchst, mich, der ich suchte und suchte und nie wußte, was eigentlich, sollte ich ihr sagen, weiß nicht, bin fremd hier, sie darauf, setz dich da hin, ein Wein, ja, sag ich, obwohl ich nur dreifuffzig in der Tasche habe, also gut, sie geht dann los, steigt auf das kleine Podest und röhrt los, daß mich die Angst packt: «Aber der Novak läßt uns nicht verkommen», singt von dem Mädchen, «fromm, von sanftem Wesen, das nackert tanzt vor Negern und Kinesen». Das hatte ich noch nie gehört, he, sage ich hinterher zu ihr, wie du auch heißt – Gisela, sagt sie, also Gisela, soll ich dir nicht 'n paar Texte schreiben, du bist vielleicht gut, sagt sie, aber geh, schreib. Dafür hast deinen Wein so, *umasunst,* wie man hier sagt. Ich ging, als ich den Schoppen ausgetrunken hatte, heim, zu Fuß, das dauerte an die Stunde, aber mir schwebte so etwas wie ein Schwabing alter Art vor, ein Überbrettl und so. Aber es ging nicht, die Leute wollten kein literarisches Überbrettl, sie wollten Jux, jeden Abend denselben, ein Vierteljahr Novak war ihnen nicht zuviel, Deutsche sind auch abends, auch wenn sie verrucht sind, konservativ. Ich brachte der jungen Wirtin, dieser Gisela, meinen Text, aber es wollte und wollte nicht gelingen, damit einen Abend zu illustrieren, vielleicht hatte sie mir nur den Wein am ersten Abend spendieren wollen, ohne mich zu kränken, denn sie sah es meinem Hemd gewiß an, daß ich in der Steppe hauste. Ich ging noch paarmal hin, aber nur, wenn ich für einen oder zwei Schoppen Geld im Sack hatte. Ich erfuhr später, die Stadtbesichtiger mit ihren großen Bussen machten am späten Abend Station bei ihr, Schwabing bei Nacht hieß das Unternehmen, sie ging, nachdem sie geheiratet hatte, aufs Land, aufs bayerische, versteht sich.

Aber das mit dem Texten von Nachtbar-Gesängen ging mir im Kopf herum, ich sagte es Lajos, er hatte einen Budapester Klarinettisten zur Hand, der komponierte, wie halt Ungarn so komponieren, teils feurig, teils traurig, und Lajos sagte, so in der Mitte und von beidem ein bißchen, möcht wohl als Text gut passen. Ich ging also zu dem komponierenden Holzbläser, und wir kamen gleich ins Gespräch, er zeichnete mir eine metrische und rhythmische Skizze auf, pfiff mir, gewissermaßen im Entwurf seine Melodie vor, und ich eilte nach Hause, den Kopf voller Textbrocken, nur die Melodie kam mir so russisch vor, war da nicht ein kaukasisches Lied im Kriege bekanntgeworden, das der alte Stalin so gern hatte, ein Liebeslied mit russischem Text, du, mein Knabe, oder du, mein Täubchen, ging es an, und im Refrain wiederholte sich die Person als Subjekt und sang zurück, sehr schön, aber nun war mein Text hin, oh, hätte ich doch dem Verdacht nicht nachgegeben und den Stalin in Rußland gelassen mit seinem beschissenen Lieblingslied. Wie ich das dem Ungarn erzähle, zwei Tage drauf, ist er sehr verlegen, du mußt wissen, das ist sogar dem Bach passiert; Bach und Stalin, frage ich, wie das? Nein, altes Lied neu gemacht und gemerkt gar nichts, Bach oder Stalin oder meine bißchen Wenigkeit, joj, wir werden neue Lieder schreiben, wir beiden, fang schon an.

Wir schrieben neue Lieder, das stimmt, er war fleißig, ich war fleißig, er hatte ja sonst nichts zu tun, aber mir hing der ganze Auswanderungskram am Halse, den mußte ich fehlerfrei abwickeln, sonst wäre ich nicht zu halten gewesen, jeder Kujawe durfte mal danebenhauen oder blaumachen, nach der damals so genannten Formel «wiewillstdu», ein deutscher Angestellter geriet unweigerlich bei jeder Nachlässigkeit in Verdacht. Ich fragte meine Klientel aus in allen Sprachen östlich der Lausitzer Neiße, ich kümmerte mich um ihre Unterlagen, wies die Unterkünfte an, fertigte für sie die Gesundheitsbögen an, um die Prozedur zu beschleunigen, ermittelte Beruf und Ausbildung, Staatsangehörigkeit, Volksbekenntnis, Religion, alles so Sachen, die nicht mit Frage und Antwort zu erledigen waren, hatten die einen zum Beispiel einen richtigen Popen, so war noch immer nicht klar, daß das ein orthodoxer Pope war, er könnte auch ein westlicher Pope der sogenannten Uniierten gewesen sein, die den Papst anerkennen, danach aber richtete sich die Zuweisung zu der oder jener kirchlichen Hilfsorganisation, und was machst du, wenn der ehemalige Pole oder Ukrainer oder Ruthene oder Poleschuk oder Wolhynier oder, zum Teufel mit dem Oder, ich brauchte manchmal einen Vormittag, um zusammenzutelephonieren, an welchen der vielen Götter eigentlich der alte Wyhora und seine blutjunge Frau glaubten. Hatte man ihre Kirche dann dingfest gemacht, so meldete sich Wyhoras Auswanderungsfrau (mehr war sie nicht) und fragte, ob man sie beide nicht auf die römische Religion umschreiben könnte, was doch wohl günstiger sei in jenem brasilischen Lande. Gott allein weiß, wie oft sein richtiger Name in diesen Büros gesucht, gefunden und wieder verworfen wurde, Lajos sagte, da es in allen

Fällen und bei den verschiedensten Popen um denselben Gott ginge, sei es diesem wahrscheinlich gleichgültig.

Ich machte viele Überstunden, aber nicht die Gottsuche der Emigranten hielt mich im Büro, sondern die neue Schreibmaschine, auf der ich meine Schlagertexte schrieb, so nahte denn der Tag, den mein ungarischer Komponist organisiert und vorbereitet hatte, in einer kleinen Eisdiele, die nach acht geschlossen war, durften wir arbeiten, das heißt, eine junge Band, eben erst entstanden, sagte der Ungar, ein altes Tonbandgerät und der flauschige Wintermantel aus Budapest zum Abschirmen der Geräusche von draußen war unsere Ausrüstung. Etwas später kam eine ungarische Dame, noch jung, ganz und gar auf letzte Chance ausgerichtet, wie wir ja auch, was nützt das Spötteln, es wurde geprobt, bis der Nachtwächter kam und herumraunzte, da entschlossen wir uns zur Aufnahme. Sie gelang, die jungen Musikanten spielten und spielten, die ungarische Sängerin himmelte das Mikrophon an und sang ihren Part, als wie vor dem glanzvollen Publikum ihrer heimatlichen Metropole, die Aufnahme wurde unter Beifall abgespielt, das Band nahm der Komponist und Manager an sich, die Dame Sängerin bekam zehn Mark, die jungen Musikanten hatten ihren Schuldschein, der Eisdielenbesitzer erhielt das Versprechen eifrigen Zuspruchs in Zukunft. Als ich meinen ungarischen Manager und Klarinettisten nach einem halben Jahr an unsere gemeinsame Arbeit erinnerte, wich er aus, es sei sehr schwer, etwas auf dem Musikmarkt unterzubringen, das einen so anspruchsvollen Text und eine so einmalige Musik hat, es war also vergebens, das nächtliche Aufbleiben im Büro, das Zusammenfummeln von sechs, zehn, zwanzig Fassungen eines dreistrophigen Liedes mit strenger, vom Schlagertypus vorgegebener Metrik, alles vergeblich, aber wer will dem Manne grollen, er hatte ja selber daran geglaubt, wie wir alle damals, die wir in jedem Strohhalm schon einen sicheren Wanderstab zu erkennen glaubten, der nächste bitte, sagte ich und ließ die siebenköpfige Familie aus Polesien ins Büro, Poleschuken, wie man sie nannte, erzbrave, fromme, arbeitsame Menschen, kommt Väterchen, setzt Euch, kommt Mütterchen näher, seid stille Kinder, haben Sie schon die Formulare, die Papiere, solche wie ich sie hier habe, solche, ja, dann gut, gebt sie mir, Väterchen, wo ist Euer Paß, Ihr habt doch einen Paß, Paschport, versteht Ihr nicht, zeigen Sie ihm, wie ein Paß aussieht, Fräulein Kowalska, so einen haben wir im Beutel, dann packt mal aus, und da kam denn die Reiseration bis nach Australien zum Vorschein, da, die Frau findet die Pässe, da, das ist der für mich, hat der Herr Konsul gesagt, das, das ist der Paß meines Menschen, das ist das und das ist dies. Bei «meines Menschen» darfst du nicht zucken, dort ist Mensch der Ehemann, die Frau ist die Frau, sie wird nicht einmal Ehefrau oder Gattin oder sonstwie ähnlich gerufen, nur so Frau, ein Mensch und eine Frau bilden ein Ehepaar, müßte man korrekt sagen. Die Kinder sind mittlerweile älter geworden, der braucht einen neuen eigenen Paß, der hat ein Photo wie ein kleiner Seehund, nicht zu erkennen, das gibt Ärger, also, zum Photographen im Lager schicken, mit einem Vordruck natürlich, Kostenübernahme und so weiter, das Ganze zurück zum Konsul, der zum Glück und wohlweislich sein Büro auf dem Lagergelände hat. Zwischendurch müssen die Kinder pissen, muß die Frau, beim «Menschen» ist es einfacher, ich meine anatomisch-technisch, aber Scherz ist da nicht am Platze. Was sich mit der Auswanderung solcher Menschen vollzieht, ist eine brutale Auswurzelung, aber was bleibt uns übrig, zurück zu den Roten wollen sie nicht, dann schon lieber in die Fremde. Im Lager verkommen, wo die Jungen ins Asyl absinken und die Mädchen mit dreizehn auf den Strich gehen, das ist keine Alternative, also schicken wir sie, so gut es geht, nach Übersee.

Die einzelnen Nationen im Lager hatten ihre Treffpunkte, hinter dem Sportplatz saßen die Polen herum, in Gruppen oder auch in einer größeren Traube, ihre Gespräche begannen mit dem Austausch von Informationen, in der Verwaltung gibt es Zuteilungen, im Lager-Pfarramt beim polnischen Pater gibt es Formulare für erholungsbedürftige Kinder zum Fortschicken, und solcherlei Lebenshilfe, aber die Zusammenkünfte hatten einen anderen Kern, der zeigte sich erst, wenn die Tagesordnung gewissermaßen abgehandelt war, jeder hatte erfahren, was es beim Pater Wojciech gibt und wie der Truppendollar steht, lebensfremd waren die Polen nicht, obwohl plötzlich derselbe Mann, der eben die Dollarkurse verkündet hatte, derselbe Mann, der ihm kühl sachlich zuhörte, derselbe Mann, der Ami-Zigaretten günstig anbot, obwohl ganz und gar plötzlich alle Männer sich aufrichteten und zu singen begannen, Kirchenlieder, Nationallieder, wo ist da beim Polen ein Unterschied, und aus den choralen Melodien blühte wie eine helle Wolkenwand am Himmel von Zakopane ihr Polen auf, das nicht nur Melodie war und nicht nur leuchtendes Wolkengebilde, sondern realer Anbetungspunkt, göttlicher Gegenstand zwar, aber polnisch, wie denn anders, ein weiß-rotes Kruzifix, vom Herrn gesandt für seine polnischen Söhne, exklusiv, und der Garten Gethsemane wanderte an den Abhang des heiligen Hügels Wawel in Krakau, wo die polnischen Könige und Poeten ruhen, der altehrwürdige Adam Mickiewicz hat es ihnen vor etlichen Generationen von Paris aus vorgebetet, jetzt in München ist es immer noch wahr.

Aber wenn du da vorbeigehst, freundliches Gedenken im Sinn und vielleicht ein sanftes Mitleid zur Hand, erfährst du, daß auch das Göttliche der nationalen Emotionen nicht vom Himmel kam, sondern aus der irdischen Not, wer alles verspielt hat, wird fromm, sagt man, aber ist es nicht eher so, daß viele Völker sich allein durch die

Lebenslüge am Leben erhalten, ihre ganze Umwelt mißgönne ihnen ihre Gottessohnschaft, besagter Mickiewicz nannte es Messianismus, sein Polen erhob er zum Christus der Nationen, für alle Sünder stellvertretend ans Kreuz geschlagen, wer will da von eigenem Verschulden, von Ursache und Wirkung reden, angesichts solcher Metaphysik. So saßen sie denn hinter den Baracken im lauen bayerischen Föhnwind und sangen, und wenn einer weinen mochte, nun, auch für ihn kommt die Zeit der Löhnung und der Auferstehung. Wie ich mal mit dem Luban spreche, ehemals Offizier der Pilsudski-Armee, schon angejahrt und mit gelähmten Beinen, sage ich dummerweise, was glauben Sie, Herr Rotmistrz (das ist: Rittmeister), wie das mit Polen so weitergehen wird, da richtet er sich auf, zieht seinen schäbigen Rock stramm und faucht mich an, woher soll ich das wissen, Polen muß eben für alle Sünder unter den Nationen leiden, aber eines weiß ich, die Muttergottes von Tschenstochau, Najswietsza Matka Boska Czestochowska, weint über ihr polnisches Königreich und über ihre treuesten Söhne. Es sollte soviel heißen, daß Götter nicht ewig weinen, sondern irgendwann mal zupacken sollten, aber das wäre zu unfromm, das heißt: unpolnisch gedacht. Als der Rittmeister Luban Deutschland verließ, er wanderte nach Wales aus, wo ihm Exilpolen einen Platz im Pflegeheim besorgt hatten, da ließ er mir sagen, eines Tages kehre er zurück, und dann sei Auferstehung, er bete auch für mich.

Er starb im Rollstuhl, seine Frau kam zurück, sie war eine Deutsche und hatte Ansprüche an die Sozialversicherung. Die Tochter konnte außer einigen deutschen Brokken und einem polnischen Kindergebet nur englisch, sie heiratete einen Bergmann.

Inzwischen war unser Wohnrecht in der Regensburger Korporalswohnung der vormals königlichen Kürassiere (oder Cheveauxlegers) ausgelaufen, da ich nicht mehr im

Internationalen Suchbüro tätig war. Ich mußte hinfahren und mit den amerikanischen Verwaltern sprechen, es ergab sich, daß der Suchdienst wie auch die Auswandererbüros aus demselben Fonds bezahlt wurden, dem amerikanischen, so stellte es sich mir dar; daß der amerikanische Fonds, im Grunde genommen, ein deutscher war, als Besatzungslast in der bayerischen Finanzkasse verbucht, war gleich, an der Spitze lief alles zusammen, sagte ich den Leuten vom bayerischen Kürassiernachlaß, und siehe, es klappte wunderbar, ich bekam auch noch eine Kammer dazu.

Es gab noch einigen Ärger mit den Kindern, aber meine Frau, durch Flucht und Verluste jeder Art abgehärtet, brachte auch das in eine menschliche Ordnung, ich sage menschliche, denn es galt, eine Unmenschlichkeit zu beseitigen. Im Gymnasium erhielten beide Töchter Sonderplätze angewiesen, abseits von den übrigen Kindern, zur Seite gerückt und mit der infamen Begründung, sie seien als Heidenkinder dort am besten aufgehoben. Dies sei, so erfuhr meine Frau in der Schule, pädagogisch unumgänglich, es seien ja auch die anderen Schüler da, und die hätten den Vorrang. Meine Frau meldete beide von dem Religionsunterricht ab, den sie informell besucht hatten, mehr war nicht zu machen, Regensburg, früher protestantische Reichsstadt, hatte sich eben gewandelt. Die Kinder wurden jedenfalls alphabetisch wieder in die Bänke eingereiht, für sie war es innerhalb der Klassengemeinschaft ein deutlicher Prestige-Gewinn.

Die Flüchtlinge in Regensburg nahmen solche Mißgriffe ohne Murren entgegen, sie träumten vom sogenannten Lastenausgleich, der ihnen ihre gute Stube wiedergeben sollte, sie paßten sich an, sangen ihre Heimatlieder und beteuerten sich gegenseitig, wie gern sie wieder daheim wären im Riesengebirge, im Böhmerwald oder im Egerland. Ihre Zusammenkünfte trugen bezeichnende Namen.

Die Böhmen nannten ihre Treffen Hutschenabende, das heißt: Abende, an denen man zusammenhockt, Zusammenhocken als Sinngebung demnach. Ihre Führer freilich dachten weiter, sie hielten die immer wieder erlahmende Hoffnung ihrer Landsleute wach, Land und Einfamilienhaus zurückzubekommen, das ewig deutsche Land und das Häuschen am Stadtrand, das freilich bei vielen immer größer wurde und immer näher zum Stadtkern rückte. Doch wir empfanden das als einen natürlichen Kompensationsvorgang. Hatten nicht die Polen in ihrer traditionsreichen Nationalhymne die Zeile stehen, so richtig griffig und zum Mitsingen:

> *«Was uns fremde Übermacht genommen,*
> *holen mit dem Schwert*
> *wir uns zurück»?*

Dagegen waren unsere Flüchtlinge freundlich und geradezu lieb.

In der Mondgasse saßen sich nunmehr zwei Geschäftsführer gegenüber, einer für den Stadtkreis Regensburg zuständig, der andere für den Landkreis, einer war aus Prag, der andere aus Brünn, bei uns in Brienn sprechen wir das reinste Daitsch von allen, sagte er immerzu, als hätte es wer angezweifelt. Sie liebten sich nicht, wenn einer einen Vorgang des Landkreises dem Stadtkreis zu übermitteln hatte, so schob er ihn nicht die einmeterfuffzig über den gemeinsamen Tisch, sondern tat ihn in den Briefumschlag, frankierte und brachte ihn abends zur Post, am nächsten Morgen sortierte er die eingegangenen Briefe für seinen Kontrahenten aus dem Haufen und schob sie ihm über den Tisch, den eigenen, der auf dem Umweg der Post gekommen war, auch. Exil verdirbt nicht nur den Charakter, es engt das Leben und die Menschen ein. Die ersten Trottel der Menschheitsgeschichte sind die Individuen, die sich von ihrer Horde entfernt und verlaufen hatten, ihr

Exildasein machte sie zu unausstehlichen Ekeln, wie heute noch bei den Elefanten zu beobachten ist.

Das war die Zeit, wo uns die Wenders begegneten, ein deutsch-amerikanisches Ehepaar mit einer halbwüchsigen Tochter. Sie waren Deutsche in New York, als der Hitlerboom auch die im Ausland lebenden Reichsbürger erreichte. In ihrer Naivität, die begünstigt war von der ozeanweiten Entfernung vom Heimatland, organisierten sie sich willfährig, und als kurz vor dem Krieg sich die Chance bot, heimzukehren, gingen sie zurück nach Deutschland, das sie so herzlich einlud und rief. Im Reich war ihnen alles neu, alles schien so voller Optimismus zu sein, daß sie ihren amerikanischen Lebensmut nicht zu messen wagten an der deutschen Lebenswoge. Als sie eine Weile da waren, sah es anders aus, doch der Krieg hielt sie fest und auch der Trotz, das muß gesagt werden. Aber erst der moralische Zusammenbruch einer Nation im brutalen Chaos der Flucht aus den Ostprovinzen belehrte sie eines wirklichen Deutschlands, sie heulten, aber sie sahen, was war. Als ihr Söhnchen erfror, mußte es am Wegrande verscharrt werden. Den Grabsegen eines Geistlichen erkaufte sich die verzweifelte Mutter mit dem Versprechen, ihr zweites Kind in einem kirchlichen Heim erziehen zu lassen, was blieb ihr übrig, das Mädchen kam später zu den Englischen Fräuleins und wurde eine brave und allzeit freundliche Lehrerin. Sie kannte allerdings die Geschichte ihrer Erziehung und liebte ihre Mutter sehr.

Die Familie Wenders war in die Wohnung des Ärzteehepaares Zajkoff eingezogen, die Bulgaren hatten im neuen Wohnblock schräg gegenüber eine Privatpraxis aufgemacht. Wenders und seine Frau sprachen ein so vorzügliches Amerikanisch, daß es ihnen geradezu aufgedrängt wurde, trotz ihrer New Yorker «nazi affiliations», so hieß das damals, sich bei den Einrichtungen der amerikanischen Verwaltung nützlich zu machen. Ich sprach mit

Jennifer über das Problem, sie sagte, wer deine Muttersprache ganz und gar beherrscht, kann nie ganz und gar dein Feind werden. Ich bezweifelte es, ich kannte Beispiele, aber die amerikanische Personalchefin unseres Münchener Lagerbüros hatte mit ihren Jahren einen großen Vorsprung an Erfahrungen, außerdem war sie drei Mal verheiratet, mit einem Russen, dann einem Brasilianer und zuletzt, etwas unglücklich, wenngleich ohne Scheidungsabsichten, mit einem braven Amerikaner aus dem Mittelwesten; sie war angeblich aus Boston. Ich sage: Bist du, des Deutschen doch immerhin mächtig, nie Feind der Deutschen gewesen? Sie sagt, die Frage ist falsch, ich spreche deine Sprache und der Teufel hol mich, wenn ich dir feind sein sollte, aber das ganze Volk? Ich sag: Jennifer, wir haben eine Gemeinsamkeit, ich ahne, daß du aus Rußland kommst, wie ich auch, was suchst du unter Amerikanern? Zieht es dich nicht nach Moskau oder an die Newa, der Teufel weiß, wo du getauft bist. Das mit Rußland, Junge, das stimmt, du hast Instinkt, aber das mit der Taufe, da bist du richtig blöd, meine Väter waren beschnitten, mein erster Mann war auch Jude, aus Odessa übrigens, wie ich. Und was ich bei den Amerikanern suche, sag mal, du suchst doch auch, seit ich dich kenne, läufst du herum, was suchst du bei den Deutschen, du Deutscher, du?

Was bleibt einem übrig, man erzählt sich, der eine seinen Weg, der andere den seinigen, und wie es der Teufel so fügt, die Wege kreuzen sich, sie kreuzen sich allein schon deshalb, weil alle Wege sich kreuzen. Als ich soweit bin, wirft sie ein, alle Wege kreuzen sich? Aber doch nicht die Parallelen, boy, du hast wohl in der Schule geschlafen. Na gut, sag ich, die Parallelen, aber da faucht sie schon, gerade diese Parallelen, das sind eure germanischen, eure teutonischen, eure blonden Lebenswege, sauber geharkt und parallel zueinander, und euch wollte dieser Hitler Volksgemeinschaft beibringen, der Tölpel.

Siehst du, jetzt haßt du uns doch, Jennifer, entfährt es mir. Nix hassen, verwahrt sie sich, was dann, frage ich? Ich liebe euch wie alle die blöden Juden, die sich in eure Sprache verliebt hatten, euch liebten, sie wußten, daß ihr Bestien seid, aber sie himmelten euch an. Mein Vetter, ein Deutscher, den ihr rausgeschmissen habt als Juden, lebt seit Jahren in Schweden, ist königlich schwedischer Bürger, aber wenn es Frühling wird, fährt er schnell nach Deutschland, deutsche Luft schnuppern, fährt in die Lüneburger Heide, summt Lönslieder vor sich hin, ein deutsch promovierter Pinkus, ein Jude, wie er im Buche steht, in eurem Buche, mein Lieber, als in Stockholm sein erster Sohn zur Welt kam, wollte er nur wissen, ob er blond sei, und Deutsch mußte er lernen, daß man ihn nicht unterscheiden könnte von euren strahläugigen Barden. So wie ich Deutsch gelernt habe, weil. Hab ich schon alles gesagt? Du brauchst nichts hinzuzusetzen. Du suchst, wie ich suchte, ich floh vor Deutschland nach Brasilien, verstehst du, kein Deutsch mehr hören und keins lesen, Brasilien, nach zwei Jahren war es zuende, und meine Suche nach dem fucking no good Germany ging weiter. Mein jetziger Mann hilft mir, darum bleib ich bei ihm, er rezitiert Goethe, Heine und den Struwwelpeter, das ist für einen aus Massachusetts doch viel?

Ja aber, beginne ich irgendeinen Satz, irgendeinen. Da fährt Jennifer, die als Kind Schenja hieß, fort, russisch diesmal, hör genau zu, du Luther-Kosake, ich kenn dich, mir entgehst du nicht, du fragst dich jetzt, was die toten Juden mir sagen, die Millionen, die Millionen toten Juden und die Millionen kaputten Juden, ich sage nur eines, sie waren eure Brüder, deshalb mußten sie sterben oder grausam leiden. Ihr habt in ihre Augen gesehen, und darin spiegelte sich eure Grausamkeit, schon im voraus, verstehst du, darin spiegelte sich eure Grausamkeit, aber als Demut, halt das einer aus! Die Deutschen lauschten auf die Judenstimmen, und was hörten sie, sie hörten ihre eigene germanische Poesie, besser und redlicher, das reichte, das war der Juden Todesurteil. Heine hatte es geahnt:

«Ich glaube, Vaterlandsliebe nennt
man dieses törichte Sehnen».

Und in Sibirien sagten früher die Jägervölker, die sehr gescheite Schamanen hatten, wenn der Bär einen Jäger nicht liebt, läßt er sich von ihm nicht töten.

Es ist zum Heulen, wie alles ineinandergreift, und jetzt stehst du da und weißt nicht, was du dieser amerikanischen Jüdin aus Odessa antworten solltest, gar nichts, Boy, gar nichts. Such du dein Deutschland, ich suche meins, ich fürchte, es ist das gleiche, das unauffindbare. Dann stand sie auf und sagte in ihrem korrekten Ausländerenglisch: Es ist nicht das, daß ich Deutschland liebe, es ist nur, ich weiß nicht, ob es Deutschland je gegeben hat, byebye, friend, laß nicht nach.

Und dann das tröstliche «poká», das soviel heißt wie «bis bald», auf russisch.

KAPITEL XII

Ich bin dir nachgefolgt sieben Jahre, bin bei Sonne
und Mond und bei den vier Winden gewesen
und habe nach dir gefragt und habe dir
geholfen gegen den Lindwurm; willst du
mich denn ganz vergessen?
Brüder Grimm, Das Märchen vom
Löweneckerchen

IRGENDWANN einmal, war's vor Jahren oder vor Jahrzehnten, trieb uns die Parole um, Heim ins Reich, heim in das geheiligte Obdach aller Deutschen, hehr und am besten im Sonnenwendfeuer zu erahnen, da war ich dabei, zum Teufel, da stand ich dort, vorne heiß und hinten fröstelnd, vor dem lodernden Fackelbrand, und einer von uns las die Sprüche vor, die dazu paßten, der Rauch zog langsam ab, die Schwaden bissen uns in die tränenden Augen, aber das kam auch dem Vaterland zugute, dem fernen, dem jenseits der Grenze, und dann, später, kamen wir in dieses Reich der Helden und Burgen, der vielen Dichter, die alle deutsch dichteten, und – wie ich mit meinen bekümmerten Erinnerungen soweit bin, muß ich lachen, denn, was ist? Bin ich nicht immer noch auf der Jagd nach diesem Reich unserer knabenhaften Feuersbrünste am Gutswald von Wieschonka bei Posen? Hab ich nicht die amerikanische Bibliothek in Regensburg, nicht weit von dem Rathaus mit dem immerwährenden Reichstag, durchstöbert nach dem Land, nach dem ich unterwegs war, war und war und war? Und bin. Immer noch – oder was suche ich, wenn ich mit Jennifer streite, was suche ich, wenn ich in München in die Bierstuben am Feilitzschplatz gehe, die letzten Zehner unter dem Tisch abtaste, ob sie reichen, was tue ich anderes, wenn ich mit meinen Russen weine und mit meinen Polen masowische Weihnachtslieder singe, was denn anderes als Deutschland zu suchen. Und was anderes tue ich, wenn ich abends ins Café Freilinger an der Leopoldstraße mich einschleiche, einen Blick zu werfen auf den Erich Kästner, der da leibhaftig sitzt und ein Glas vor sich hat und ein Stück Papier. Er dichtert hier, heißt es, und dann hört man es in seinem Kabarett, aber wo werd ich da hingehen, oben im ersten Stock tagt der Tukan-Kreis, die Leute haben etwas so abscheulich Unwirkliches an sich, als hätte sie einer schlecht erfunden. Da wird gelesen und geklatscht, und vorher muß man einen Beitrag zahlen, einmal durfte ich dann mit dem kleinen Kreis der Tukan-Dichter in eine kleine Kneipe weiterziehen, da wurde denn das Eintrittsgeld auf den Tisch gehauen, ach, was heißt schon gehauen, es waren kümmerliche Groschen in Geld und kümmerliche in Geist, die sich da zusammenhäufelten. Manche hatten Frauen mit, die wollten über die literarischen Erlebnisse weit hinaus, aber die Runde war von einer mönchischen Langweile. Ich ließ es bleiben, mich reizten weder die pseudosinnlichen Sprachexkurse der Anbieter noch die Hoffnungen der Anbieterinnen.

Trotzdem glimmte es in München, überall sproßten wie gewaltsam neue Pflanzen aus den Steinritzen. Ich saß wieder zwischen den Nationen und Sprachen. Tagsüber hatte ich mein Kreuz mit den Auswanderern, sie sprachen ihre Sprachen, mein Beruf war, sie alle zu verstehen, sie dachten auf ihren heimatlichen Denkwegen, mein Kopf war dazu bestellt, diesen Wegen nachzugehen, liebevoll, wie die amerikanische Lagerpsychologin einmal anordnete. Im Nebenzimmer war ich dem amerikanischen Englisch und einer Denkweise ausgesetzt, die mir fremder war als das sinnlose Kopfnicken eines verschüchterten wolhynischen Moorbauern, und wenn ich in Schwabing eine

Wurst essen ging, so überflutete mich die schimpfende, die schnaufende, die rülpsende Herzlichkeit meiner Bayern, aber das war, man erinnere sich, nur das eine Zimmer, dahinter saßen die anderen, die mit den zerquälten Mündern, die stolzen Propheten der Vergeblichkeit immerdar, denen nichts recht war, wenn es ihnen recht war, um es einmal valentinesk zu formulieren. In Schwabing bramarbasierten die sich Poeten nannten, sie würden demnächst ihren Roman herausbringen, dann werde die Welt sehen. Oder sie brauchten nur in ihren Schubladen einmal richtig nachzukramen, was da an ungehobenen Schätzen aus der Nazizeit liege, sei ein Wunder, aber nie bekam ich solche Wunder zu sehen, ich weiß, ich weiß: Aus solchem Humus, aus all diesen pseudopoetischen Existenzen blüht irgendwann die wahre Poesie auf, sie braucht den verrotteten Grund und Boden. Ich weiß, aber ich lachte damals, ich wußte nicht, daß die Sprache nur dort blüht, wo es Leute gibt, die das erkennen, ach, die nur eben dabei sind, sagen wir mal, anwesend. Am Dienstag kamen die Leute vom Club der Individualisten zusammen, warum sie Individualisten hießen, konnte keiner sagen, und warum, wenn schon Individualisten, sich organisieren, auch nicht. Da kam einer, der erschien regelmäßig, ein guter Kopf, wie man so bei Malern sagt, er las und las, jeder Dienstag war ausgefüllt mit seinen Gedanken, es waren recht flache Übungen, die er betrieb, aber wehe, einer rührte sich, wurde gar laut, da strafte ihn ein böser Blick, und der Sünder duckte sich. Später sah ich ein, auch solche Hinterstubenpoesie muß sein, und als eines Dienstags dem guten Kopf endlich die Sprache ausgegangen war, so daß auch andere zu Worte kamen, stellte sich heraus, daß da Blüte an Blüte, Verse und Prosasätze von Gewicht und Kontur sich angesammelt hatten, in der langen Zeit der Einmannherrschaft, und manchmal gelang uns sogar mit der Hilfe der Gastwirtskasse ein hektographiertes Heft.

Im Auswanderungslager hatte sich in der Zeit der dumpfen Konsolidierung eine fiebrige Lebenslust breitgemacht, je gewöhnlicher das Leben in den Baracken wurde, desto böser wollte den Leuten ihr Wartezustand erscheinen, worauf warteten sie überhaupt, worauf warteten wir alle, die Deutschen und die Polen, die Russen und Letten und was weiß ich wer noch alles. Viele ihrer Anträge waren von den Einwanderungsländern abgelehnt worden, für sie hätte es heißen können, in Deutschland bleiben oder nachhause fahren, nach Rußland ins Straflager, nach Polen in eine ärmliche, gnadenlose Heimat, und je länger sie mit der Heimfahrt gezögert hatten, desto weniger Gegenliebe wartete auf sie daheim. Sich aus dem süßen Brei der Lagerbetreuung zu lösen, in die deutsche Umgebung einzutauchen, das fiel ihnen zu schwer, so lebten sie dahin, ein Lagerjahr löste das andere ab, und plötzlich war der überseeische Maiskuchen alle, die freundlichen und immer so amerikanisch duftenden Boys, die unablässig sozial tätigen Ladies packten ihre Koffer, biedere bayerische Inspektoren in Janker oder grüner, dickzopfiger Strickweste kamen in die Verwaltung. Jetzt galt es, die letzten Chancen einer Auswanderung wahrzunehmen, aber es galt vielen auch, einen harten Verlust der Zukunft auszugleichen, so wurde denn gefeiert als wie ein Fest, wo doch nur das graue Normale seinen Einzug genommen hatte, zum Glück auf bayerisch, nämlich bieder, augenzwinkernd, aber sehr konkret.

Kommt in diesen Tagen der Lajos auf mich zu, Gevatter, ruft er schon weitem, heute macht meine Baracke eine Party, komm mit, es sind lauter Iro-Slawen, Hajducken und Panduren, wenn du willst, die Tschechen wollen eine Schwejk-Fete machen, solln sie machen, Schwejk ist immer gültig, wenn auch nicht für uns Slowaken, komm nur, Onkel Deutscher, du wirst Spaß haben, aber die Russen sind in der Überzahl. Das hätte mich warnen müssen, doch ich ging hin, im Lärm und Dunst der ausgeräumten Baracke saßen sie herum, und wenn einer einen Titel brauchte für das Bild: Die Gescheiterten. Sie waren von einer kranken Fröhlichkeit, ihr Lachen glich mehr einem Luftschnappen, die Frauen ließen ihre großen, russischen Brüste aus dem Kleid, aber es war nichts Obszönes dabei, und die Männer kümmerten sich einen Dreck um die Weibertitten, sie soffen aus den geköpften Flaschen, einer sammelte Geld für neuen Schnaps und Saure Gurken, und wie sie so alle ineinander verkeilt saßen, hingen, standen, lagen, kam es wie eine Heiligenerscheinung: Aus dem trüben Halbdunkel der Küchenecke erhebt sich eine hohe schwarze Gestalt, ein Pope, sehe ich, ein Pope, er stakt über die Feiernden hinweg, bleibt auf einmal stehen, hebt die Arme, daß die weiten schwarzen Fledermausärmel zurückschlagen, und da sehe ich auch das Kreuz in seiner Hand, Brüder, schreit er, Brüder, und als niemand auf ihn hört: Ihr tausendfach geschwänzten Brüder, ihr gottlosen Teufel, da hatte er auch schon die Flasche in der anderen Hand und mußte trinken, doch es gelang ihm, noch den Segen zu erteilen, und wie er das tat, das Segenerteilen meine ich, da verwandelte sich sein Gesicht in Güte und Göttlichkeit, da machte es nichts aus, daß die Wodkaflasche ihm aus der Hand fiel und am Boden zerbarst, er segnete uns mit der anderen Hand, mit dem Kreuz, aber nicht, daß die Menge dies honorierte, sie lachten, die besoffenen Sarmaten und Podolen, sie lachten, aber der Heilige stand aufrecht mitten unter ihnen, nur seine Augen waren trunken, glasig und rotgerändert, tat das der Güte Abbruch, he, ihr, die ihr damals zu seinen Füßen lagt und schrieet? Nein, sage ich, ich weiß, was ich gesehen habe, ich habe den Funken in seinen vernichteten Augen gesehen, ich habe den Funken gespürt, der aus seinem Munde kam, wie beim Heiligen Johannes, dem Goldmundigen. Ich weiß, daß der Pope später mit euch mittanzte, als einer die Garmoschka drückte und lauter weinende slawische Akkorde aus ihr herausholte, der weite schwarze Popenrock wehte, die Weiber kreischten, aber er setzte sich bald wieder an den einzigen Tisch, den wir hatten, stippte die Brotrinden, die herumlagen, ins Salzfaß, kaute und trank dazu einen Schluck nach dem anderen, bis wir alle umfielen und einschliefen. Am nächsten Tag sah ich ihn. Er hatte einen toten Russen zu segnen. Nun war er wieder nüchtern, seine Augen waren etwas müde, aber die Glut der Güte schimmerte noch und gab seinen frommen Worten das bißchen Glauben, das der kleine Mann braucht, wenn ihn der Tod einfach so anquatscht, wie hier in dem sonst so gottlosen Lager.

Lajos, fällt mir eben ein, Lajos habe ich den ganzen Abend nicht gesehen, wahrscheinlich mochte er die laszіven Weiber nicht, oder den russischen Popen, oder den Wodka, er sprach nicht.

Mittags in der Kantine steckt mir die lahme Sonka einen Briefumschlag zu, von Jennifer, sagt sie, ich mache auf, eine Eintrittskarte für heute abend, Herkulessaal, Bach, vier Brandenburgische Konzerte. Ich machte früher Schluß mit meinen Russen im Büro, zog mich um, was heißt, zog mich um, ich nahm ein helles Hemd und meine gute Jacke aus dem Spind, die Schuhe hatten ein zerbrochenes Oberleder, aber was hat das mit Bach zu tun, frage ich? Natürlich war ich viel zu früh da, ich schaute mich um, was für Menschen, was für Menschen, sind es Deutsche, sind es Russen, sind es Amerikaner, diese zufriedenen Gesichter, diese fertigen Menschen, fertig, abgeschlossen, ausgereift, erwachsen, fraglos und wahrscheinlich ganz und gar satt. Da stand ich, bevor es hineinging, mit meinem Lagerwams und blickte scheu in den pompösen Saal, wenn Jennifer kommt, blamiere ich sie mit meinem Aufzug, aber sie kam nicht, ich saß allein neben einem leeren Platz, und plötzlich war das alles so unwichtig, so scheißegal, so verdammt beschissen egal, als dieser Richter ans Cembalo ging, als die Decke des Saals abhob, als die Türme der nahen Theatinerkirche rauschend und brausend aufstiegen wie riesige Korvetten in einem großen Meer, das sich in diesem Saal über die Menschen ergoß, dahinströmte, aufzuckte. Ich geriet in den Zustand einer ausgehungerten Euphorie, und oben, noch über allen Tönen dieses Abends war der Pope zu sehen, wie er, etwas besoffen, aber überaus heilig, dahinschwebte in den russischen, in den bayerischen Föhnhimmel. Er war der einzige Hungrige hier, außer mir, er segnete die Satten, für den Himmel, den sie ihm und mir bereitet hatten in dem reichen Saal.

Ich stattete tags darauf meinen Dank der lahmen Sonka ab, sie möchte ihn Jennifer weiterreichen, ich wollte selber nicht, das hätte nur zu einem dieser emotionsgeladenen Gespräche über die Deutschen geführt, und ich mochte nicht, ich wollte meinen Bach behalten. Sie kann ja mit dem Popen streiten.

Es muß um die Zeit des großen Bachtages gewesen sein, daß ich zum Minister beordert wurde. Ich hatte nie im Leben etwas mit Ministern zu tun, war daher etwas verdutzt, als das vertippte Schreiben mit dem bayerischen Löwenwappen eintraf, da und da, pünktlich um, Personalpapiere mitbringen. Das Lager war in deutsche Hände übergeben, wie wir wußten, und von dem bisherigen deutschen Hilfspersonal sollte ich übernommen werden. Der Minister persönlich schaute sich den Kandidaten an, wurstelte an den Papieren herum, gedient, fragte er dann kurz, ich nickte, aha, sagte er, vom Papier aufblickend, Offizier gewesen, ich wollte schon versuchen, diese Belastung abzumildern, so in dem Sinne, alle die Abitur hatten, wurden Offiziere, und bei mir war es ja auch nur von kurzer Dauer, aber ich hatte mich geirrt, gut so, sehr gut, sagte der dicke Minister, er hatte ein Gesicht wie Mussolini, nur die Stimme klang etwas kastratenhaft, solche Leute, fuhr er fort, können wir gut brauchen. Ich staunte, widersprach aber nicht, seine Sache, sagte ich mir und folgte dem Unterbeamten, der mir einige Papiere mitgab, für Ihre Einstellung in der Außenstelle des Ministeriums, Sie sind doch einverstanden? Und wie ich einverstanden war, aber da dachte ich an Frau und Kinder, wie sie da in dem schönen Regensburg im Wartestand waren, seit langer Zeit, und ich wagte den aussichtslosen Vorstoß: Ich brauche eine Wohnung für meine Familie, und das Wunder geschah, der Mann schimpfte nicht, er lachte nicht, er nahm ein Formular und trug alles ein, was ich ihm diktierte, schließlich war ich vom Minister persönlich in höchst ehrenvoller Weise in den bayerischen Staatsdienst genommen worden, und mein unaufhaltsamer Weg zum richtigen, beglaubigten, gewissermaßen ministeriell gesiegelten Deutschen hatte wieder eine beachtliche Stufe genommen, beinah hätte ich Heil gerufen, aber wer weiß, wie so ein Minister ist, erst lobt er einen, weil man beim Hitler die Silberlitzen auf beiden Schultern getragen hatte als großdeutscher Leutnant, und dann eines Tages wird er mich womöglich schelten, daß wir den Krieg verloren haben.

Im kühlen, klösterlichen Flur des Ministeriums traf ich Srul. Siegfried, sag ich, was machst du hier, er sagt, nebbich, was wer' ich machen, aber was machst du, du bist kein Jud, kein Kazettnik, warst immer stramm ein Herr Offizier mit Silberkordel, was machst? Ich schilderte ihm meine Lage, er zog mich gleich in ein Bürozimmer, wo ein kleines Männchen saß, das ist der Katzreiner, sagte er, wenn du Schwierigkeiten hast mit der Wohnung, geh nur zu ihm, er ist ein guter Jud, aus deiner Gegend, glaub ich.

Nun aber zu Srul. Er hieß eigentlich Siegfried Kastrul, stammte aus einem alten deutschen Judengeschlecht, ein Patriziersohn, könnte man sagen, als sie ihn nach Auschwitz brachten, waren seine Eltern schon tot, er war noch ein Junge, aber er stellte sich älter und entkam so dem angeordneten Kindermord. Im Konzentrationslager war er immer fröhlich, wie er erzählte, er malte den Offizieren Brustbilder und den Unteroffizieren Nacktbilder nach den Photos ihrer stolzen Bräute. Er hatte trotzdem sehr viel Angst auszustehen, jeden Tag konnte es sich ändern, er lebte gewissermaßen von Bild zu Bild, er sagte: von Fotze zu Fotze, ist das ein Leben, und wenn, einer kriegt's plötzlich mit der Angst zu tun, und möcht sich genieren, daß das rauskommt durch den kleinen dreckigen Juden im Lager?

Kummer bereiteten ihm auch seine jüdischen Schicksalsgenossen, die aus den polnischen Schtetln kamen, den kleinen in sich geschlossenen Judensiedlungen an der Weichsel, am Bug, am Narew und sonst noch im moorigen Osten der jetzt kaputten Republik. Die einen im Lager sprachen nur jiddisch, das verstand er nur mit Mühe, die anderen konnten nur polnisch, davon verstand er nichts, er saß nun, ein richtiger Jude, zwischen den noch richtigeren Juden, hatte einen teutonischen Vornamen, war also ein Jecke, das ist so schlimm wie ein Jude, der eigentlich ein Deutscher ist. Was blieb ihm übrig, er lernte Jiddisch, ich hab's kommen sehen, sagte er, ich lernte, was mein Sejcheles hergab, es fing mit dem Seger an, was Uhr heißt auf jiddisch, als mich einer fragte, wo hastu deinen versteckt, ich hatte überhaupt nicht, wo werd ich, die Angst, das fing also mit Seger an und das hörte bei Srul auf, wie ich meinen ehrlichen Namen Kastrul verändern ließ, aber ich lebte. (Srul, das muß man wissen, ist eine abwertende Namensform, wer will, kann daraus den polnischen Ausdruck für Scheißer herauslesen, trotzdem war es für ihn besser als Siegfried.) «Jung Siegfried war ein stolzer Knab», sang ich ihm einmal vor, zum Spaß, «ging von des Vaters Burg hinab», aber da hätte er beinahe geweint, denn im stillen liebte er seinen legendären Vornamen. Er machte später eine Pelzhandlung auf, seine Frau kannte sich aus in Pelzen, sie war eine Deutsche aus Sachsen, er verstand viel von Geld und Geschäft, und als er damals im Ministerium meine Sache gewissermaßen in die Hand nahm, begann sie auch gut zu laufen, eines Tages hatte ich die versprochene Drei-Zimmer-Wohnung in Schwabing.

Zunächst waren wir jedoch Kollegen, beschäftigt mit der Abwicklung des großen Krieges, er als Mit-Opfer, ich als Mit-Täter. Mich, sagte er, haben sie genommen, die Deutschen, weil ich die Prozente hebe, die sie brauchen an Krüppeln und Juden pro Amt. Zum Vorzeigen. Wär ich kein Jude, würde ich als Preuße zählen, und das hätte mir nichts gebracht. Sein Vater war aus der Mark Brandenburg, so glaube ich es zu wissen.

Vom Ministerium bekam ich einen Gutschein für eine Fahrt, direkt, hin und zurück, aber ich ließ es ändern bei einem sudetendeutschen Hilfsbeamten, der Bayern nicht kannte, und fuhr über Straubing und Stetzing nach Regensburg. In Stetzing übersprang ich einen Zug und ging zu unserer Wiese, Abschied nehmen, wann kommst du schon wieder hierher. Die Wiese war sehr grün und sehr bunt, die Blumen waren diesmal blaßroter Klee und gelbstrahlige Arnika, sonnenförmig, ich riß ein paar Blüten ab, steckte sie mir in die Brusttasche, der Duft begleitete mich bis nach Hause, wo die Kinder den Pflanzen Wasser gaben, sie freuten sich so sehr, daß sie ihre Trauer um den verlorenen Kater fast vergaßen, er war wie so oft zum nahen Verschiebebahnhof gelaufen, wo Getreide verladen wurde, das gab viel Mäuse und dagegen hatte die kluge Bahnverwaltung Katzen angesetzt, und genau dahin zog es unseren Kater. Er kam nie wieder, was weiß ein Kater, wann der Waggon angekoppelt und in Fahrt gebracht wird, nach Düsseldorf, nach Krefeld oder nur nach Nürnberg. Er wird es überall gut haben, sagte ich, in der neuen Wohnung in München hätten wir keinen Platz für ihn, da weinten die

Mädchen, auch wenn es nur ein theoretisches Leid war, Kinder sind die wahren, ehrlichen Menschen, sie machen keinen Unterschied zwischen den Konjunktiven.

Als ich nach drei Wochen mit einem Lastwagen kam, sie alle mitsamt Besen und Herd abzuholen in die Residenzstadt München, tollten sie wild in der umzugsbereiten Wohnung herum, sie würden ein eigenes Kinderzimmer haben, das war für sie wie der Einzug in das Schloß des Regensburger Fürsten Thurn und Taxis, mit den ungezählten Zimmerfluchten.

Wir fuhren los, meine Frau saß neben dem vergnüglichen Fahrer, der aus der Batschka stammte und jeden mit «mein lieber Mann» oder «meine liebe Frau» ansprach, wer sich daran gewöhnte, dem fehlte später etwas. Wer nennt mich mal «meine liebe Frau», sagte meine Frau am Tage darauf, was muß das für ein Leben gewesen sein, dort unten in der Batschka, daß jedermann zu jedermann so sprechen konnte, und Gevatterin hat er einmal auch zu mir gesagt, als wir auf Landshut zufuhren.

Als wir in München die neue Wohnung betraten, war es wie die Wiederholung eines längst vergessenen Symbols aus der Knabenzeit. Hatte nicht meine Mutter nach dem ersten Krieg genauso vor Freude geweint, als sie ihren eigenen Kochherd, ihre eigenen Tiegel und Töpfe bekam, genauso vor Freude geweint, wie meine Frau jetzt in München in der Mittermayrstraße, man denke, wir hatten eine regelrechte Bürgerswohnung mit Toilette und Bad, und in der Küche war ein Abzug montiert, alles wiederholt sich, auch dieser Akt der Integration hatte seine Vorgänger, ich war Staatsbediensteter, ach was: Ministerialbediensteter mit Wohnung in einem reputierlichen bayerischen Beamtenhaus, nicht mehr in der Kaserne, wo die Schlawaken aus und ein gingen. Und noch etwas: Ich bekam Kredit, um Möbel zu kaufen, und die Kinder im Gymnasium waren keine Armesünder-Mädchen, sondern Staatsbedienstetentöchter, «host mi», fragten sie im selbstbewußten Bayerisch, das ist: Hast du mich verstanden? Und wie wir nach den ersten aufregenden Tagen in der neuen Wohnung in die Isarauen spazierengingen, weinte meine Frau nicht mehr, sondern fand überall Ähnlichkeiten mit der Blumenwiese in Stetzing und dann, da hatte sie aber doch Tränen in den Augen, mit den Moorwiesen hinter dem Wald am Schwarzen Luuch im Posener Lande. Ihres Vaters Kutscher, der alte Pole Rattay, hätte gesagt: «Was möcht ich schon sagen, Fräulein, wo daß der Mensch zum ersten Mal hingepißt hat, mit Verzeihung, da will er immer wieder hin, weil das Herz zieht ihn.» Die Mädchen lachten, als ich das erzählte, aber dann fiel ihnen ihre Wiese ein, auf der sie tapsend und kullernd ihre ersten Gänseblümchen gezupft hatten, und sie wurden still.

Während wir uns einrichteten, die Kinder die Gegend durchstreiften, meine Frau ihre Anlaufpunkte ausmachte, den Krämer, den Bäcker, den Zahnarzt, machte ich mich mit meiner neuen Lebensrolle vertraut: Bayerischer Staatsdiener, königlicher, hätte ich beinah gesagt. Ich machte Besuche in vielen Büros, «san's überhaupts a Deutscher», war die mildeste Form der Distanzierung, bis ich auf einen alten Antifaschisten stieß, der mir aufmunternd in die Rippen puffte, meine Mutter war, sagte er, eine Tschechin, nu ja, eigentlich eine Jüdin, da konnt ich nicht auf die hohe Schule, und nu hol ich alles auf. Er holte alles auf, einschließlich seiner hübschen Sekretärin, die ihm freilich viel zu verdanken hatte, damals lebte man noch ganz offen vom Geben und Nehmen, wer weiß das noch?

Die ersten Tage waren schwierig, ich war gewohnt zu fragen, Grischa, wann haben wir die Sydney-Papiere weitergegeben? Jetzt mußte ich es schriftlich tun, an den Herrn Inspektor Hueber, zu Händen, im Hause, Betreff, ha, zu Jennifer konnte ich noch sagen, *listen my dear*, Hör mal, meine Liebe. Jetzt hieß es, bitte machen Sie mir einen Termin beim Oberrat, Fräulein Bichsler, nur der Gneis, der alte Anti mit der böhmisch-jüdischen Mame, der war nicht so. Der war richtig stolz darauf, daß zu ihm sogar die Polizisten Sie sagten, er selber allerdings gebrauchte das Du in der alten k.u.k. Militärtradition: Aber du hast ja, sagte er, keine Ahnung, Herr, wie die Deutschen sind, und: Was meinst du, Herr? Es war eine Auszeichnung, in der alten Wiener Armee war es Verbundenheit, ich glaub, sogar zu dem Oberst Redl haben die Du gesagt.

Der bayerische Papieraufwand war kleiner, nicht nur weil wir den Krieg verloren hatten und kein Papier mehr hatten, sondern auch aus Prinzip, es wurde nicht über jeden belanglosen Vorgang ein Papierberg gehäuft. Das hatte auch den Vorteil, daß viele Dinge aufs angenehmste in Vergessenheit gerieten. Dann wurde Gneis Chef, er nahm diese späte Daseinsbestätigung ohne große Freude auf, es war ihm eine Art Selbstverständlichkeit. Es gehört sich zu mir, sagte er mit dem verschämten Zungenschlag und der eigenwilligen Satzbildung schlichter böhmischer Menschen. Nur ich, seit er Chef war, rutschte etwas tiefer, aber mir tat es nicht viel, ich war froh, dem Büroprotokoll der bayerischen Ministeriatur entgangen zu sein, und mit Gneis konnte man leben, so nach dem Motto: Du Herr, ich Herr, oder wie meine kaukasischen Freunde in den Lagerbaracken sagten: Ich Fürst, du Fürst (ich antwortete darauf mit einer Verbeugung aus der Hüfte, die rechte Hand fromm auf dem Bauch). Gneis hatte nur den einen Ehrgeiz, er wollte anerkannt sein als Bürger, als Mensch, als Beamter. Im Grunde schmerzte ihn seine deutsche Wunde, und als Deutscher zu gelten nun vor aller Welt, das war sein verheimlichter Traum, den ihm der böhmische Wind einst verweht hatte. Ich erzählte Gneis von Kafka, der ein Jude war und ein deutscher Meister, aber eigentlich ein Prager, was alles das einschließen mochte, und ich erzählte ihm auch von der schönen Stadt Posen, wie dort der deutsche Dichter Ernst Theodor Amadeus Hoffmann, Poet, Musiker und preußischer Beamter, das schönste Polenmädchen der Stadt heiratete, so daß die Räte seines Amtes stumm wurden, und ich erzählte ihm von Heinrich Heine. Ich weiß nicht, was bei Gneis hängenblieb von alledem, ich weiß nur eins, daß ich es ihm erzählen mußte um seiner böhmischen Mutter willen, seiner jüdischen. Gneis wurde nie so richtig freund mit mir, er war eher ein notwendiger Adressat oder vielmehr ein Briefkasten, von dem ich allerdings nie erfuhr, was mit den eingeworfenen Briefschaften weiters geschah.

Ich machte meine Arbeit wieder in allen Sprachen des europäischen Exils, nur daß der Schriftwechsel in deutscher Amtssprache fortgeführt wurde. Das ergab Schwierigkeiten, da die Kanadier, die Amerikaner, die Australier und auch andere Missionen auf dem Englischen als Verkehrssprache beharrten; schließlich machten wir es so, wir schrieben deutsch, und die ergebene Sekretärin des Chefs, die früher in amerikanischen Diensten stand, sagen wir lieber: war, telephonierte den Sachstand mal kurz hinüber, auf englisch, of course. So wurde der Wolf satt, und die Ziege blieb heil.

Wie ich da hindurchkam, ist nicht leicht zu sagen, der Sinn meiner Arbeit ging mehr und mehr verloren. Mir fehlte der Schweißgeruch lebender Menschen, das Jammern der aufgelösten Polenmutter, das säugende Kind an der Brust einer Klientin aus, sagen wir mal, aus der Bukowina, oder hätte ich sagen sollen, von den schwarzen Hängen der Karpaten? Der Faktor Mensch, sagte Lajos, der jetzt beim Ami-Sender hospitierte, aber tröste dich, bei mir haben wir das gleiche Mangelproblem, ich schreibe und spreche, ich spreche und schreibe, aber die Menschen, die ich meine, gibt es nur in der Phantasie.

Da bekam ich einen Besuch.

KAPITEL XIII

Einen Brunnen graben just an der Stelle,
wo man gerade steht.
Theodor Fontane, Der Stechlin,
1897/99

Ich schreibe und schreibe, und es sitzt mir im Nacken, das dahinter meine ich, der große deutsche Schlagetot. Was ist, hast du ihn vergessen, gibt es den nicht mehr, seit der Nürnberger Palast ausgefegt wurde, besenrein ausgefegt. Kannst du deine Geschichte auch besenrein übergeben, Freundchen? Da hilft es nicht, nach dem neuen Ansatz zu leben, in deinem hellen und unbefleckten Lande zu sein, den armseligen Menschenresten beizustehen, und sei es nur, du söffest mit ihnen den doppelt gebrannten Kartoffelschnaps, du weißt, und sei es, du holtest ihre Toten aus den namenlosen Gräbern. Irgend etwas muß dich doch bewegt haben, du hast die Bilder gesehen, mehr ist nicht zu sagen, als: Wieviel Scham verträgt ein Mensch pro Million Morde?

Wir lebten immer noch im Schatten der großen Rauchwolke, und wir wußten, wer die Scheite, die menschlichen Scheite aufgeschichtet hatte, und alles dies «ich weiß» und «ich schäme mich», das sind bestenfalls Altarsprüche, für die Götter bestimmt, denen der Rauch noch in der Nase stand, und was? Und nichts. Aber wer ohne Götter ist, schämt sich wahrhaft.

Wir saßen im Keller am Hohenzollernplatz in München, es war, könnt man sagen, ein literarischer Zirkel, wenn nicht eben jener Rauch wäre, der hineindrang in den gespannten Frieden, und der die Augen brennen ließ, denn das war das Thema, auch wenn wir unsere privaten Sehnsüchte in Sprache setzten, denn, blickten wir auf, so lagen die Schwaden über unseren Heften und Büchern und den sprechenden Mündern. Das hatte damit angefangen, daß – ich sagte es schon gestern – ein Mann an unserer Wohnungstür läutete und mir, als ich öffnete, eine handgeschriebene Karte übergab. Justus von Mand, sagte er, ich bin Doktorand, aber darum geht es nicht, ich mach es kurz, kommen Sie, besuchen Sie uns, auf der Rückseite der Karte steht alles, ach, ja, und dieses Gedicht, es ist meins, lesen Sie es bitte, bringen Sie den Text mit, wenn Sie kommen, Abzüge sind teuer, haben Sie etwas Eigenes zum Vorzeigen, bringen Sie, kommen Sie. Und ohne weiteres, man möchte sagen ruppig, ging er davon, ganz außerhalb der Norm unserer verbindlichen Gewohnheiten. Kurz darauf schellte es wieder, er war zurückgekommen, Sie verstehen, sagte er, sind Sie Nazi, nein, sagte ich, ich komme, da zog er die Tür hinter sich zu, als wäre er erleichtert.

Der ist gut, nur etwas schlecht erzogen, meinte meine Frau, die das Gespräch mitangehört hatte, aber besser als umgekehrt, ich hab die guterzogenen Burschen von Staat und Partei satt mit dem Blut an den manikürten Pfoten.

Ich ging hin, Apostroph hieß der Zirkel, wir lasen uns unsere Texte vor, Gedichte, Prosastücke, manchmal schwiegen wir danach, das konnte heißen, daß wir beeindruckt waren, oder daß es uns gleichgültig ließ, dann mußte sich wohl oder übel der Autor selber zu seinen Zeilen melden, aber Justus, der die Abende mit einer sehr menschlichen Unhöflichkeit leitete, ließ jeden auslaufen soweit es ging, auch auflaufen oder bei einem mitleidigen Mitbruder sich geistig unterstellen, wie beim Regen. Das Bemerkenswerte an diesen Abenden und den Produkten, die da zutage traten, war ihre, ich will es so sagen: ihre ungestellte Jungfräulichkeit. Niemand knüpfte an irgendwas an, jeder der meist jungen Versemacher war originär, war der erste, nichts kam da in die Runde, was aus irgendwelchen geheimen Vorräten stammte, alles war frisch gemacht, heute, für heute und für morgen natürlich, für morgen auch. Alle wußten, was war, alle wußten, was gewesen war, alle lebten damit, und keiner stritt es ab. Wer es glaubte bewältigen zu können, der schrieb es auf, wer es nicht tat, fand den Weg über die Anbetung seiner Heimatlandschaft, der schönen, der nun doch noch verräucherten, dunkel gebeizten Heimat. Aber niemand gab Parolen aus. Es gab keine Belehrungen, sondern nur Selbstverständlichkeiten, und jeder freute sich auf den Wochentag der Zusammenkunft, der neuen Zeilen eines jungen Freundes, oder einer mütterlichen Freundin, oder der Bemerkungen des blassen Invaliden, der immer nur das eine wissen wollte und geduldig darauf beharrte, warum das hatte so kommen müssen und wem es gut ist, daß er nur noch humpelnd wie ein exotisches Tier von der Kellertreppe zum Tisch sich bewegen konnte, «fir wem», klagte er in seiner schlesisch gefärbten Heimatsprache, «fir wem». Er schrieb nichts, aber wir mochten ihn nicht missen als einen, der nach Hoffnung unterwegs war, ein Krüppel auf dem Wege weiter. Wir waren allesamt nicht sehr viel mehr, auch wenn wir mehr Worte im Leib hatten als der kaputte Soldat, es war allerdings wie eine ungeschriebene Regel, die Wörter so zu setzen, als wäre jedes eine gute Unze Gold wert, denn aus den neuen Worten, und wie sie zueinander standen, sollte ja eines Tages das neue Leben kommen, ob es nun Volk oder Vaterland oder gar Deutschland heißen mochte, oder einfach nur das Miteinander, für neue Gedanken, für neue Bücher. Der Kreis war nicht professionell bestimmt, dilettantische Wortspiele fanden dort Gehör, wie auch beachtenswerte Versuche, die neue Sprache einzufangen, zu ziehen, zum Blühen zu bringen, und aus dem Nebeneinander von gutgemeinter Liebhaberei und professioneller Poetentafel entwickelte sich eine fruchtbare Auseinandersetzung, in der ich aufging, aber das muß ja nicht besonders gesagt werden.

Das war unsere Abrechnung mit der Vergangenheit und Gegenwart gleichermaßen, der Rauch biß in unsere Augen, aber es war unser Rauch, und es war unser Leben, das er verdunkelte, und siehe, da erst löste er sich langsam auf. Er war eben kein literarischer Zirkel, dieser Club Apostroph, man hätte ihn genauso oder noch treffender Menschenzirkel nennen können, denn die Wörter, die wir suchten und aussprachen, waren Menschenwörter, und die Verse, die wir hörten, waren Wörterblumen, und der stickige Keller war eine helle Wiese.

Ich saß auf einem Barhocker, lehnte mich mit dem Rükken gegen die Theke, vor mir waren die Wortgenossen in einer zusammengeklaubten Formation versammelt, Justus hatte gebeten, ich sollte vom hohen Hocker, woher ich alle übersähe, die Abende leiten, das wurde zur Tradition, nur wenn ich selber etwas anzubieten hatte, schwang Justus sich auf den runden Sitz. Das war gerade der Fall, als ich in einer hinteren Ecke noch in meinen Papieren kramte, um anschließend vorzulesen, daß ein strahlender Junge sich zu Wort meldete, ich hab was gefunden, das muß ich euch vorführen, einmalig, einfach großartig, Justus winkte ihn nach vorn, der Junge setzte sich auf den Fußboden, nahm ein abgeschabtes Büchlein zur Hand und begann zu lesen, es hub sofort ein Räuspern an, einer machte dem fröhlichen Entdecker Zeichen, er solle aufhören, aber er war so in sein Geschäft vertieft, daß er las und las, bis nach der dritten kurzen Geschichte Justus das Wort ergriff, um mit spöttischem Unterton den Vorleser darauf aufmerksam zu machen, wir alle kennten die Anekdoten des Herrn von Kleist, sie gehörten zum klassischen Erbgut unserer Bildung, und was es derlei ermahnende Anwürfe mehr geben kann in solchem Falle, da sprang ich aber zu meinem Hochsitz, kletterte auf den Hocker und hielt eine

Rede, von der göttlichen Naivität sprach ich, die wichtiger sei als die abgerundete und wissensreiche Bildung, von dem erstaunlichen Instinkt des jungen Mannes, in seiner – wie er selber zugab – Lesewut gerade diese Geschichten auszeichnen zu wollen und mitzubringen, denn wenn einer überhaupt begreifen will, was es heißt, deutsche Sprache, so müsse er die Kleistschen Anekdoten lesen, einmal, zweimal, zehnmal, bis ihm nach der Lektüre mancher anderen Prosagrößen klar wird, daß auch unser ausschweifendes Deutsch einer idealen Sprachökonomie fähig sei, der Junge strahlte, Justus nickte brummig seine Zustimmung, und Kleist wurde aufgenommen in den Kreis der Schwabinger Literaten, die jeden Mittwoch im Hohenzollernkeller zusammensaßen.

Der Junge, der Kleist entdeckt hatte, ging später als Techniker zum Rundfunk. Das war sein Beruf, nicht der Kleist und nicht die gescheite Runde im Apostrophenkeller. In den Zirkel kam er nicht mehr, er fühlte sich durch meinen Ausdruck «göttliche Naivität» herabgesetzt, dabei war das die höchste Auszeichnung, die ich im Laufe meiner Schwabinger Literatentätigkeit vergeben hatte, und ich wüßte auch heute keine höhere.

Als ich meiner selbst sicher war, brachte ich mehr eigene Textproben mit, meist Poeme mit einer melancholischen Mischung von buntem Bild und grauem Nebel, von Hurra zum Leben bis in die versteckte Resignation des Nachkrieges. Dann aber stand der Krieg wieder auf und erhob Anspruch auf Gehör. Aus dieser Zeit stammt der Zyklus Mond von Belgorod, dessen Titelgedicht hier dokumentiert sei:

Mond von Belgorod, blakende Scheibe im Rauch,
Mond von Belgorod, letztes Licht vor dem Tod.
Ach wie haßten wir deinen geblähten Bauch,
Starrend und geil und von qualmenden Feuern rot.

Mond von Belgorod, böses Tier im Zenit,
Da dich der Himmel ertrug, ward er brandig und krank.
Da du uns ansahst, starb uns das letzte Lied:
Lärmender war deiner tödlichen Meute Gesang.

Der Krieg trieb uns um, er wollte ausgesprochen und angesprochen werden, du, Krieg, wie ist es, he? Aber im Grunde hatten wir mit ihm nichts zu schaffen, gar nichts. Wir gaben ihm Worte, aber es waren doch Widerworte mehr als Fragen oder gar Gesprächsteile. Wir hörten auch bald auf zu hassen, wichtiger schien es uns, einander zu erkennen, und zwar heute und hier, jeden Mittwoch an der Hohenzollernecke im Keller, waren wir privat geworden, unlustig der ständigen Konfrontationen? Aber wir waren immer schon privat gewesen, wir hatten private Frauen und private Kinder, private Nöte und private Sorgen, und wo uns ein Fremder entgegentrat, war er kein öffentlicher Fremder, sondern ein privater Mensch. Wir gerieten mehr und mehr zurück in den Naturzustand des Menschen, der nicht uniformiert war, nicht eingeschlossen von einer Gruppe, nicht tributpflichtig, nicht einmal lehnspflichtig. Dennoch suchte jeder von uns die Öffentlichkeit, als gäbe nur diese ihm den Anspruch auf diese seine private Existenz. Wir lebten, wie das Herr von Salomon einmal sagte, davon, daß wir lebten, aber die anderen sollten es wissen, und damit geriet das scheinbar so belanglose Private ins Schaufenster der Modelle, der Wirklichkeiten. Ich zitiere ein Gedicht aus jener Zeit, es geriet sogar in ein literaturkritisches Seminar der Universität München, darauf war ich sehr stolz, wem von uns damals aus dem Hohenzollernkeller passierte solches schon! Es geht so:

Ich wollte gestern ein Gedicht setzen,
welches präzis
mich selbst in den Koordinaten ermittelte,
und ich schrieb dies:

Wenn ich die Abszisse meiner Erfahrungen
abgreife und
den Punkt erreiche, an dem
mein Name abzweigt,
dann
muß ich noch siebentausend Schritte
wandern, bis ich
die Stelle finde,
da ich bin.

Ich wollte gestern dieses Gesicht statuieren,
aber es war nicht genau genug.
Ich wollte millimikrongerecht den Ort festlegen,
der mich trug:

Siebentausend Schritte auf dem
Koordinatenpapier meines Lebens
wollen abgesteckt und vermessen sein.
Das Reißzeug ist klein,
und kaum hast du eine Linie deiner Hoffnung erkannt,
schwingt sie sich
hyperbolisch davon.

Ich wollte gestern nacht ein Gedicht aufreißen,
das mit genauem Wort
die Amplitude meiner Welten angab,
doch kurz bevor ich es aussprach, wehte es fort.

Denn der Wind bohrte mit tausend Spindeln
im Laub der Pappeln am Weg,
und über den Himmel schlich
eine violette Katze,
schlich und fraß den schwellenden Mond,
eine Frau schrie über die Höfe,
nächtlich und verlassen,
einen einsamen Namen.

Ich wollte ein Gedicht verfassen,
in diesem sollten kein Traum und keine Wolke sein,
sondern nur die peilenden Linien zum
Schnittpunkt der Ziele.

Aber wie sind siebentausend Schritte
zu wandern,
wenn
die Pappeln beben,
wenn der Mond im rauchigen Rachen
einer Katze erlischt,
und
wenn du die Nacht damit verbringst,
über den verlassenen Namen nachzudenken,
den eine fremde Frau
in den Höfen verlor.

Einmal kam wirklich eine fremde Frau in den Literatenkeller, sie war sehr traurig und bat, uns etwas vortanzen zu dürfen. Justus sagte, komm nur, und sie kam nach einer Woche, zog sich gleich in die Toilette zurück, durch den Schankraum ging sie verhüllt in unser Beratungszimmer, aber wie sie die Verhüllung fallen ließ und nun dastand in ihrem bunten Flitter, erkannten wir sie nicht wieder, sie hatte zudem eine glatte Holzmaske vor dem Gesicht, und wie sie lostanzte, ohne Musik, man bedenke, und die nackten Füße zwischen die Hocker und Tische setzte, als suchte sie Halt in einer verstellten Welt, und wie sie den Kopf plötzlich zur Achtzigwatt-Birne über ihr wandte, als hinge da die Sonne, unser aller Sonne über den Köpfen, da stand sogar Justus auf, weil er fürchtete, sie könnte umfallen, versengt von dem glühenden Himmelslicht, wie weiland Ikarus, aber darüber sprachen wir schon. Sie kam nie wieder, aber bevor sie ging, sagte sie, sie habe nur wissen wollen, ob man noch tanzen könne, ob sie noch tanzendürfe nach alledem, und vielen Dank, Justus, und vielen Dank, Freunde, und morgen muß ich vortanzen, nach Jahren wieder vortanzen. Ich habe ihr Gesicht nicht in Erinnerung, ich sehe nur die glatte Holzmaske vor mir, die mit der starren Unbekümmertheit einer Larve alles zu bestätigen schien, was wir in sie hineinsahen. Es war ihr offenbar so ergangen, wie es uns erging, die Frau mußte wissen können, daß einer zuschaut, wenn sie tanzt, wir hatten damit eine Art von Bestätigung für unsere Kellersitzungen erhalten.

Die Frau mit der Maske haben wir nie wiedergesehen. Vielleicht hatte sie ein Engagement bekommen und sich einen großen Namen ertanzt, wer weiß es, ich hatte kein Geld, ins Theater zu gehen, ihren Namen kannten wir nicht, ich weiß nur, sie war nicht mehr so jung, sie hatte die Gesten eines hoffnungslos Wartenden, der plötzlich aufgerufen wurde, als er es nicht mehr so recht glauben wollte. Justus müßte es eigentlich wissen, aber wo ist Justus, wo ist der Hohenzollernplatz, wo ist München, wo sind wir eigentlich alle miteinander, die wir so harmlos zurückdenken?

Ich hatte einen doppelten Status. Im bayerischen Staatsministerium war ich ein Bediensteter im Angestelltenverhältnis, ein subalterner Mitarbeiter ohne Rang und Namen, im Hohenzollernkeller saß ich immerhin auf dem erhöhten Sitz eines Barhockers und durfte aufrufen: Jetzt kommst du, fang an, bitte. Aber bei Krugs im Laden um die Ecke gab es bald keinen Kredit mehr, das war das reale Leben. Der bayerische Staatssäckel warf für mich nicht soviel aus, daß wir hätten leben können davon, da beschloß meine Frau, irgendeinen Job anzunehmen. Wir fanden eine Stelle im großen Kaufhaus am Hauptbahnhof. Da stand sie nun morgens und abends hinter dem bunten Haufen Textilien, bot Unterhemden an und Trikotware aller Art, die Bauersfrauen aus dem Dachauer Moos wühlten herum, ab und an kam eine Bahnhofshure, um sich neu einzukleiden, gelegentlich zeterte eine armselige Flüchtlingsmutter über die hohen Preise und kaufte statt der drei Hemden für ihre drei Kinder nur eines, das war groß, damit alle irgendwann mal hineinwachsen konnten. Das Stehen hinter dem Tisch war eine Qual, aber das Hinsetzen war nur eine gewerkschaftliche Illusion, bestenfalls eine gelegentliche Forderung, wer mochte schon dagegen angehen, wo sie doch alle glücklich waren, eine Arbeit zu haben, und als Wähler waren diese Frauen aus Guben und Küstrin, aus Töplitz und Hohensalza uninteressant, selbst wenn sie hätten streiken wollen, hätte das niemanden gekümmert, draußen standen die Hungrigen als willkommener Ersatz, sie würden gern ihre acht oder neun Stunden stehen, sie würden ihren Schmerz in den angeschwollenen Venen verbeißen, sie würden die karge Mittagspause auf die Sekunde genau einhalten, ach was, abkürzen, wenn es gefordert wäre.

Von Schwabing zum Hauptbahnhof war ein langer Weg, aber er war zu Fuß zu gehen, wenn der Verdienst nicht von der Trambahn angenagt werden sollte, und – vor allem – damit die müden Beine, die aufgedunsenen Füße nicht vollends schlapp würden vom gestauten Blut. Das ging so die Luisenstraße entlang, Lujsenstraße sagten die Münchener, früh, wenn noch die violetten Morgenschleier aus den Alpen über den Häusern einherzogen, und wenn aus den offenen Kneipentüren der strenge, saure Mief herauswehte auf die feuchtbesprenkelten Trottoire, und abends, wenn die Stadt sich schon zum Abendessen rüstete mit Fettgeruch von den brutzelnden Herden, den unsichtbaren, gutbürgerlichen, satten. Manchmal ging ich meiner Frau entgegen, wie oft warfen wir gemeinsam einen Blick auf den Königsplatz, aber es fröstelte uns, wenn wir die geeiste Künstlichkeit sahen, die so perfekt war und so ausgewogen in ihrer fast aufdringlichen Proportionalität, wenn wir etwas Kleingeld außer der Reihe eingenommen hatten, sei es, ich hatte auf meinem Schreibtisch ein gefaltetes Papier mit einem Dollar als Dank für prompte Erledigung von Auswanderungsformalitäten gefunden, sei es, daß meine Frau eine Prämie bekam, für den eifrigen Verkauf von liegengebliebenen Sachen aus der Vorsaison – wir gingen in ein kleines Kaffeehaus und saßen erst mal da wie freie Menschen, wie Menschen mit drei Mark in der Tasche, die sie verbrauchen konnten, wie es ihnen beliebte, einsachtzig für zwei kleine Kaffees und für den Rest Schnecken mit Zuckerglanz für die Kinder daheim. Freiheit bis zu drei Mark.

Doch so einfach war es nicht. Meine Frau war in eine Welt hineingestoßen, die ihr fremd war, die Menschen waren fremd, ihre Reaktionen und ihr Verhalten, da mochte ab und an etwas Menschlichkeit aufflackern, etwas Hilfbereitschaft, aber bestimmt wurde das Zusammenleben von der Freude am Unglück der anderen. Es ist nicht wahr, sagte meine Frau oft, daß Not zusammenschweißt, Not macht schlecht, offenbar braucht der Mensch, der im Unglück sitzt, einen anderen, über dessen größeres Unglück er sich freuen kann, er geht sogar so weit, den lieben Nächsten in die Falle zu locken, damit er hineintappt und ausgelacht werden kann. Ich sagte oft zu ihr, sieh dir die Frauen an, vielleicht sind es asoziale, entwurzelte Existenzen, aber meine Frau verneinte es: Es sind Frauen, wie sage ich's, wie ich und wie deine Schwester und wie meine Cousine, wie halt Frauen sind, die aus den verlorenen Ländern stammen: redlich, einfach, hilfsbereit, vielleicht sogar fromm und ehrfürchtig – nur hier, nur in diesem verdammten Kaufhaus mit der letzten Chance für ein paar Groschen, da sind sie es nicht. Nicht mehr, sagte ich, nicht mehr.

Da lob ich mir die Bauernweiber, die jeden Morgen ins Kaufhaus ziehen, besonders, wenn Ausverkauf ist. Dann stehen sie schon vom Morgenzug an vor dem Personaleingang, um die ankommenden Verkäuferinnen lauthals zu schelten, ihr Luader, seids endlich ausgschlafn, ihr meineidigen Matzn, und so weiter. Das kann einen erschrekken, aber im Grunde genommen ist es ein menschlicher Zug; wenn sie nachher vor dem Ausverkaufsangebot stehen und in der Ware wühlen, sind sie von einer herzlichen Kollegialität, sie lassen sich nicht bedienen, sie reden mit uns wie mit ihren Nachbarinnen nebenan. Und da lob ich mir die Bahnhofsnutten, die, das eben erst verdiente Geld – noch gewissermaßen warm – in der Hand, nach einem Blüschen ausschauen. Ich werd dir was sagen, beginnt meine Frau, als wir teilnahmslos am Königsplatz vorübergegangen waren und ins König-Ludwig-Espresso einkehrten, ich sag dir, ich zucke noch nachträglich zusammen, wenn ich daran denke, wie eine Bahnhofsdame nicht genug Geld für die ausgesuchte Ware in der Umhängetasche hatte, ach, sagte sie mit der Unschuld solcher Frauen, reservieren Sie mir bitte das Stück, ich mach die paar Mark mal eben auf die Schnelle. Sie kam nach einer halben Stunde, zahlte, nahm den Rock und ging mit Dank von dannen. Weißt du, dann schon lieber so, auch wenn ich dabei zucken muß, innerlich natürlich, äußerlich ist das Zusammenzucken sicherlich verboten in unserem großen und angesehenen Hause. Wie wir weitergingen nachher und hinter dem Friedhof in die Tengstraße einbogen mit den großbürgerlichen Wohnungen, die man früher hochherrschaftlich nannte, mindestens viermal so groß wie unsere Sozialbleibe, sagte meine Frau, übrigens hat es gestern abend im Krugladen geheißen, die Witwe von diesem Göring wohnt hier in so einer Luxuswohnung, was sagst du dazu. Ich sagte nichts dazu, was hätte ich sagen sollen, daß es mich nicht interessiere, meiner Frau war es auch gleich, aber sie dachte wahrscheinlich an das Schloß des Regensburger Fürsten und an die 400 Flüchtlinge, die darin Platz hätten finden können nach den Berechnungen unserer Töchter seinerzeit, und sie dachte daran, wie sie in Stetzing in der stockigen Kammer sich hatte demütigen lassen müssen von einer entlaufenen Nonne, der die Unmenschlichkeit aus den bösen Augen sprang. Später erst, als wir wieder einmal die Tengstraße entlanggingen, sagte ich, du hast recht, der Göringschen geht es besser als uns, aber wir dürfen lachen, manchmal.

Ob die Frau Göring auch zum Puppentheater geht, das ist bei ihr knapp um die Ecke, sagt da meine Frau unvermittelt, aber dann lacht sie ebenso unvermittelt auf, die Puppen sind ihr gewiß zu mager. Es verhielt sich nämlich so, daß der Dorst dort ein Stück spielen ließ, bei dem die Figuren nur aus Andeutungen bestanden, die Pferde waren richtige, volle, satte Pferde, aber wenn man sich den Theatertraum aus den Augen wischte, waren sie nur ein drahtgebogener Hals mit kleinen runden Nüstern davor, die in der Luft schwebten. Sie schwebten so lange, bis das Auge alles so vervollständigte, daß das Spiel perfekt und lückenlos war. Das war uns auch neu und erregend dazu. Denn das erregendste Theater, das ich in Erinnerung hatte, war bisher der «Fliegende Holländer», den ein Bremer Intendant als Gast im polnischen Posen inszeniert hatte, da verschmolzen auch die Augenreize mit den realen Dekorationen, da bauschte sich auch der angestrahlte Gazevorhang zu einer stürmischen Gegenwelt, bis die realen Wagnerschen Tonstränge sehr konkret das Haus auszufüllen begannen, und der irregeführte junge Zuschauer sich wieder zurechtfand. Jahre später kam der richtige Wagner, gigantisch und aggressiv, da verging dem Jungen das Schwelgen in den walkenden Tönen. Und als er in München die kleine Belanglosigkeit der abstrahierten Puppenfigurinen sah, lernte er erst, über sein Auge hinauszusehen, dorthin, wo etwas war, was vorher nicht. Und irgendeinmal kam denn auch die große Kandinsky-Ausstellung, und irgendwann einmal kam auch die gewaltige Picasso-Schau, die eine Welt neu erschuf, endlich eine Welt, die keine Fortsetzung war, die wie das Buch Genesis ins Nichts setzte, das Nichts aufblühen ließ und die Augen, die Augen, in denen noch der Talg der stupiden Gewöhnung klebte, brennen ließ, weinen und in frommer Gottlosigkeit staunen. Aber angefangen hatte es mit dem Keller in der Tengstraße, wo der Dorst die Puppen ohne Körper tanzen ließ, mochten die lieben Zuschauer sich die Leiber der Helden und der Pferde selber ersinnen. Mit den Augen, versteht sich.

Aber wie ich auf dem Flughafen die Papiere durchsehe, die einen Transport ehemals polnisch-englischer Soldaten dokumentieren, lese ich den Namen Gura, einfach so: Gura. Das war doch der romantische polnische Maler, dem wir zur Nazizeit Anstreicherarbeiten verschafften, das hielt die Deportationsbehörden von seiner Vertreibung nach dem Osten ab, und es gab dem Gura, Mieczyslaw hieß er, Mike nannte er sich hier, die deutsche Lebensmittelkarte in die Hand, sie wies doppelte Portionen auf, Gura, sage ich, wie ich ihn in der Wartebaracke aufgetrieben hatte, Gura, wie ist es dir ergangen, alter Junge sagte ich nicht, das wäre nach alledem geschmacklos gewesen, er war auch nicht mehr der alte Gura, er wandte sich ab und ging ins Pissoir, vielleicht hätte ich folgen sollen, denn Monate später bekam ich aus Toronto einen Brief von ihm. Sir, schrieb er, Sie kennen meine Sammlung von Reproduktionen polnischer Gemälde. Ich hatte sie gut versteckt damals. Nur ein paar Stücke von Kossak hatte ich in meiner Kellerwohnung hängen und einige hinter dem Kohlenverschlag aufbewahrt. Ihre Landsleute fanden alles und zwangen mich, alle die tapferen Gestalten auf den historischen Bildern zu übermalen oder sogar zu zerschneiden. Sie kennen Kossak und wissen, daß ich gedemütigt werden sollte, aber Sie wissen auch, wie sich Ihre

Landsleute dabei selber demütigten. Ihr Kaiser Wilhelm II., der ja mal auch unser König und Kaiser war, unerwünscht, aber er war es, wird sich in seinem holländischen Grab gewendet haben, als er davon erfuhr. Ich bin Ihnen, geehrter Posener Nachbar, nicht böse, aber die Dummheit Ihrer Landsleute hat mich empfindlich gemacht. Leben Sie wohl, Sie in Ihrem Kanada, ich in meinem Kanada. Von Polen und Deutschland wage ich nicht zu sprechen.

Das aber mit dem Maler Kossak verhielt sich so. Kossak, ein polnischer Schlachtenmaler, berühmt und beliebt in Polen als Wachhalter patriotischer Gefühle und geschichtlichen Stolzes, war einige Jahre Lieblingsmaler Kaiser Wilhelms II., von dem er nicht nur üppige Honorare, sondern auch hohe preußische Orden und ein Atelier im Schloß Monbijou erhielt. Kossak malte für den Kaiser, für den Hof und für zahlreiche Offizierskasinos deutschnationale Genrebilder, eines hatte sogar den deutschen Kaiser im Kreise seiner Generale zum Thema. Jahrzehnte später malte Kossak freilich auch die Gegenseite, wie den Marschall Foch, zum Beispiel.

Soviel über die Absurdität von Kunst und Geschichte. Als ich den Brief Guras erhielt, wußte ich das nicht so genau. Wie ich denn dann aber den geheimnisvollen Andeutungen meines kanadischen Briefpartners nachging und sie auflöste, wußte ich nicht recht, ob ich da noch lachen durfte.

Ich lachte, aber es war ein Lachen der Scham. Immer wieder begegneten mir Polen und Russen und Tschechen, deren Empörung und Haß sich längst abgeschliffen hatte an dem Miteinander des Alltags. Ich hatte dabei gelernt, behutsam zu sein, denn ihr Haß hatte sich nur in eine weniger aggressive Verachtung gewandelt, sie sahen allenthalben Dummheit und Borniertheit, auch dort, wo nur gewöhnliche Angst und unartikulierbare Scham am

Werk waren. Aber die allmächtigen Deutschen als dumm zu entlarven, kompensierte Niederlage und Demütigung. Gura hatte Grund zu Abscheu, aber daß er mir aus seinem neuen Vaterland schrieb, ausführlich schrieb, war eher geeignet, die Tölpel, die in seiner Wohnung Bilder zerstört hatten, zu entschuldigen, als sie – und damit mich – anzuklagen. Ich habe Gura nicht geantwortet. Seine Adresse wäre zu finden gewesen im Amt, die Auswandererlisten waren ja mit den Namen der Bürgen und Gastgeber versehen, aber ich kümmerte mich nicht darum. Ich wurde müde der ständigen Konfrontation zwischen den eigentümlichen Welten meines Lebens in München. Die Polen und Kroaten, die Russen und Ukrainer, die Tschechen und Serben – sie alle, ihre Sprachen und Lieder, ihre Mädchen und Mütter, ihre Tänze und ihre höllischen Getränke waren mein Leben, sie waren unsichtbar mit mir mitgezogen, als ich, nachdem der Zar fort war, aufbrach aus der Steppe nach Westen, sie waren mitgezogen, singend, saufend, hurend; grausam und sanft, liebend und hassend; Brüder, Freunde, Komplizen des Lebens, sie alle, diese armseligen Trümmer des vermaledeiten Krieges, diese stinkenden Bettler aus Poltawa und Tagediebe aus Krementschug, diese liebsten Menschen aus Krementschug und Poltawa, sie waren unterwegs, aber wo eigentlich, wenn nicht unterwegs, bist du selber, Bruderherz, auch wenn die bunte Wiese in Stetzing dich eingefangen hat, heftig und bayerisch, auch wenn dich die großmächtige Stadt München an der Isar betrunken gemacht hat mit ihren violetten Wolken und ihren summenden Kaffeehaustischchen an der Leopoldstraße, du wanderst, und kein Keller am Hohenzollernplatz wird dich seßhaft machen, Bruder und Steppengenosse.

Das ist gewiß so, aber ich wurde dennoch müde des täglichen Vergleichs, der Routine der englischen Formulare und der jammervollen Menschen, die ihre kyrillischen und georgischen, ihre polnischen oder tatarischen Namen darauf setzten. Sie waren alle auf der Flucht aus ihrer Steppe, die sie liebten, die sie brauchten, wie die Luft, wie den Kranich darin, wie die Birke darunter, wie das helle Gekreisch der Mädchen und das sonore Brummen der Popen und Imame. Und nirgendwo wartete eine Stetzinger Wiese auf sie, nirgendwo eine verlorene Sonnenblume.

In ihren Sprachen aber hat das Wort für Heimat dieselbe Wurzel wie das für Eltern, für Verwandtschaft, für Familie und Geschlecht (an der Save sogar für «Storch»). Alle haben in den gleichen Silben den Klang für Fruchtbarkeit und Ernte, für Gebären und Erhalten drin. Das schönste polnische Lied, das älteste zugleich, ist ein Marienchoral, der schon in der Anrufungszeile die fruchtbare Wortwurzel des Gebärens enthält: «Gottesgebärerin», ach, die Silben für Heimat, die gleichen Laute, die dem fernen Acker und der toten Mutter gelten. Da sitzen sie denn herum in den Fluren der Behörde und in den Baracken des Flughafens und sind voller Neugier auf die neue Heimat, auf die neue Gottesgebärerin, ihr neues Geschlecht oder was? Und wie die schwedische Schwester kommt und will sie fortführen zum Schalter mit dem sauber duftenden jungen Beamten, heulen sie und die Weiber halten sich an den blankgetatschten Flughafenmöbeln fest, als wären diese das letzte Stück Heimat, als wäre, wer den Stuhl losläßt, verloren, heimatlos und ohne Gottes Beistand.

KAPITEL XIV

Den Gehenden beißen die Knochen,
der Schlafende verliert nur den Bauch.
Altmongolisches Sprichwort

EINES Tages war Albert da, stand in der Tür, ich habe etwas Wichtiges, müssen wir sofort machen, sagte er. Er sah sehr gesetzt aus, jetzt, aber er war der alte Albert, der Jazzpianist und Nationalökonom, der Mann, mit dem ich in Regensburg amerikanische Soldatenkneipen besucht hatte, wo wir ein bißchen Tauschhandel treiben konnten, wenn uns auch nicht selten Ärger daraus erblühte, Albert, der bei der Pastorenwitwe Körner am Ostentor stets den ersten Aufguß des amerikanischen Spendenkaffees bekam, der Mann mit dem Urinkocher, wie wir sagten, einem kleinen knallenden Petroleumantrieb für das Fahrrad, Albert also kam und erzählte. Er hatte wieder einen Plan, also in München machen wir ein Institut auf, so eins über Polen, Rußland, über die Ukraine und die Slowakei, du weißt schon: Osten. Da brauchen wir einen wie dich, einen Mann von dort, der die Sprachen kann, die Geschichte kennt, das Land gesehen hat, verstehst du. Ich verstand nicht, aber Albert ging sofort ins Detail, wir haben, sage ich dir, mindestens zwölf Akademiker: Historiker, Slawisten, Ökonomen, Agronomen, da warf ich ein, die habt ihr ja schon, was soll ich, Jesus spielen bei den zwölf Aposteln? Dir wird, fauchte Alfred, das Lachen schon vergehen, denk an die Kinder. Wenn er unsicher war, sagte er es immer. Ich dachte also an die Kinder und fügte mich: Gut, also wir machen ein Forschungsinstitut unter der Direktion von Professor Baum, er ist Slawist, er ist Theologe, er ist Historiker. Alles, sagte ich, was du willst. Warte nur ab, beschied mich Albert, und jetzt kommt's: Du mußt promovieren. Wann, sagte ich. Spätest in zwei Jahren, bis dahin bleibst du bei den Ausländern und wir haben das Institut aufgebaut.

Wenn, und es hat einer Papiere, kann er promovieren, gut. Aber was hat mir denn meine liebe Frau mitbringen können bei der Flucht aus Posen, wo sie die beiden kranken Kinder hatte und ein bißchen zu essen für unterwegs, der Winter war fünfundvierzig aasig kalt, sie hatte einen Koffer bei befreundeten Polen gelassen, mit Wäsche und so'n Sachen, wer mochte, da die Welt unterging, an die Papiere dieser Welt denken. Kurz, ich hatte keine Papiere, die nunmehr wieder polnisch gewordene Universität Posen hatte ausgeräumte Büros vorgefunden; die Deutschen hatten im neununddreißiger Jahr polnisch beschriebene Papiere nicht sonderlich pfleglich behandelt. Da ging ich daran, alle meine Studienfreunde anzuschreiben, sie um Hinweise zu bitten, um Erklärungen, und wirklich, es kam eine Menge zusammen, soviel und so gut und plausibel, daß ich mich inskribieren konnte. Alle Semester hatten sie mir nicht anerkannt. Ich war der älteste Student im Seminar von Professor Kosch, aber ich war der zweitälteste Student im Seminar von Professor Baum, da war nur einer älter, ein katholischer Ordensgeistlicher, den sein Haus auf die Universität geschickt hatte. Er sollte später, wie er sagte, Gott ins Sudetendeutsche übersetzen, was ich erst Jahrzehnte später zu begreifen begann. Ich studierte also. Was soll ich erzählen, natürlich mußte ich weiterhin um achte an meinem Schreibtisch sitzen und die wanderlustigen Flüchtlinge befragen, Papiere ausfüllen, Sprachen sprechen, alles ins Deutsche verwandeln, aber gleichzeitig eine englische Fassung im Kopf konzipieren, niederschreiben, den nächsten Kroaten aufrufen, den nächsten Ukrainer, den nächsten Tschechen, bis die Mittagspause kam, da blieb ich endlich allein, holte meine

Unterlagen aus der staatlich bayerischen Lade und paukte, bis die ersten Familienhäupter mit dem Papierbausch in der Hand wieder durch die Tür drängten, bis viere, fünfe ging das so, und das Seminar bei Spörl begann schon um 17 mit dem gnädigen Viertel, also weg, nichts wie weg und in die Straßenbahn, und umsteigen, und hinein, und da kam er schon um die Ecke, der gute Lehrer, aber er ließ mich vor, mein altes Gesicht stimmte ihn gnädig, und meine Lateinkenntnisse, ich übersetzte, wenn die akademische Jugend achselzuckend dasaß, das Mittelalterliche aus dem Stand, das verband uns beide, den Lehrer und seinen bejahrten Schüler. Am Donnerstag, im Hohenzollernkeller war ich unaufmerksam, ich hatte keine Gedichte vorzuweisen, und meine literarischen Freunde machten mir Vorwürfe. Nur Justus nicht, er hatte inzwischen seinen Doktor auf den frischen Visitenkarten, die er stolz aber sparsam verschenkte, ich hatte ein leuchtendes Vorbild, wie man so sagt, Justus aber, der auf ein intellektuelles Königreich gehofft hatte, wurde Straßenfeger bei der Münchener Stadtverwaltung, das war die einzige Möglichkeit, die Studienschulden abzubezahlen und die kinderreiche Familie durchzubringen, also kein Vorbild. Ich schrieb an Albert, denn Justus gab mir zu denken. Ich hatte zwei Semester durchgestanden, hatte Scheine gesammelt, wie ein Philatelist, aber von dem Institut war nichts zu hören. Albert schwieg eine Woche, er schwieg zwei Wochen, da fuhr ich nach Regensburg. Ich traf Albert beim Packen an. Die Pastorenwitwe war überraschend gestorben, und ihre Ersparnisse gingen an die ferne Verwandtschaft nach Dortmund. Nach Dortmund, rief er ein um das andere Mal, nach Dortmund, Junge, verstehst du das? Mir war Dortmund schon immer gleichgültig gewesen, ich fragte auch nicht viel, warum nicht nach Dortmund? Das ist, kam es da aus ihm heraus, das ist mein Geld, das ist meine penjondse, ich habe sie der Muttl Körner abgeliefert, weil ich das Finanzamt, du verstehst, und sie konnte das als Spargroschen deklarieren. Und jetzt geht alles nach Dortmund, jahrelang habe ich, auch in der Von-der-Tann-Straße, in dem blödesten Ami-Puff habe ich gespielt, Nacht um Nacht, wo die Gubnerin getanzt hat damals, du weißt, und nun ist alles hin, und weißt du, was ich jetzt machen muß? Muß, verstehst du, muß: Heiraten muß ich, die Witwe mit der Fabrik für Backzutaten, ich und heiraten, Backzutaten, ich werd verrückt, Alter.

Ich ging zur Universität, ich hörte die Vorlesungen, die in meinen ministriellen Zeitplan paßten, arbeitete in den Seminaren, vertiefte mich nicht ohne Wiedersehensfreude in die altkirchenslawischen Texte, studierte die Vita von dem und jenem Heiligen, alles in allem war es eine Art Frischzellentherapie, nur verdammt anstrengend, mir fehlte das fröhliche Durchatmen daheim, mir fehlte die Konzentration auf das schöne Nutzlose im Hohenzollernkeller, mir fehlte meine eigene Verfügungsgewalt. Manchmal dachte ich ans Aufgeben, aber Albert, den ich durch mein Ministerialtelephon ab und zu erwischen konnte, riet zum Durchhalten. Ich, sagte er (und ich weiß bis heute nicht, wie er das meinte), ich halte hier durch, Backzutaten, setzte er hinzu, Backzutaten, Alter.

Das war die Zeit, da München aufblühte, wo die Leopoldstraße sich verwandelte, in einen Boulevard verwandelte, in eine südliche Promenade, wo unvermittelt neue Frauen auftauchten, fröhliche, freche, mit langen Schenkeln, wo ebenso plötzlich die jungen Männer ihren Gram vergessen hatten, den Krieg vergessen hatten, es war eine Zeit des «Post-Auschwitz», und wer an den Tod erinnerte, galt nichts. Dennoch, er stand mitten auf der Promenade, der Tod, er saß in mühselig geflickten Lumpen im Kaffeehaus am Siegestor, er sah aus wie ein Pole, er war arm, er war reich, er war der Tod, er sah aus wie ein Jude, er duckte sich an den Pappeln vorbei wie ein Deutscher, den sie gejagt hatten. Er saß mitten unter den Zauberern und Poeten im Hohenzollernkeller, er saß an der Theke bei der blonden Freundin der singenden Wirtin Gisela, er stand vor dem Pförtnerhäuschen des Auswandererlagers in Freimann, er sang mit im Herkulessaal, wenn der Nachkriegs-Bach erklang, ich sage Nachkriegs-Bach, denn früher, daheim klang er anders, keuscher, ich will sagen: jungfräulich. Der Tod stand wohl auch unter den feschen Sängern des Kosakenchors im festlichen Museumssaal. Wir saßen in der dritten Reihe, Russen, Deutsche, Kosaken und Bayern durcheinander, neben mir die Popenfrau Irina, groß, blond und von unnahbarer Sündhaftigkeit, und die Kosaken auf der Bühne sangen und sangen, brummten ihre Orgelpassagen in den Saal, tirilierten lerchenhaft ihre kosakischen Falsettschnörkel zum nüchternen Museumshimmel, und die Steppe zog auf, die zarische Steppe, die Steppe der Rechtgläubigen, und der Himmel brauste, die Reiter waren gleich wieder nicht mehr zu hören, da schrien die Russen im Saal, als hätte sie ein Erdbeben erschreckt, da brüllten die Frauen, da wimmerten die Männer, ich war – nordisch infiziert – still geblieben, blickte nur fasziniert zur Bühne, als mich ein Stoß traf, ein Schlag, ein Tritt, du Hund, rief sie, die sanfte Popenfrau, du Hund, wie kannst du da ruhig bleiben, bist du denn noch ein Mensch Gottes? Euch Deutsche hat der Teufel gemacht, der Luther, der Kaiser...

Irina, ihre Freunde und Exilgefährten, gingen mit mir noch in den Bierkeller. Irina war traurig. Der Tod, sagte sie, der Tod stand mitten unter den Kosaken auf der Bühne, er hatte mitgesungen, «aj-da-ljuli... aj-da-ljuli», hast du es gehört, und: «Ist der Kosak auf seinem treuen Pferdchen / weit in die Ferne geritten, / ja geritten auf seinem Pferdchen, / auf seinem Rappen, / ach, aber niemals vergaß er die Heimat, / die Mutter Heimat, / die liebe Mutter», da hat er mitgesungen, der Tod, der hiesige, der fremde, verstehst du, Bruder, verstehst du. Sie drohte, wieder in Weinen auszubrechen, und richtig, sie weinte, aber es waren schon tröstliche Tränen, die der Popenfrau aus den grünen Augen quollen, Popentränen, fromm und ergeben. Da haben wir Bier getrunken, bayerisches Bier, rein und unverfälscht wie das Wort Gottes beim heiligen Goldmund Chrysostomos.

Und wie ich das noch am nächsten Tage niederschrieb während einer historischen Vorlesung (über die Christianisierung der Dänen oder der Obotriten, was weiß ich), und es auch vorlas am Abend im Hohenzollernkeller, wurde ich erst gewahr, wie eng die Tatsachen und die Träume miteinander verquickt sind, und wie schwierig es ist, den Tod zu erkennen, der auf der Bühne steht und nur ein Traum ist, und der mitsingt und kein Traum ist, sondern die Wahrheit. Und als ich darüber meditierte im Keller, und Justus mich mit seinen grauen, wachen Augen betrachtete, da kam ein Mann aus dem Schankraum und sagte: Ihr macht zu viel her von euch und eurem Nachdenken, der Goethe hat das alles schon längst. Ich unterbrach ihn, Goethe, lieber Herr Nachbar, ist eins, und der heutige Abend hier in dem schalen Keller ist etwas anderes, wir reden von der Wahrheit, wir reden von der Wirklichkeit, wir erinnern uns an den Traum, der uns die Wahrheit näherbrachte und an die Wirklichkeit, die dahinterstand und vielleicht grinste, wie Sie jetzt zu grinsen belieben, wer sind Sie überhaupt?

Der Mann sagte, wer ich bin, nun, Goethe jedenfalls nicht, aber ich werd Ihnen was sagen, Herr Vorsitzender, der Unterschied von Wahrheit und Wirklichkeit, da hat doch dieser Goethe, wie er die Bilder sah von Claude Lorrain, in Straßburg, glaub ich, da hat er gesagt: In den Bildern ist keine Spur der Wirklichkeit, aber sie haben die höchste Wahrheit in sich. So oder so ähnlich, ich bin nicht Goethe. Das stimmt trotzdem, Herr, das stimmt, das werd ich Ihnen sagen. Und wenn Sie schon von Malern nichts halten, und vielleicht auch nichts von Goethe, aber den alten Musikus Verdi kennen Sie doch, dadaddimmdara, der hat mal gesagt, die Wahrheit nachbilden sei ja ganz schön, aber die Wahrheit erfinden, besser, viel besser. Könnt von Goethe sein.

Der Mann hieß Cybulka, was Zwiebelchen auf deutsch heißt, er kam aus dem Böhmerwald, ich sagte zu ihm, dort hab ich kapituliert, anno fünfundvierzig, ach, erwiderte er mißmutig, lassen Sie mich mit diesem Quatsch zufrieden: Kapitulieren. Lesen Sie lieber Goethe, aber ehe er ein neuerliches Zitat aus seinem Goetheschatz hervorholte, hob ich die Sitzung auf. Wie wir dann mit Justus die eingesammelten Groschen zählten, um sie dem Wirt zu bringen, da sagte er, warum hast du über ihn gelacht, er ist der einzige unter uns, der Bescheid weiß: Wir müssen viel mehr Goethe lesen und vor allem Goethe denken. Really, fügte er in seinem neuerworbenen Renommierenglisch hinzu.

Herr Dobrzynski, der Personalmensch unserer Behörde, schanzte mir eine Lohnerhöhung zu, eigentlich nur eine Sprachenzulage, in der «amtsseitigen» Mitteilung stand freilich etwas von der slawischen Sprache, im Singular, denn dem Amtschef war bekannt, daß er allein in seiner Behörde mindestens sieben verschiedene slawische Sprachen beherbergte. Ich witterte einen Vorteil, denn wenn ich schon für die (Singular!) slawische Sprache 27 Mark mehr im Monat bekam, so sollte sich das bei näherer Kenntnis der slawischen Pluralität doch mindestens versiebenfachen. Der Amtschef sagte, ich weiß, Sie sprechen slawisch ganz flott, aber wieso sieben? Ich bin doch nicht blöd, oder wollten Sie damit andeuten, Herr? Er setzte ein akustisches Fragezeichen, das drohend wirkte. Ich ging und gab mich mit den 27 Mark zufrieden. Was lehrt Sie, fragte er mich tags darauf, Ihre Universität? Slawische Philologie, sagte ich, na sehn Sie, slawisch, bemerkte er selbstzufrieden, aber doch recht freundlich. Er hatte mich ertappt, glaubte er, wie ich die slawische Sprache für eine Gehaltsaufbesserung multiplizieren wollte, wer täte es nicht, so'n Schlitzohr, wird er gedacht haben, doch das konnte mir nicht schaden. Später, als er für unsere multinationale Kundschaft eine neue Verwaltungsordnung erlassen hatte, brachte er mir den deutschen Text. Übersetzen Sie das ins Slawische, bitte. Ich griff daheim nach meinem Lehrbuch des Altkirchenslawischen und schrieb die ersten Zeilen des Codex vom heiligen Basiliskos ab, in der verschollenen glagolitischen Schrift, den ersten slawischen Zeichen, die lange vor dem Kyrillischen entwickelt worden waren (aus den griechischen Minuskeln, um es den Spezis zu erklären). Mein Ansehen stieg. Und ich hatte auch gar nicht so unrecht, denn an dem Glagolitischen kam keiner, der Slawisches im Sinne hatte, vorbei. Vielleicht sogar war, als diese Schrift erfunden wurde, das Slawische noch ein Singular. Das wußte der Amtsleiter nicht, in Eger war solches kein Thema, auch Herr Dobrzynski, obwohl polnischen Geblüts (aus Kujawien) interessierte sich nicht dafür. Aber seine 27 Mark standen, das war was Handfestes. Ich schwänzte ein Seminar und ging, wie früher, meiner Frau auf der «Luisenstraße» entgegen, sie kam aus dem Kaufhaus und hatte auch Erfolg zu melden, sie durfte sich alle Stunde für einige Minuten auf einen Schemel setzen. Der Substitut, ein verkappter Buddhist, hatte es im Personalbüro durchgesetzt, wir gingen in unser Unterwegs-Café, und es wurde eine richtige glagolitische Kaffeeschlacht. Es lebe der heilige Basiliskos, der vom 7. März, seinem heiligen Tag, und es war auch heute der siebte März, ein heiliger Zufall, ein altkirchenslawischer Zufall. Aber im Ernst, war das noch durchzuhalten, früh in pfingstlichen Zungen reden, Panduren beraten und Uskoken registrieren, mittags im überheizten Büroraum der Behörde die altslawischen Texte mit der griechischen Kolumne daneben vergleichen, Notizen machen für eine Prüfung, und dann gleich wieder einem ehemaligen Kolchosbauern die Geschichte aller seiner Erkrankungen zu entlocken und zu Papier zu bringen, also hör mich an, Grischa, sag die Wahrheit, sonst schnappen sie dich, wahrhaftigen Gott: Hast du «was gehabt», weißt schon wo, Grischa, lüg nicht, sag ja, wenn ja, sag nein, wenn nein, aber überleg dir's, du Hundesohn, deinetwegen geh ich nicht zum Amerikaner «w tjurmu» (in den Turm, was Gefängnis meint). Die Grischas nahmen kein Ende. Und kaum ging der Arbeitstag aufs Ende, da stand schon das Gespenst eines Seminars vor Augen, erreichbar nur mit der liebenswertesten, aber auch langsamsten Trambahn aller Trambahnen der Welt, immerhin ging es um die Ecke auf die Leopoldstraße, und just, wenn die Geleise uns in die Kurve zwängten, sah ich links am föhngebeizten Himmel die Kuppeln der Theatinerkirche, die jeden Abend um die gleiche Zeit unterwegs waren, irgendwohin, wo es noch Könige gab, oder wenigstens Atamane, auf blanken Schimmeln, und die Schabracke unterm Sattel weiß und blau, aber rauchgrau paspeliert, und die bronzenen Schiffs-Steven segelten davon, aber was denn, ja doch, Herr Professor, ich weiß, ich komme zu spät, entschuldigen Sie, und hier ist die Seminararbeit über Bernward von Hildesheim. Spaß gemacht? Ja, Herr Professor, der Thangmar, sein Vitaschreiber hatte auch Spaß daran, «aus dem innersten Verschluß der Philosophie», wie er begeistert schrieb. Danke, Herr. Mhm, danke.

Du kannst es drehen wie du willst, aber die Zeit rinnt, sie rinnt dir davon, magst du dolmetschen oder englische Formulare ausfüllen, magst du die «Russische Wahrheit» büffeln, die keine Wahrheit ist, sondern ein Verhaltensreglement, das uralte erste Gesetzbuch der Russen, ist ja ganz aufschlußreich, aber die Zeit rinnt, du kannst dir die Promotion als Ziel über die Zeithecke werfen, wie die alten polnischen Rittersleut ihre «Proporzen», die Reiterfähnlein, ins Gefecht schleuderten, aber selbst wenn du dein Fähnlein erwischt haben wirst, bleibt die Zeit dir nicht stehen, wo allein hältst du sie auf, wenn nicht im Poetenkeller unter den Hohenzollernpappeln, wenn da einer kommt und ein Gedicht aufsagt, zum ersten Mal, verstehst du, zum ersten Mal, Sekunden vorher hat es diesen Vers überhaupt nicht gegeben, und auf einmal, just da einer kurz auf sein Büchelchen blickt und den Mund öffnet, ist etwas Neues da, ein Kosmos, die Geburt eines Kosmos, und der Autor, Herr Müller aus Gauting, steht da und weiß es nicht, daß er eigentlich ein Demiurg ist, ein Weltenschöpfer, einer, der etwas gemacht hat, was vorher nicht da war. Da bleibt freilich die Zeit stehen, und wenn dann am späten Abend noch einer kommt und hat das Wort gefunden, nach dem er seit Monaten unterwegs war, immer wieder auf die falsche Fährte gedrängt von den Geschäften der Tagessprache, der Krämerpreise, der Banausennot, sagen wir's: Voll des ganz gewöhnlichen Hungers, des Tageshungers nach einem nächtlichen Mond, der grün ist, oder den Sternen, die plötzlich alle schwarz, so daß der falbe Himmel wie gesprenkelt aussieht, das ist der eigentliche Hunger, und der hat mich in diesen Keller getrieben, und das Bier zahle ich selber, laßt mich nur einmal unter euch sein. Einige Wochen später sagte er, die Indianer haben recht, man sollte erst einmal in den Wald gehen und etwas träumen, bevor man sich dem Tage, den Tagen, den Jahren widmet, Mann.

KAPITEL XV

Daß uns der Mai wird entwandt,
Dann singen wir fort in das ander Land.
Dies ist das ander Land,
1477

Susi und Tetti, die Töchter, waren herangewachsen, sie lebten ihr Leben, hatten ihren Spaß und ihren Kummer. Manchmal schrieben wir gemeinsam Geschichten auf, die wir in Rede und Widerrede ersonnen hatten, meist waren es phantastische Märchen, etwas von dem Mann, der auf einer wilden Kuh reiten wollte wie der kleine Sepp in Stetzing, der sich Siemethbauer schrieb, es ist sehr lange her. Wir ersannen meist Geschichten um wahre und wirkliche Menschen herum, aber verstellt, so hatten wir das Geheimnis für uns, zu wissen, wer eigentlich. Es war, gewissermaßen, eine literarische Fingerübung. Aber wenn man so schreibt und kritzelt und streicht und ausbessert, schlägt es plötzlich zu, wie ist die Zeit verronnen, wo ist die Zeit geblieben, schon treibst du mit den Kindern Erwachsenenspiele, literarische gar. Die Zeit schwindet dahin, aber du sitzest immer noch im Büro und vergleichst die Personalpapiere fremder Leute und gehst mittags Leberkäs essen in den Spaten und bist nachmittags im Oberseminar schlau und kundig, und abends schläft dir der Kopf von alleine ein, und dann noch ein Tag und noch einer.

Da ging ich zu Fenloe McLeence und ließ mich für die Auswanderung nach Australien eintragen. Noch am gleichen Abend füllten wir daheim die vielen Papiere aus, wir waren froh, daß es endlich anders werden sollte, daß wir unseren eigenen Himmel über uns spüren würden, unsere eigene Erde, weit und unermeßlich, und keiner, der uns schurigelt, und weit und breit keine Polen, Deutsche oder Amerikaner, sondern nur Australier, also nur so Menschen, frei und allein der fernen schönen Königin untertan, die wir kannten nicht nur aus den geliebten Carmina Burana unseres bayerischen Landsmannes Orff. Und wer wäre dieser nicht von Herzen zugetan und untertan sogar!

Ein junger Student kam zweimal wöchentlich, er trimmte die Familie sorgfältig und fleißig auf ein erträgliches Englisch, Sie werden sich wundern, sagte er, Ihr Englisch wird immer noch viel feiner sein als das der Australier, und er erzählte uns von der Botany Bay, wo die ersten Siedler gelandet waren, damals, lauter Häftlinge und Huren waren es, aber bis heute hat es sich ausgewachsen, da merkt man nichts von, höchstens an der Sprache eben. Ich vernachlässigte das Studium, schrieb wenig, las über Australien, das mit der Botany Bay stimmte nicht ganz. Ich machte im Amt nur das Allernotwendige, mein Vorgesetzter war traurig, weil ich seine langen Plaudereien «Bei-uns-in-Böhmen» recht barsch abwies. Ich wollte nach Australien, weil ich die Zeit aufhalten wollte, die sinnlos davonrinnende, wie Warthesand daheim zwischen den Zehen davon, als wär's ein Spiel, aber es war kein Spiel, es war die pure Angst, der Wind könnte diesen Sand, der meine Zeit war, der unsere Zeit war, einfach so davonpusten in die kalte Isar oder über die großen Schuttberge nördlich Schwabing. Da werden wir schönere Berge haben, als die hier. Die werden sein aus Gneis und Gold, und aus dem Erdinnern werden sie gewachsen sein, nicht wie dieser Hügel, der aus Abfällen des Krieges, aus toten Häusern und toten Menschen zurechtgeschaufelt wurde, wenn du hier nachgräbst, findest du verglühte Fenstergitter oder Fabrikgestänge; sagt da Tetti: Und Knochen vielleicht, menschliche. Mag sein, aber wenn du in Australien den Berg angräbst, hast du gleich eine Handvoll Glitzersteine.

Tetti fragt: Gold? (Wir sind arme Leute, nur arme Leute sprechen von Gold.) Wie wir zuhause sind, schlage ich bei Halldor Laxness nach: «Echtes Gold gibt es nicht, liebe Kinder. Gold ist seiner Natur nach unecht.» Tetti nickt, aber das gilt doch nicht für unser Gold in den australischen Bergen? Wir streiten uns nicht, wir wissen nicht Bescheid: Gold, australisches! Wie wir dann rübergucken zu den Alpen, die gerade jetzt, da es Föhn gibt, klar zum Himmel stehen, sage ich: Hoffentlich klappt es mit den Bergen drüben, denn die Alpen da sind auch verdammt schön, nur der Kaukasus war schöner, und, mit gewissem Abstand natürlich, der Böhmerwald, wo die Neger am Bach sitzen und mit ihren glatten Zähnen lachen, wenn grad einer vorbeikommt, der zu ihnen will. 1945 hat dich der eine dort gefangen, sagt Susi, die sich an meinen Bericht von der Kapitulation des fahnenflüchtigen im Böhmerwald herumstreunenden Leutnants der Großdeutschen Armee erinnert. Es war an einem schönen Bach, und mein Motorrad wollte nicht mehr weiter, außerdem war sowieso Schluß mit dem Krieg, und ich hatte es eilig nach Stetzing, zu euch, was sollten mir da die schönen Tannenberge und der böhmische Wind mit seinen Geschichten, die erzählt mir jetzt oft genug der Alte im Amt, der aus Eger, der so langsam schreibt.

Ich kam mir wieder vor wie der kleine Junge in Rostow, wo die Familie Säcke nähte für die Habe, die mitsollte nach dem Westen, von des Kaisers deutschen Soldaten bewacht und beschützt, und ich dachte an die Fahrt durch die ukrainischen Sonnenblumenfelder, die leuchtenden, die brennenden. Und ich dachte dann an die großen Wäschesäcke, die Mutter später in Lodz nähte, für die Bettwäsche und den Hausrat zu unserer Auswanderung nach Amerika, und wie wir am Kai in Danzig das Riesenschiff bestiegen und nach New York fuhren, und dann zurück, weil die Amerikaner, nun gut, und jetzt haben meine

Kinder das gleiche, das Sprachenlernen, das Einteilen der Kleider, zum Mitnehmen die einen, zum Verschenken hier die anderen, und die Bettwäsche, und schon waren dieselben handgenähten Ballen im Spiel, wie damals in Rostow, wie auch in Lodz auf dem Bahnsteig mit den vielen schwarzgelockten Menschen, die uns tragen helfen wollten, die Geschichte wiederholt sich auch im kleinen, scheint's, vielleicht wird sie da überhaupt begreifbar, man verzeihe mir diese billige Philosophie, jede wahre Philosophie ist billig, die teure ist mehr für Leute ohne Probleme. Wir hatten jetzt mehr Probleme als zuvor, denn zu den Sorgen um Essen, Trinken, Kleidung und Miete kamen jetzt die vielen Laufereien zu Behörden, die Vorbereitung eines neuen Lebens: im neuen Kontinent, in der neuen Sprache, in einer neuen Welt, mit neuen Menschen, ja sogar mit neuen Tieren. Das Aufholen meines Studiums hatte ich längst aufgegeben, ade, ihr alten Pruzzen, ihr lieben Obotriten und Slowinzen, ade, ihr Russen mit euren dicken Romanen, ihr Polen mit eurem naiven Pathos! Auch im Poetenkeller am Hohenzollernplatz war ich nur noch selten, ich schrieb kaum etwas, alles war bei uns abgestellt auf das Stichwort Australien, und ich hatte schon Angst vor dem Tag, an dem es vielleicht nicht mehr gelten sollte. Jetzt mußte sie endlich losgehen, die große Fahrt ins Unerforschte, unter den weitesten Himmel der Welt, unter dem frischen Himmel des neuen Kontinents. Ich bin durch das Aroma der blütenschweren Kosakensteppe gefahren, als Junge gefahren, habe sie als Soldat weinend zum Abschied durchquert, ich bin über den drohenden und seufzenden Ozean gefahren, um ins neue Leben zu gelangen, zu Onkel Oscar im Staate Oregon; ich habe Deutschland gesucht in Deutschland, ich habe die Deutschen gesucht unter den Deutschen, ich habe alle Sprachen am Wegrand aufgegriffen und redlich gelernt, ich habe mich mit dem Bayerischen ausgesöhnt und befreundet, ich habe mit den Russen geweint und mit den Polen gepokert, ich habe Kolo getanzt mit den heimatlosen Kroaten, ich habe still dagesessen, wenn der alte Mosche das gekochte Huhn aus dem Zeitungspapier auswickelte und auf die Familie und den werten Gast aufteilte, zum Abschied, wenn's gefällig ist, zum Abschied, wenn Gott uns das erlaubt, nach Amerika. Und jetzt bin ich es, der Abschied nimmt, jetzt war ich dran, meine Frau, meine Töchter, wir waren dran in der Reihenfolge eines Lebens, das nicht davonrann, sondern lebte.

Wir brauchten viele Papiere, landwirtschaftlich möchten wir wohl sein, meinte unser australischer Förderer Fenloe. Nachher könnt ihr machen, was ihr wollt, aber einwandern müßt ihr landwirtschaftlich; da alle unsere Vorfahren auf dem Lande gelebt hatten (wie und wo denn auch anders), Bauern waren oder Müller oder Förster, das ging so bis in die finsteren Zeiten der Leibeigenschaft, da wir also agrarischer Abstammung waren, sollte sich schon ein Papier erstellen lassen, das uns die Landung in unserer «Botany Bay» ermöglichte. Und dann der Paß! Ihr könnt sein, was ihr wollt, brummte Fenloe, Polen, Ungarn, Franzosen, Deutsche oder auch Russen zum Teufel, nur eines dürft ihr nicht sein: keine Polen, keine Ungarn, keine Franzosen dürft ihr nicht sein und so weiter, denn dann denken unsere Einwanderungsbeamten, ihr seid womöglich Japaner, Chinesen oder gar finstere Mongolen von jenseits der Großen Mauer, also einen Paß, einen deutschen Paß solltet ihr schon haben.

Wir gingen aufs Paßamt, ich brauch einen Paß, sagte ich, meine Familie auch. Wo sind Sie geboren, fragte der Beamte, der wie ein frischer Waldheger aussah, in Rostow am Don, sagte ich, in Rußland. Da san's a Ruß, sagte der Hegemeister. Nein, mein Vater war ja als Deutscher dort. Und wo, bitt' schön, ist Ihr Herr Vater geboren? In Lodz, sage ich. Dann war Ihr Vater ein Österreicher. Aber, aber,

Lodz war nie österreichisch, Lodz ist eine Stadt in Mittelpolen. Sagen's, wo liegt denn dieses Mittelpolen? In Polen, Herr Oberinspektor. Ja, drum, dann ist Ihr Herr Vater a Pole, und Sie sind ein Russen-Pole oder Polen-Russe, aber nimmer ein Deutscher, und schon gar nicht mit einem Paß von mir. Ich war, wagte ich da den Einwurf, deutscher Soldat. Ha, ging da der Förster hoch, deutscher Soldat, wissen's was, mir haben viele solchene deutschen Soldaten gehabt, Schlawaken waren das, Volksdeutsche, katholisch scho', aber sonst!

Als ich laut wurde, kam ein anderer noch höherer Oberinspektor aus dem Nebenzimmer, der entschied salomonisch, ich bekäme den Paß, meine Familie auch, denn, da die Herrschaften sowieso auswandern wollen, können sie damit hier bei uns keinen Unfug anstiften, aber Sie müssen mir das fest versprechen: Schleunigst auswandern, gell? Wir bekamen nach einer Karenzzeit von vier Wochen unsere Pässe, schöne Pässe. Zum wie vielten Male eigentlich wurde mir wieder einmal bestätigt, daß ich Deutscher war? Ich hatte das Zählen aufgegeben. Es hatte in Darnitza begonnen, wo die alternden Feldgrauen obszöne Lieder sangen, schmutzige Fußlappen hatten und meinem armen Vater, der mit uns aus dem rot gewordenen Rostow geflohen war, beibrachten, was ein wahrer Deutscher ist. «Oh Susanna» sangen sie und «Der Kaiser ist ein guter Mann» und «Präsentiert dem König» und «Laß mich mal, laß mich mal, laß mich mal, Louise». Ich glaube, alle fünf Jahre wurden wir neu entdeckt, bei Hitler gab's für uns sogar eine neue Stammesbezeichnung: Volksdeutsche. Wir waren damit so eine Art Rand-Nation oder vielmehr Nations-Rand. Jedenfalls war damit damals die Chance des wahren und unverfälschten deutschen Heldentodes verbunden.

Wir waren wieder Deutsche, eigentlich waren wir schon immer Deutsche, aber jetzt waren wir schon wieder Deutsche, immer wieder Deutsche: Gott Donar aller Germanen und Gott Perkun aller Pruzzen mögen mir meine Kalauer verzeihen. Und war ich nicht bayerischer Ministerialbediensteter, das galt ja auch was! Übrigens behielten wir die Pässe, obwohl wir schließlich nicht auswanderten. Wir hatten es dem Oberförster am Paßamt fest versprochen, aber ich leitete diesen taktischen Amtseid mit der linken Hand in den Boden ab, wie ein Politiker, und wenn es hart auf hart gekommen wäre, ich hätte die altmasurische Weisheit des Siegfried Lenz zitiert: In Zweifelsfällen können wir entscheiden lassen die Wahrheit.

Langsam ließ die Hektik der Auswanderer nach. Wir wußten, was wir mitnehmen wollten, wir kauften ein paar Dollar, wir hatten ein schönes deutsch-englisches Wörterbuch und eine Bescheinigung der oberpfälzisch-niederbayerischen Landwirtschaftskammer, daß wir nach geltenden Bräuchen als «bauernfähig» anzusehen seien und eine agrarische Vollfamilie darstellten. Um dieses für uns entscheidende Dokument hatten wir lange gerungen, und wir hätten es ohne den Beistand Alberts wohl auch nicht bekommen. Doch wie wir das Dokument näher betrachteten, gerieten wir ins Lachen, es hatte nicht einmal einen Stempel. Sagt da Albert, wer nicht hat einen Stempel, Bruderherz, nimmt dafür echtes Papier und echte Chutzpe. Papier habe ich genommen beim Ausstellen, Chutzpe wirst du nehmen beim Vorzeigen, aber beides muß echt sein. Albert war jetzt gut verheiratet, Backzutaten, ich bitt' Sie! Er hätte solche Schiebereien nicht nötig, daß er uns half, muß ich ihm hoch anrechnen. Auch Chutzpe kann ein Freundschaftsbeweis sein. Du – und Bauer, sagte mein Frau skeptisch, aber Albert, der wieder in sein normales Krotoschiner Hochdeutsch verfiel, meinte, er ist ja nur ein Papierbauer, oberpfälzisch-niederbayerischer, den prüft keiner mehr, das Papier ist gut. Wir waren fast ausgelassen nach diesem Streich, erinnerten uns lachend an unsere Schwarzmarktzeiten, wo wir mit Autoreifen nach

Bologna fuhren und mit Pökelfleisch ins Ruhrgebiet, und ich gedachte nicht ohne Rührung meiner geschäftlichen Anfänge, als ein amerikanischer Soldat für mich den Marketenderladen seiner Kompaniegenossen aufbrach, damals lernten meine Kinder Weißbrot kennen, Kuchen nannten sie es, und jetzt war Albert da und schwärmte von seiner Fabrik, er hatte auch Proben der Aromastoffe mitgebracht, sie rochen nach Mandel und Vanille, nach Rum und Zitrone, ein bißchen auch nach Friseur, aber das durfte man Albert ja wohl nicht sagen, er war ganz frisch verheiratet mit diesen Düften. Über das wissenschaftliche Institut, für das ich Semester um Semester mich vorbereitet hatte, die Promotion im Auge, einen interessanten Posten in greifbarer Zukunft, über diese Albertsche Idee sprachen wir gar nicht. Er nicht, weil es wahrscheinlich nicht mehr in Frage kam, ich nicht, weil ich inzwischen meine Zukunft in die australische Steppe verlegt hatte, ohne Promotion, dafür mit dem agrarischen Zulassungspapier der einzigen bayerischen Landwirtschaftskammer, die eine ehemalige Freundin Alberts beschäftigte.

Am Tage darauf, wir saßen beim Frühstück und schmunzelten noch über die Findigkeit unseres Posener Freundes Albert, da kam der Eilbrief aus Weimar, Mutter war gestorben. Von uns allen stand meine Frau ihr am nächsten, sie kannte ihre Not und Einsamkeit, sie hatte bei ihr gesessen damals in Posen, wenn Mutter die Welt nicht mehr verstehen konnte, die Welt, die wieder einen Krieg machte, neununddreißig einen Krieg und fünfundvierzig wieder einen Krieg, und die Söhne der Nachbarn kamen nicht zurück, die jungen, die lieben, und die eigenen Söhne waren draußen, und Vater ging zu den Nachbarn und sagte, dein Sohn ist tot, Gevatter, und ging zum anderen Nachbarn und sagte dasselbe, und Mutter hatte doch schon den Krieg von neunzehnhundertvierzehn erlebt, wie ihr Mann Stiefel trug und gegen die Türken mußte, und wie er neunzehnhundertsiebzehn zurückkehrte, heimlich, und wie die Roten und die Weißen die Stadt ausplünderten, und wie die Deutschen dann kamen und uns mitnahmen nach dem Westen, wo die Not groß war und der Himmel schmutzig und grau und stinkend, und sie hat es ausgehalten, nach New York im düsteren Zwischendeck und krank zurück, und saß dann in Lissa in der kleinen Pension, und auf dem Schränkchen stand nach langen Jahren wieder eine Reihe Bücher, gold-grün gebunden, Schillers Werke, die sie mit Andacht abstaubte, ein deutscher Dichter hatte Einzug gehalten in diese Notbehausung. Schiller blieb in ihrem treuen Kosakenherzen das Symbol des neuen Lebens in der Fremde.

Was hatten wir zu weinen? Sie hatte Unerträgliches ertragen, was sollte ihr der Tod. Sie hatte ihn oft genug in ihrem einzigen russischen Büchlein betrachtet, dem Heiligen-Buch mit den Engeln, und einer der Engel, der dunkle, abgewandte, das war der, dem die frommen Seelen, wenn er rief, folgten, denn nur er wußte, wohin es ging. Mutter kam in Weimar auf den großen Friedhof, wo die großen Dichter liegen, und Schiller wurde wieder ihr Nachbar, der deutsche Poet der Lissaer Zeiten. Aber sie wurde im Tode von ihrer eigenen süffigen Religion gesegnet, ein russischer Pope war aus Berlin gekommen, er hielt keine Rede, sondern schwenkte mächtig das Weihrauchfaß, auf daß der wohlige Glaube mit den Nüstern aufgesogen werde, im Leib der Trauernden die Seele zu suchen und zu trösten, aminj, aminj, aminj!

Wir haben ihr, sagte da Susi, Santners Wiese nicht gezeigt, aber Tetti wies nach oben, wo der bayerische Himmel blaß über uns hing, hellblau wie die frisch getünchten Kosakenhäuschen in Aleksandrowka, wie das gute, alte Waschblau, durch das man das Leinenhemd zog, bevor es auf die Leine kam, zwischen dem Badhaus und dem geschnitzten Holzwerk der Veranda.

KAPITEL XVI

Es ist an der Zeit, die Pfeifen
in den Sack zu stecken.
Isländische Redensart

TAGS darauf, als ich meine Frau abhole von ihrer Arbeit im Kaufhaus, sagt sie plötzlich, ist es dir überhaupt bewußt, daß Mutter nach einer so weiten Wanderschaft mitten in Deutschland, im Herzen wie sie sagen, zur Ruhe gekommen ist? Bei den deutschen Dichtern, in den deutschen Wäldern? Aus der Steppe in das grüne Herz Deutschlands, von den Kosakenliedern der Domna Iwanowna zu den Versen Goethes, zu den großen Reimen Schillers, das muß man sich allein schon geographisch vorstellen. Mutter war, als der Pope ihre russischen Heiligen einlud, sie zum Himmel zu geleiten, eigentlich bei ihren deutschen Kindern und Enkeln eingekehrt. Das ist eine Wanderschaft, wer hätte ihr davon gesungen im russischen Rostow, im jüdischen Lodz, im polnischen Posen, im amerikanischen New York, das Lied gesungen von Weimar, ihrer endgültigen Heimat.

Das alles hat meine Frau natürlich nicht aufgesagt, das haben wir miteinander gedacht und ausgesprochen, aber sie hat immer wieder das angeschlagen, was unsere Mutter ausmachte: die stille, fast schon verschämte Liebe zu Deutschland, der kleine, bescheidene Stolz auf die Kinder, die deutschen Kinder mit ihren deutschen Büchern, mit ihren deutschen Dichtern. Die ja eigentlich auch russische Dichter waren, warf ich da ein, kaum ein Großer unter unseren Poeten hat Rußland nicht mit einbezogen in sein dichterisches Leben, der Rilke, hörst du, der hat, nachdem er fleißig Russisch gelernt hatte, Gedichte in russischer Sprache gemacht, auch wenn der Vater Pasternak mit Schmunzeln eingeschränkt haben soll, der deutsche Dichterfreund habe dabei ein «korrektes» Russisch verwendet, aber was soll's, er liebte es, das Russische. Und wie wir so reden, nachdenken und das merkwürdige Leben der Mutter, der Schwiegermutter repetieren, wird uns klar, daß das im Grunde genommen auch unser Leben ist, die wir auf das Herz Deutschlands zielten unser Leben lang, jenes Deutschlands, das uns der erste biedere Volksschullehrer mit Versen und Bildern grundiert hatte, das uns im Gymnasium aufgeblüht war, das Land, das wir suchten beim verklärten Glotzen ins Sonnenwendfeuer, jenes Deutschland, von dem wir nur die äußere Hülle kannten, die oftmals verschwitzte und verschmutzte, die später grell aufgeputzte Hülle: Heil, Heil, Heil! Und jenes Deutschlands, das wir neu entdeckten, sagen wir mal, bei Goethe: Der Abend wiegte schon die Erde, und an den Bergen hing die Nacht.

Immer deutlicher wurde uns, daß wir nicht ohne Folgen unter fremden Sprachen gelebt hatten, daß dabei unser Vaterland sich aus der Geographie nicht mehr definieren ließ, eher schon aus den Geschichten, die wir kannten, aus den Gedichten, die wir rezitierten, aus den Liedern, die wir sangen, aus den Chören, die wir hörten, erschauernd und auf unsere sehr verletzliche Weise deutsch. Sprache als Vaterland – auch das mußte Folgen haben.

Mutter hatte ihren Platz gefunden, unter lauter Deutschen, Dichter und Generale eingeschlossen, und irgendwo weiter draußen rauschte der Wald, ein deutscher Wald, auch hier, wo er bei den Ermordeten und Erniedrigten stand, auch das ist wahr.

Wir gingen heim, und fast wären wir an unserem Espresso vorbeigegangen, ohne hineingeschaut zu haben, aber wir gingen doch hinein, tranken unseren kleinen Kaffee, nur, als wir wieder zur Drehtür gingen, kam in strahlender

Rotation der Albert hereingewedelt, kommt zurück, er winkte und sprach lautlos durch das dicke Glas, und als wir uns begrüßten, war er noch ganz aufgeregt, das mit dem Institut, das geht nicht, rief er schnaufend, geht nicht, da muß ein Professor hin, verstehst du, da reicht ein Doktor nicht. Und die Religion muß stimmen, fügte er hinzu. Mich berührte es unangenehm, wie von heut auf morgen Menschenschicksale abgehandelt wurden in diesen Kreisen, sie selber nannten sich oft «Entrechtete», aber sie entrechteten sich munter selber, einer des anderen Schicksalsgenosse, einer des anderen verschworener Landsmann, aber wenn, dann nichts wie drauf, ging es nicht mit kleiner Intrige, so mit undurchsichtiger und kaum verfolgbarer Gschaftelhuberei. Ich sagte es Albert, aber er war schon so weit in der Hierarchie der professionellen Anspruch-Steller aufgestiegen, daß er bei mir nur einen Fall sah, der untergebracht werden mußte. Ich sagte ihm, Albert, stary byku, alter Bulle, wir kennen uns lange genug, ich schwöre dir, ich will nicht untergebracht werden, ich will etwas Sinnvolles tun und treiben, etwas, worauf ich seit Jahren aus bin, ich möchte wissen, endlich genau wissen, was es auf sich hat mit diesem Lande, ich will von dir keine Reisespesen für Bonn, ich will keine subventionierte Monographie des Kreises Pinne/Pniewy schreiben, aber da kam ich bei Albert schlecht an, er fluchte polnisch, wie immer, wenn er ganz und gar grob werden wollte, das geht auf deutsch nicht so kernig, du, sagte er, du hast es gerade nötig, dich aufzuspielen, ich soll dir helfen, aber du lachst ja nur über unsere Versammlungen, du hast nicht einmal unser Verbandsblatt abonniert, und den Kalender mit den heimatlichen Bildern und den Photos der großen Posener kennst du überhaupt nicht. Was für'n Kalender, fragte ich schüchtern, nu ja, sagte Albert, wo der Hindenburg drin ist und der Generalsuperintendent. – Ist der Ernst Theodor Amadeus Hoffmann auch drin und der Kantor Moritz Sonnabend von der Wodna- oder der Grabenstraße, warf ich ein. Nein, die nicht, Fragen stellst du aber auch, oder bist du wirklich so naiv?

Albert war hilfsbereit, das möchte schon sein, aber er lebte in einer neuen Welt, in der Welt der Beziehungen, der politischen Abstützung, der Fraktionen und Kumpelschaften, die wie eine Ameisenkette überall eindrangen, wo etwas zu holen war. Ich wollte nichts holen, ich wollte, verdammt nochmal, etwas daraus machen, daß ich nun, nach Jahrzehnten, mit einer Weimarer Kosakenmutter als Symbol lebte, mitten in der Sprache, der ich auf der Spur war, seit ich ihre ersten Laute hörte in Rostow oder Kiew oder in dem stolzen Türmchen-Gymnasium in Lodz, und die ich jetzt jeden Donnerstag im Poetenkeller um die Ecke mit meinen Freunden durchwalkte und durchleuchtete und aufsog und abschmeckte, weil für mich da unten in dem Schwabinger Gewölbe langsam und stolpernd, schwitzend, manchmal auch traurig das neue Vaterland entstehen wollte, das Vaterland der Geschichten, der Verse, der Lieder, der Namen, der Freunde, der Briefe, der Zurufe. Da mußte ich dem Versucher Albert absagen. Sein Vaterland war mir nicht gut genug als Vaterland. Es war wie wenn Santner's Wiese ohne Blumen wäre, drainiert und mit Phosphat bestreut. Ich weiß heute nicht mehr, was ich damals alles dem guten Albert sagte, ich bin auch nicht sicher, daß er es ernst nahm, Santners Wiese sicherlich nicht, die kannte er nicht und setzte sie ab als romantische Wandervogelreminiszenz. Wir schieden als Freunde, er versprach mir zu helfen, wenn. Ich versprach, ihn nicht zu vergessen, wenn es mir dreckig gehen sollte, und mich nicht zu genieren (er hatte gesagt «krempieren», aber das ist ein Krotoschiner Ausdruck, den heute vielleicht nur ein paar von unseren Leuten verstehen).

Zu Hause sprachen wir über Australien, aber nur Susi wußte etwas Neues über das merkwürdige Land, das uns aufnehmen sollte. Sie erzählte, die Australier gössen Gurkenwasser in den Schnaps. Ach was, sage ich, ich wurde unfreundlich, Australien lag mir im Magen, ich wollte und wollte auch wieder nicht, ich hatte Sehnsucht nach den angepriesenen Unendlichkeiten und hatte Angst vor der Sprachlosigkeit der trivialen Nur-Landschaft. Und da kommt ein Kind und faselt etwas von Gurkenwasser im Gin, auch wenn es recht hatte, was ist es schon für ein Land, von dem wir kaum mehr zu wissen bekamen, als daß man dort Gurkenwasser, einfach so: Gurkenwasser. Hier dagegen war Mutters Grab, mitten in Europa, bei den Poeten, hier war das Gedicht entstanden von den Wipfeln, in denen du kaum einen Hauch spürst. Und was der Russe Lermontow daraus machte: Nur eine Zeile hatte er geändert, aus dem deutschen Hauch Goethes machte er den fernen Staub der russischen Steppenstraße. Und du willst nach Australien, Gurkenwasser, Junge, Gurkenwasser!

Wir sind dann losgegangen, es hielt uns nichts in der Stube, fast automatisch schlugen wir den Weg nach der Innenstadt ein, an der Tengstraße mit der Reichsmarschallswitwe, am mondkalten Königsplatz vorbei, und wie wir so die Schellingstraße entlanggehen, quälend nachdenklich, reißt es mich herum, hörst du es denn nicht, da, da: Und schon zirpte es vogelzart und gleichmäßig rieselnd durch das vergitterte Fenster auf die Straße, ich hatte es jahrelang nicht mehr gehört, aber jetzt erkannte ich es auf den Schlag, es war das sanfte, stetige, unaufhaltsame Knistern und Sirren der Setzmaschine, der Linotype, das aus dem Innern der großen Zeitungsdruckerei herauskam, mein professionelles Geräusch, Musik meiner frühen Jahre, Orchester zum Libretto eines Zeitungslebens. Es rieselte und flüsterte, und jedes heftigere Rasseln dazwischen war das Signal, daß wieder eine Zeile voll war, bis an den Rand voll mit schönen, fixen Lettern, mit deutschen Wörtern, irgendwer in einem Stockwerk darüber hatte sie ersonnen und zu Sätzen gefügt und sie hinuntergeschickt zum Bleigießen – und ich wollte nach Australien, Bären jagen, Schafe scheren! Gurkenwasser. Am Morgen darauf ging ich zu Fenloe McLeence ins australische Immigrationsbüro und bat ihn, meinen Antrag zu streichen. Ich sagte, ich will nicht nach Australien. Meine Frau auch nicht, fügte ich hinzu. Fenloe war nicht sonderlich erstaunt, es gibt viele Gründe, nicht nach Australien zu gehen, aber bei mir wollte er den Grund wissen. Es ist deine Sache, Mann, aber ich will es, verdammt nochmal, wissen. Was ist dir dazwischengekommen, na los, sag schon, was? Oder sag es nicht, laß mich raten. Er blickte mich fast mitleidig an, ich werd dir sagen, was es war, das verdammte, alte Deutschland war es, das ist dir dazwischengekommen, war's nicht so? Es war es. Ich nickte, versteh es, Fenloe, yes Mister McLeence, your' right, es war das alte Deutschland, das ich weiter suchen muß, dort in den stürzenden Lettern der Setzerei, in den schmerzlichen Versen meiner Kellerpoeten, in dem ganz gewöhnlichen Zuruf von jenseits der Straße, in den Höfen, auf den künftigen Feldern und Straßen.

Santners Wiese eingeschlossen.

Eppendorf in Hamburg, Juli 1985

Abgeäschert	kraftlos, erschöpft
Aminj	kirchenslawisch: Amen
Ataman (auch Hetman)	oberster Kosakenführer
Belgorod	russische Stadt, im Zweiten Weltkrieg umkämpft
bemmisch	böhmisch
Bona Sforza	polnische Königin, Förderin der Renaissance in Polen
Camel, Lucky Strike	amer. Zigaretten
Chutzpe	jidd.: Frechheit, Unverschämtheit
Cock sucker, dirty bastard, son of a bitch	obszöne amerikanische Schimpfworte
Di-Pi	engl. Abk. für Displaced Person (ehemalige Zwangsarbeiter)
Dispatcher	amer.: Fuhrparkleiter, Fahrzeugeinteiler
Dobsche	poln.: dobrze, gut
Dschi-Eis	amer.: G.I.'s, Soldaten der USA
Durak	russ.: Dummkopf
Ellis Island	Quarantäne-Insel im Hafen von New York
Garmoschka	russ.: Harmonika, Ziehharmonika
Hetman	siehe Ataman
IRO	International Refugee Organization, Internationale Flüchtlingsorganisation
Jeep	Allzweckauto der US-Armee (von G.P. = general purposes)
Kakrazwkarman	russ. (verballhornt): Paßt genau in die Tasche
Kochasiu	poln.: Liebes, Liebchen
Kolendy	poln.: kolędy, Kurrenden, Krippenlieder
Kurwa	slaw.: Hure
Luhtänent	amer. Lieutenant
Mamuscha	poln.: mamusia, Mütterchen
Medscher	amer. Major (verballhornt)
Men, women, kids	engl.: Männer, Frauen, Kinder
Mundir	russ.: Montur, Uniform (poln. mundur)
My pierwsza brygada	poln. Kampflied der Pilsudski-Legionäre

Nje plocho	russ.: nicht schlecht!
Officer	amer.: Offizier, auch Beamter
Ostra Brama	Tor in Wilno, mit einem Muttergottes-Gnadenbild
Poleschuk	Einwohner von Polesie, poln.-ukr. Grenzgebiet
Pan	poln.: Herr (Vokativ: Panie)
Penjondse	poln.: pjeniądze, Geld
Psia krew	polnisches Fluchwort: Hundeblut
PX	Post Exchange, Marketenderei der US-Truppen
Rengschburg	Regensburg im Ortsdialekt
Schajke	a. d. Poln./Russ.: Bande
Schieschken	aus dem Russ.: Schyschki, Tannenzapfen
Schlawake	Verballhornung von Slowake, abwertend für Streuner, Fremder
Sdrowaschmarijo	poln.: Zdrowaś Maryo, Gebenedeit seist du...
Seger	jiddisch: Uhr (aus dem polnischen Zegar, wahrscheinlich nach dem alten deutschen «Zeiger»)
Sejcheles	jidd.: Verstand, Grips
Si-ei-si	amer. CIC, Geheimdienst
Skuka	russ.: Langeweile
Stary byku	grob-freundschaftliche Anrede, poln.: Alter Bulle!
Stenka Rasin	legendärer Kosakenheld
Sukinsyn	russ.: Hundesohn
Tatusch	poln.: tatuś, Väterchen
Tenschun	amerik. verunstaltet aus attention, Achtung
Ti-ätsch	engl. Buchstabengruppe T und H.
Trzymaj sie wiatru	polnische Aufmunterung: Halt dich am Winde fest!
Wallonische Legion	Belgische Freiwillige in der deutschen Armee
Wolhynien	polnisch-ukrainische Grenzlandschaft, bis 1939 bei Polen.